SALZWASSER
VERLAG

Kummer, Friedrich

Dresden und das Elbgelände

Ein Reiseführer aus dem Jahr 1912

1. Auflage 2010 | ISBN: 978-3-86741-216-2

Veränderter Nachdruck des Originals von 1912 (Verlag des Vereins zur Förderung Dresdens und des Fremdenverkehrs, Dresden)

Salzwasser-Verlag (www.salzwasserverlag.de) ist ein Imprint der Europäischer Hochschulverlag GmbH & Co KG, Bremen.

DRESDEN
UND DAS
ELBGELÄNDE

Im Selbstverlag herausgegeben

vom

Verein zur Förderung Dresdens
und des Fremdenverkehrs

und neubearbeitet von

Prof. Friedrich Kummer

DRESDEN

Verlag des Vereins zur Förderung Dresdens
und des Fremdenverkehrs

Inhaltsverzeichnis

**Geschäftsstelle des Vereins
zur Förderung Dresdens und des Fremdenverkehrs:
Hauptbahnhof, Wienerplatz
Geöffnet wochentags 9—1 und 3—7 Uhr
Telephon: 4386**

Ursprünglicher Text von Prof. Paul Schumann
Illustrationen nach Aufnahmen von Brockmanns Nachf.
R. Tamme, Nenke & Ostermaier, Dr. Kuhfahl, Oskar Bohr,
vom Dresdner Ruderverein u. a.
Der Stadtplan nach Zeichnung vom Städt. Vermessungs-
direktor Gerke

Blick auf Dresden von der Eisenbahnbrücke

Allgemeines über Dresden

Kunstschätze — Lage — Geschichte — Einwohner — Statistisches

resden ist eine der schönsten ·Städte Europas, welt-
bekannt durch seine unvergleichliche Lage im herr-
lichen Elbtal und weltberühmt durch die zahlreichen
einzigartigen K u n s t s c h ä t z e , die seine Museen
bergen.   Ein deutsches Florenz nannte Gottfried Herder die
Stadt.   Mögen auch die anderen deutschen Hauptstädte starke
Anstrengungen gemacht haben, um Dresden den Vorsprung
abzugewinnen, noch immer stehen seine Gemäldegalerie, seine
Porzellansammlung und sein historisches Museum unbestritten
an der Spitze der gleichartigen Sammlungen in Deutschland,
die Gemäldegalerie insbesondere durch ihren Reichtum an Werken
der Italiener und Niederländer in der Zeit ihrer höchsten Blüte,
der Holländer des 17. Jahrhunderts und einzig dastehend in
den Gemälden aus der Rokokozeit wie in der Pastellsammlung.
Einzigartig ist das Grüne Gewölbe mit seinen unschätzbaren
Kunstwerken und Merkwürdigkeiten.   Das Museum der Bildwerke ist, vermöge der ebenso schönen wie lehrreichen Anordnung und Aufstellung seiner Werke in Marmor, Erz und Gips,
mustergültig und vorbildlich geworden und enthält in seinen
olympischen Sälen die Funde der deutschen Ausgrabungen in
Olympia in einer Art der Wiederherstellung, wie man sie sonst
noch nirgends sehen kann, ebenso eine Sammlung moderner
deutscher und ausländischer, besonders französischer und bel-
gischer Skulpturen, wie kein anderes Museum der Welt.   Das
Kgl. Kupferstichkabinett ist das einzige in Europa, wo man
die bedeutendsten Werke der modernen Griffelkunst annähernd

vollständig überschauen kann, und auch die übrigen Sammlungen für Kunst und Wissenschaft erfreuen sich andauernd sorgsamer Pflege.

Herrlich ist D r e s d e n s L a g e. Sein stets wachsendes Häusermeer erstreckt sich weithin in dem reizvollen, ausgedehnten Talkessel, der da gebildet wird von den Berghöhen der Dresdner Heide, die im Norden und Nordosten bis an die Ufer der Elbe heranreichen, und von den letzten nordöstlichen Ausläufern des Erzgebirges, die auf der entgegengesetzten Seite sich im weiten Bogen um die Stadt herumziehen. In einem prächtigen Bogen fließt der Elbstrom durch die Stadt, sie in zwei ungleiche Hälften teilend; fünf stattliche Brücken spannen ihre Bogen über die breite Wasserfläche und verbinden die Altstadt mit der Neustadt.

Von der neuerrichteten Augustusbrücke hat man einen prächtigen Überblick über die Stadt und ihre Umgebung. Nach Osten blicken wir auf die waldigen Höhen der Heide, die im Wolfshügel gipfeln, und weiter rechts ziehen sich die von Rebengeländen, hübschen Landhäusern und prächtigen Schlössern bedeckten anmutigen Höhen von Loschwitz hin. Nach Norden und Nordwesten schauend, erblicken wir die dorfähnliche Anlage des neuen Schlachthofes und dahinter die lieblichen Lößnitzberge. Vor uns aber liegt das herrliche Stadtbild, welches größtenteils die Städtebaukunst des 18. Jahrhunderts geschaffen hat: zur Linken die Brühlsche Terrasse — von Friedrich dem Großen der Balkon Europas genannt — mit dem Belvedere, der Kgl. Kunstakademie und der breiten Freitreppe, überragt von der berühmten steinernen Kuppel der Frauenkirche, gerade vor uns das Königliche Schloß mit dem Georgenbau und dem hohen, spitzen Turm, davor die stattliche, mit feinem Verständnis zur Brücke schräg gestellte Katholische Kirche Zwischen die Terrasse einerseits, das Königliche Schloß und die Katholische Hofkirche anderseits tritt, mit seinen schönen, maßvollen Verhältnissen glücklich vermittelnd, das neue Ständehaus, vor dem das eherne Reiterstandbild König Alberts den würdigsten Platz gefunden hat. Zur Rechten treten uns das Kgl. Hoftheater und das Neue Museum entgegen, von denen letzteres Dresdens berühmtestes Bauwerk, den Zwinger, abschließt. Und ähnliche prächtige Stadtbilder hat man von der Carolabrücke, wie von der Albertbrücke, von der Brühlschen Terrasse, von der Höhe des Palaisgartens u. a. O. Will man aber die gesamte Schönheit des Elbtalkessels mit den zahllosen Häusern und Türmen Dresdens überschauen, so bieten sich als herrliche Aussichtspunkte dar: Moreaus Denkmal bei Räcknitz, der Luisenhof und die Schöne Aussicht in Ober-Loschwitz, ferner der Osterberg bei Cossebaude und zahlreiche Punkte der Lößnitzberge.

Dresden war ursprünglich ein sorbisches Dorf auf dem rechten Elbufer mit einer Fischeransiedelung auf dem linken. Neben der letzteren errichteten die Markgrafen von Meißen eine Burg, unter deren Schutze eine deutsche Stadt Dresden (urkundlich zuerst 1206, als Stadt 1216 erwähnt) entstand. Das durch eine hölzerne Brücke (die spätere Augustusbrücke) mit der Stadt verbundene alte Dorf auf dem rechten Elbufer hieß seitdem Altendresden; es wurde 1403 ebenfalls zur Stadt erhoben (die jetzige Neustadt). Der Ort Dresden war von altersher durch

Mauern, Seen und Gräben geschützt; die ältesten Kirchen waren die Frauen- und die Kreuzkirche; letztere erhielt durch eine Reliquie (Stück vom Kreuz Christi) ihren Namen. Im Jahre 1485 bei der Teilung Sachsens zwischen Ernst und Albert kam Dresden an Albert, seitdem ist es Residenz der wettinischen Albertiner. Herzog Georg der Bärtige begann 1534 den Umbau des kurfürstlichen Schlosses. Herzog Heinrich führte 1539 die evangelisch-lutherische Religion in Dresden ein. Unter Kurfürst Moritz wurden Altendresden und Neuendresden zu einer Stadt vereinigt. Im Jahre 1547 erhielt Moritz die Kurwürde, und Dresden wurde Hauptstadt des Kurfürstentums Sachsen.

Unter den folgenden Kurfürsten nahm Dresdens Bedeutung mehr und mehr zu; aber erst mit A u g u s t d e m S t a r k e n beginnt die Blüteperiode, der Dresden seinen Ruhm als Kunststadt verdankt. Er läßt das 1701 abgebrannte Schloß 1717

Dresden von Neustadt aus

wieder aufrichten, 1709—22 durch Pöppelmann den Zwinger erbauen, ferner 1718 das Japanische Palais erweitern, 1720 das große Opernhaus, die Ritterakademie in Neustadt und 1732 das Blockhaus (Neustädter Hauptwache) erbauen. Die Frauenkirche mit der weltberühmten Kuppel wird von 1726 an durch George Bähr, die Neustädter Dreikönigskirche von 1732 an errichtet. Ferner errichtete August der Starke die Kasernen (1895 niedergerissen) und das Militärhospital in Neustadt, verschönerte die Augustusbrücke, gründete die Malerakademie 1705 usw. Er und sein Nachfolger bereicherten die Kunstsammlungen in der umfassendsten Weise.

Unter dem Kurfürsten Friedrich August II. (1733—63), als König von Polen A u g u s t III. genannt, wurde durch Chiaveri 1739 bis 1751 die Katholische Hofkirche erbaut und durch Zuschütten zweier Pfeiler der Augustusbrücke der jetzige Schloßplatz hergestellt. Minister Graf von Brühl erbaute 1740 hinter seinem Palais den Brühlschen Garten. Im Siebenjährigen Kriege wurde Dresdens Blüte auf Jahrzehnte hinaus gebrochen. Wiederholt ward es von preußischen Truppen besetzt und gebrandschatzt; 1758 und 1759 wurden die Pirnaische und die Wilsdruffer Vorstadt niedergebrannt; 1760 beschoß Friedrich der Große Dresden, wobei die Kreuzkirche und die Annenkirche abbrannten, die Frauenkirche aber standhielt.

In der Napoleonischen Zeit spielte Dresden ebenfalls eine bedeutende Rolle. Durch den Frieden mit Napoleon 1806 wurde F r i e d r i c h A u g u s t d e r G e r e c h t e dessen Bundesgenosse und zum König erhoben. 'Dresden wurde damit

Rathausturm

zur sächsischen Königsstadt. Viermal sah es den korsischen Eroberer in seinen Mauern. Am 14. Dezember 1812 kam Napoleon flüchtend durch Dresden; wiederholt wurde dann um den Besitz der Stadt gekämpft. Vom 25.—27. August 1813 ward die Schlacht bei Dresden geschlagen. (Moreau fällt: Moreau-Denkmal — der letzte Sieg Napoleons auf deutschem Boden.) Vom November 1813 an stand Dresden unter der Verwaltung der Verbündeten, erst 1814 kehrte Friedrich August der Gerechte nach Dresden zurück.

Unter König F r i e d r i c h A u g u s t II. 'wurden das Hoftheater (1869 abgebrannt), die Synagoge und das Neue

Museum als Abschluß des Zwingers, alle drei von Semper, gebaut. Als die deutsche Reichsverfassung im Jahre 1849 abgelehnt wurde, brach am 3. Mai ein Aufstand aus, der bis zum 9. Mai von preußischen und sächsischen Truppen unterdrückt wurde. Dabei brannten das große Opernhaus und der Ostpavillon des Zwingers nieder.

Unter den Königen J o h a n n (1854—73) und A l b e r t (1873—1902) hat sich Dresden in großartiger Weise weiter entwickelt. Die Einwohnerzahl Dresdens hat sich seit dem mehrmals verdoppelt; zahlreiche neue Stadtviertel, darunter solche mit f r e i e r Bauweise, sind entstanden, eine Anzahl von Vororten ist einbezogen worden. Der Verkehr im Innern wurde durch mehrere großartige Straßendurchbrüche (König-Johann-Str., Johann-Georgen-Allee, Ringstraße), durch neue Brücken und durch die Einrichtung der Straßenbahnen gewaltig gehoben. Zahlreiche neue Schulen, Kirchen, öffentliche Gebäude, Monumentalbrunnen und Denkmäler wurden errichtet, die Dresden zur Zierde ge-

Brunnen am Taschenberg-Palais

reichen und ihm mehr und mehr das Aussehen einer modernen Großstadt verliehen haben.

Während der kurzen Regierung des Königs G e o r g (1902 bis 1904) und unter der bisherigen Regierung seines Sohnes, König F r i e d r i c h A u g u s t s III. (seit dem 15. Oktober 1904), ist die Entwicklung Dresdens immer weiter vorwärtsgeschritten. Es sei hier nur hingewiesen auf das Ministerialgebäude an der Ostseite des Königin-Carola-Platzes, auf den Neubau des Ständehauses, des Rathauses, der Augustusbrücke, die Umgestaltung des Theater- und Schloßplatzes, die Erbauung des großen Schlachthofes, ferner auf den Übergang des Straßenbahnnetzes in den Besitz und die Verwaltung der Stadt. Nicht großartige, aber stattliche, dem religiösen Bedürfnisse kleinerer Kirchengemeinden entsprechende Kirchen erheben sich in immer größerer Zahl über das Häusermeer. Schulbauten, die allen Anforderungen der Neuzeit entsprechen und ohne jeden Prunk doch Zierden der Straßen sind, erstehen jährlich neu. Im Bau von Privathäusern, Wohn- und Geschäftshäusern wie Villen, gibt sich ein lebhaftes, von erfreulichem Erfolge gekröntes Streben der Dresdner Architektenschaft nach einem neuen Stil kund. Auf die früheren Einverleibungen (Strehlen und Striesen 1892, Pieschen und Trachenberge 1897) folgten im Anfange des neuen Jahrhunderts die von Gruna (1901), Seidnitz, Zschertnitz und Räcknitz (1902), Plauen, Löbtau, Naußlitz, Wölfnitz, Cotta, Trachau, Mickten, Übigau und Kaditz (1903), durch die das Gebiet der Stadt außerordentlich erweitert worden ist. Seit 1895 steht an der Spitze der städtischen Verwaltung Oberbürgermeister Geh. Rat Dr. Beutler.

Einwohner. Dresden hatte am 1. Dezember 1905: 516996 Einwohner, etwa 16000 bebaute Grundstücke mit rund 134000 Wohnungen; die Fläche des Stadtgebietes einschl. des König Albertparks in der Dresdner Heide und des Gutsbezirks Albertstadt betrug am 1. August 1909: 6755,6 ha. Das Wachstum der Stadt ergibt folgendes Bild: 1401 etwa 4300 Einwohner, 1501: 4560, 1603: 14800, 1699: 21300, 1800: 54800, 1900: 396200, 1905: 517000, Anfang 1910 schätzungsweise 551000 Einwohner.

Innerhalb der letzten Menschenalters hat sich Dresdens Bevölkerung fast verdreifacht. Bei der ersten Volkszählung des Deutschen Reiches 1871 stand Dresden mit 177000 Einwohnern an vierter Stelle. In der Folgezeit ist Dresden zeitweise an die fünfte bis siebente Stelle gerückt; München gewann dauernd, Leipzig und Köln hatten vorübergehend einen Vorsprung vor Dresden. Leipzig ist seit Januar 1910 durch Einverleibungen wieder vor Dresden und München gerückt.

Zusammensetzung der Dresdner Bevölkerung. Nach der Volkszählung vom 1. Dezember 1905 hatte Dresden 244455 männliche und 272541 weibliche Personen. Die weibliche Bevölkerung überwog also mit 53% der Gesamtbevölkerung den männlichen Teil. Es hängt dies teils mit der Eigenart der Dresdner Industrie (Schokolade-, Zucker-, Zigaretten-, Strohgeflecht- und Blumenfabriken), teils damit zusammen, daß Dresden auch heute noch eine Stadt der Rentner und Pensionäre ist, mit starker weiblicher Dienerschaft und daß es zugleich der Sitz von zahlreichen Pensionen für Mädchen und Frauen der höheren Stände ist. Nach den Bekenntnissen zählte man im Jahre 1905 in Dresden 462114 lutherische, 2872 evangelisch-reformierte, 44079 römisch-katholische, 4272 Anhänger sonstiger christlicher Bekenntnisse, 3514 israelitische, 110 Konfessionslose und 95 Personen ohne Bekenntnisangabe. Die Evangelischen machen seit Jahren etwa 30% der Bevölkerung aus.

Ausländer waren im Jahre 1905 anwesend 28711. Davon waren 22624 Österreicher, 1812 Russen — es war damals die Zeit der russischen Wirren —, 911 Engländer, 902 Nordamerikaner, 477 Ungarn, 479 Schweizer, 240 Italiener, 169 Franzosen, 1097 sonstige Ausländer.

Militärverhältnisse. Im Jahr 1905 lebten in Dresden 11741 aktive Militärpersonen. Dresden ist Sitz verschiedener hoher Kommandostellen, Divisions-, Brigade- und anderer Stäbe. Außerdem garnisonieren in Dresden folgende Regimenter: das 1. (Leib-) Grenadier-Regiment Nr. 100, das 2. Grenadier-Regiment Nr. 101 „Kaiser Wilhelm, König von Preußen", das Schützen- (Füsilier-) Regiment „Prinz Georg" Nr. 108, das 12. Infanterie-Regiment Nr. 177, das 2. Jäger-Bataillon Nr. 13, das Gardereiter-Regiment, das 1. Feld-Artillerie-Regiment Nr. 12, das 4. Feld-Artillerie-Regiment Nr. 48, das 1. Pionier-Bataillon Nr. 12, das 1. Train-Bataillon Nr. 12.

Lage. Der Pfeiler des Passageinstruments im Observatorium des Königl. Mathematischen Salons im Zwinger liegt 13° 43′ 57,89″ (oder in Zeit ausgedrückt 54 Minuten 55,926 Sekunden) östlich von Greenwich, während die nördliche Breite 51° 3′ 12,864″ beträgt.

Höhenlage. Observatorium des Königl. Mathematischen Salons 120 m ü. d. M., Uhrturm auf der Carolabrücke 117 m, Pegel-Null am Altstädter Strompfeiler der Carolabrücke 105,832 m.

Dresdner Zeit. Die genaue Mitteleuropäische Zeit (M. E. Z.) wird für Dresden täglich um 12 Uhr im Mathematischen Salon im Zwinger ermittelt und durch eine Glocke kundgegeben. Es ertönen erst vier Signalschläge, dann der entscheidende Glockenschlag. Interessenten können auch in den Vormittagsstunden 9—12 Uhr durch Uhrvergleichung im Observatorium des Mathematischen Salons die vorteilhafteste Zeit erhalten. Am vorteilhaftesten ist das Mittagssignal der M. E. Z. in der nordwestlichen Ecke des Zwingerhofes unter der öffentlichen Uhr des Mathematischen Salons wahrzunehmen.

Wetterwarten. Kgl. Landeswetterwarte (Station I. Ordnung): Große Meißnergasse 15, Direktor: Prof. Dr. Schreiber. Wetterwarte des Dresdner Anzeigers (Station I. Ordnung): Reißigerstraße 11, Leiter: Prof. Dr. Gravelius. Tägliche Berichte im Dresdner Anzeiger.

Dresden vom Terrassenufer aus

Dresden als Fremdenplatz

Klima — Wohlfahrtseinrichtungen — Wohnungsverhältnisse — Dresdner
Schulen — Gesellschaftliches Leben — Sport — Ausflüge

Dresden ist eine Stadt, die schon seit Jahrhunderten von
vornehmen und gebildeten Leuten aus aller Herren Ländern
mit Vorliebe aufgesucht wird, und durch die zunehmende Entwicklung des Eisenbahn- und des Verkehrswesens ist dieser
Fremdenzuzug zu einem Strome angeschwollen, der alle Stände
mit sich führt und im Jahreslauf seinen Höchststand in den
Sommermonaten erreicht. Die Ursache ist einmal in den Vorteilen
zu suchen, die Dresden wie jede andere Großstadt dem Fremden
bietet, dann aber auch in der Gunst der natürlichen Verhältnisse
sowohl der Stadt wie ihrer engeren und weiteren Umgebung.

Das **Klima** Dresdens ist dank der Lage der Stadt im
Elbtalkessel mild, die mittlere Jahrestemperatur ist rund 9° C.
Die klimatischen Verhältnisse Dresdens bieten folgendes Bild:

Monate	Mittlerer Barometerstand in 120 m Höhe mm	Mittlere Temperatur 2 Uhr nachm. °C	Mittlere Minimaltemperatur °C	Mittlere Monats- und Jahrestemperatur °C	Mittlere relative Feuchtigkeit Sättigungsprozente	Mittlere Bewölkung Zehntel des Himmels	Mittlere Monats- u. Jahressummen d. Niederschläge mm
Januar	753,6	1,3	—3,1	—0,3	80	7,0	27,65
Februar	752,8	3,0	—2,2	0,8	78	7,0	28,70
März	750,0	6,0	—0,4	3,1	75	6,9	37,14
April	750,1	12,3	3,7	8,2	71	6,5	43,83
Mai	751,1	17,1	7,7	12,8	68	6,1	63,44
Juni	751,5	20,6	11,6	16,5	70	6,3	78,05
Juli	751,4	22,6	13,6	18,3	70	6,1	84,17
August	751,5	21,7	12,8	17,3	72	6,0	61,79
September	752,8	18,9	9,9	14,3	73	5,9	50,73
Oktober	751,8	12,0	5,4	8,8	77	6,8	48,91
November	752,1	5,9	1,3	4,0	80	7,4	37,82
Dezember	751,9	1,6	—2,4	0,3	81	7,5	33,17
Jahr	**751,71**	**11,92**	**4,85**	**8,67**	**75**	**6,6**	**595,40**

2

Die rechts von der Elbe gelegenen Stadtteile nebst den Vororten besitzen den Vorteil, daß sie durch die steil abfallenden Höhen, die sich bald nach Westen, bald nach Nordwesten hinziehen, vor den rauhen Nord- und Nordostwinden geschützt sind — erfreut sich doch die Lößnitz, das Sächsische Nizza, des Rufes, ein besonders mildes Klima zu haben — während im Norden und Nordosten das ausgedehnte Waldgebiet der Dresdner Heide die Zufuhr reiner Luft erleichtert. Rechnen wir dazu noch den breiten, rasch dahinfließenden Strom, der die Einrichtung von Flußbädern mitten in der Stadt ermöglicht, so hat Dresden alle Anlagen, eine g e s u n d e S t a d t zu sein, und sie ist es auch durch die Mitwirkung der Stadtverwaltung, die durch ihre Maßregeln die Gunst der natürlichen Verhältnisse auszunutzen versteht. Es gibt in den Vorstädten große Villenviertel, und die sich anschließenden Vororte haben denselben Charakter. Das wirkt nicht bloß ästhetisch, sondern auch hygienisch. Nur der alte Kern der Stadt hat enge Straßen mit hohen Häusern; aber auch hier hat man teils schon durch Straßendurchbrüche Wandel geschafft, teils durch Bestimmungen der Bauordnung für die Zukunft die Verbreiterung von Straßen vorgesehen.

Für die Anlage gut gepflasterter und selbst an den verkehrsreichsten Stellen sauber gehaltener Straßen liefern Steinbrüche in unmittelbarer Nähe der Stadt oder in nicht zu großer Entfernung von ihr vortreffliche Pflastersteine und Gangbahnplatten; Straßen und Plätze mit starkem Verkehr sind asphaltiert. In neuester Zeit beschäftigt sich die Stadtverwaltung eifrig mit Versuchen, auch die Schotterstraßen möglichst staubfrei zu halten.

Hygiene. Sehr günstig ist die W a s s e r v e r s o r g u n g Dresdens. Drei Wasserwerke (Saloppe, Tolkewitz und Hosterwitz) liefern ausgezeichnetes Trinkwasser, das ständig auf seine Reinheit geprüft, auch als Nutzwasser und zu reichlicher Besprengung der Straßen, sowie zur Bewässerung der öffentlichen und Privatgärten verwendet wird. Das Wasser ist Grundwasser, das von den Höhen oberhalb Dresdens links und rechts der Elbe stammt. Die Leitungen liefern es in solchen Mengen, daß in dem überaus trockenen Sommer des Jahres 1904 in Dresden von Wassermangel nichts zu merken war und der Wasserverbrauch nicht eingeschränkt zu werden brauchte. Die K a n a l i s a t i o n der Stadt ist seit Jahrzehnten immer mehr vervollkommnet worden, und als Krönung derselben wird die Schwemmkanalisation allgemein durchgeführt.

Die Stadtverwaltung sorgt weiter dafür, daß den Bewohnern Nahrungs- und Genußmittel in guter, einwandfreier Beschaffenheit zugeführt werden. Sie hat zu diesem Zwecke Markthallen errichtet, einen großen neuen Schlacht- und Viehhof gebaut und die Fleischbeschau eingeführt. Große Sorgfalt wird auf die Kontrolle der Nahrungsmittel und insbesondere der Milch verwendet. Die Statistik weist nach, daß die Gesundheitsverhältnisse Dresdens günstig sind. Die S t e r b l i c h k e i t ist in den letzten Jahrzehnten stetig zurückgegangen, von 28,9 auf 1000 Einwohner der mittleren Jahresbevölkerung im Jahre 1872 bis zu 15,3, im Jahre 1908. Nach den Zahlen für das Jahr 1907 steht Dresden mit 14,9 ziemlich genau auf gleicher

Stufe mit Berlin, Düsseldorf, Essen, Frankfurt a. M., Hamburg, Kiel, aber günstiger als Braunschweig, Breslau, Köln, Danzig, Halle, Hannover, Karlsruhe, Mannheim, München, Straßburg, Stuttgart und Wiesbaden. Im Zeitraume von 1872—1905 ist ferner gesunken die Sterblichkeit der Kinder im ersten Lebensjahre von 11,8 auf 3,8, an Tuberkulose von 4,2 auf 1,9, an Typhus von 1,0 auf 0,06 von 1000 Einwohnern. Typhusfälle kommen nur noch infolge Ansteckung von auswärts vor. Dresden besitzt vorzügliche städtische und von Vereinen verwaltete Krankenhäuser. Seine Ärzte, besonders die Spezialärzte, genießen einen Ruf, der weit über die Stadt, ja über die Grenzen des Landes hinausreicht, und viele von ihnen haben eigene Kliniken. Die oben erwähnte Begünstigung der rechten Seite des Elbtalkessels durch das Klima wird von zahlreichen Heilstätten und Sanatorien ausgenützt.

Wohnungen sind in Dresden jederzeit und in jeder Preislage zu haben, je nach den Ansprüchen, von den bescheidensten bis zu den höchstgespannten. Es kosten Wohnungen von 3 Zimmern mit Nebenräumen etwa 500—800 Mk., von 4 Zimmern 600—1200 Mk., von 5 Zimmern 800—1800 Mk., von 6 Zimmern 1100—1800 Mk., von 7 Zimmern 1300—1800 Mk., von 8 Zimmern 1600—2400 Mk. Dieser Preis ist aber noch lange nicht die oberste Grenze. Die modernen Bestrebungen der deutschen Architektenschaft, den Wohnhausbau den modernen Lebensverhältnissen entsprechend und auf heimatlicher Grundlage umzugestalten, haben in Dresden schon guten Erfolg gehabt. Daß die Wohnungen den gesundheitlichen Anforderungen entsprechen, dafür sorgt eine streng durchgeführte Bauordnung und Wohnungsaufsicht.

Dresden eignet sich durch das alles zu **längerem Aufenthalt,** zumal wenn dabei besondere Zwecke verfolgt werden, vor allem S t u d i e n z w e c k e . Dazu bietet sich vielfache Gelegenheit, in erster Linie durch Hochschulen, so die Technische Hochschule, die Tierärztliche Hochschule und die Kgl. Akademie der bildenden Künste. Ihnen schließen sich an die Kgl. Kunstgewerbeschule, die in ihrem neuen Heim vermehrte Bildungsgelegenheiten und Bildungsmittel darbietet, die Städtische Gewerbeschule nebst ihrer Schülerinnenabteilung und zahlreiche Fachschulen. Zu speziellen wissenschaftlichen und Kunststudien bietet Dresden seine reichen Kunst- und wissenschaftlichen Sammlungen dar, voran die Kgl. Öffentliche Bibliothek. Dazu kommen private Unterrichtsanstalten für Zeichnen, Malen und kunstgewerbliche Arbeiten. Wer lediglich geistige Anregung auf verschiedenen Gebieten der W i s s e n s c h a f t sucht, findet sie in zahlreichen Vereinen und in öffentlichen, für Laien bestimmten wissenschaftlichen Vorträgen.

Der Ausbildung in der M u s i k dienen das Kgl. Konservatorium für Musik und Theater und eine Reihe von Musikschulen. In Dresden hat der Fremde, der sich der Studien wegen hier aufhält, tagtäglich die Möglichkeit, mit geringem Zeitaufwand durch Spaziergänge in der Stadt und deren nächster Umgebung und bei Ausnutzung der vielen und billigen Fahrgelegenheiten auch im weiteren Umkreise Geist und Gemüt zu erfrischen.

In dem Kunstleben Dresdens der letzten Jahre haben auch die K u n s t a u s s t e l l u n g e n eine hervorragende Rolle gespielt. Seit der städtische Ausstellungspalast im Jahre 1894 fertig wurde, setzte eine frische und kräftige Kunstbewegung in moderner Richtung ein. Die Dresdner Ausstellungen erwarben sich neben den großen Münchner und Berliner Ausstellungen eine gleichberechtigte Stellung; ja durch die Beschränkung der Zahl und die eigenartige Aufstellung der Kunstwerke, durch die Einführung der belgischen und neufranzösischen Plastik, durch die bahnbrechende Förderung des modernen Kunstgewerbes sind die Dresdner Ausstellungen, denen sich stets auch eine Fülle von Vergnügungen anreihte, ein mächtiger Faktor im deutschen Kunstleben des letzten Jahrzehnts geworden.

Familien mit Kindern, die sich **in Dresden dauernd niederlassen** wollen, haben hier eine große Auswahl von ausgezeichneten h ö h e r e n S c h u l e n , städtischen, königlichen und privaten (Gymnasien, Realgymnasien, Reformschulen, Oberrealschulen, Realschulen, höhere Töchterschulen, Mädchengymnasium). Das städtische Volksschulwesen ist in bester Verfassung, sowohl hinsichtlich der Leitung und der Lehrkräfte wie des Äußeren und der inneren Einrichtung der Schulgebäude. Fremde, besonders Reichsfremde, die sich mit ihrer Familie, wenn auch nicht dauernd, so doch längere Zeit hier aufhalten, finden gute, mit Pensionaten verbundene P r i v a t s c h u l e n für Knaben und Mädchen, die sich ihren Bedürfnissen besser anpassen können, als dies den öffentlichen Schulen möglich ist. Unter den zahlreichen Privatanstalten bilden T ö c h t e r p e n s i o n a t e für erwachsene Mädchen eine Gruppe für sich. In ihnen wird den Mädchen nicht bloß gewissenhafte Pflege und Aufsicht zuteil, sondern auch für ihre wissenschaftliche, künstlerische und hauswirtschaftliche Aus- und Fortbildung gesorgt. In jeder Hinsicht können solche Anstalten durch freiere Einrichtung des Unterrichts individuelle Bildungsbedürfnisse befriedigen.

Was den Unterricht schulpflichtiger Kinder anbelangt, so wird an R e i c h s a u s l ä n d e r , die, ohne Erwerb zu suchen, nur die Vorzüge Dresdens genießen und sich hier längere Zeit aufhalten wollen, keineswegs mehr die Forderung gestellt, ihre Kinder nach den Vorschriften des sächsischen Schulgesetzes erziehen zu lassen. Schon seit dem Jahre 1906 ist den Reichsausländern vollkommen f r e i e H a n d in der Erziehung und der Ausbildung ihrer Kinder gelassen.

Der Fremde, der sich, ohne besondere Empfehlungen zu haben, bei längerem Aufenthalte in Dresden an dem feineren **gesellschaftlichen Leben** beteiligen will, findet dazu durch bessere Familienpensionen Gelegenheit, ferner durch festliche Veranstaltungen (Presseball, Bühnengenossenschaftsfest, Gauklerfest, Veranstaltungen der Kunstgenossenschaft und des Kunstgewerbevereins, Alpenball usw.), die im Zentraltheater, Ausstellungspalast oder Gewerbehaus stattfinden. Dazu die Wintervergnügungen der großen Geselligkeitsvereine. Durch Vermittlung der Gesandten oder der diplomatischen Geschäftsträger ist es Reichsausländern von distinguierter Stellung möglich, auch am

K ö n i g l i c h e n H o f e vorgestellt und zu den Festlichkeiten eingeladen zu werden.

Weitere V o l k s k r e i s e kennen zu lernen, gelingt am besten, wenn man sich an schönen Sonntagen unter die Ausflügler mischt, die von Dresden aus in Scharen in die prächtige Landschaft ziehen, und wer Ende Juli oder Anfang August in Dresden ist, versäume nicht, das große, acht Tage während allgemeine Volksfest der Dresdner, die Vogelwiese, zu besuchen.

Nicht unerwähnt sei, daß Dresden Gelegenheit zu aktiver und passiver Beteiligung an **vielerlei Sport** bietet, vor allem am G o l f - s p o r t, wofür im Laufe des Winters 1906/07 ein herrlicher Platz auf Dresdens berühmtem Rennplatze hergerichtet worden ist. Es bietet sich aber auch Gelegenheit zur Beteiligung an jedem andern Sport, an Lawn Tennis und Fußball, am Baden, Schwimmen und Eislauf, am Reiten und Fahren, am Rad-, Motor- und Automobilsport, Ruder-, Segel- und Rennsport. Auch der Wintersport hat Eingang in Sachsen gefunden, und die Verwaltung der Staatseisenbahnen fördert ihn durch Sonderfahrten nach Geising — Altenberg und Kipsdorf im

Englische Kirche

östlichen und Oberwiesental im westlichen Erzgebirge.

Zahllos sind die Gelegenheiten zu w e i t e r e n **Ausflügen.** Es zieht den Naturfreund mit Gewalt hinaus ins Freie, und hat er einen lieblichen Punkt erreicht, so lockt ihn schon der andere. Im Elbtale reiht sich eine köstliche Landschaftsperle an die andere, elbaufwärts bis hinein ins Böhmerland, elbabwärts bis nach Meißen. In kurzer Zeit kann man das Lausitzer Gebirge erreichen mit seiner wunderbaren Mischung von sanft geschwungenen waldigen Höhen, spitzen Bergen und zackigen Felsen, seinen wannenförmigen Tälern, in deren Mitte sich schlangenartig die stundenlangen Industriedörfer hinwinden, und mit dem Gegensatz zu der weiten, fruchtbaren

Ebene. Nicht viel weiter entfernt von Dresden sind das Erzgebirge und das Vogtland. Stets aber wird man von den Ausflügen in die nahe und ferne Umgebung gern zu den feinen

Stallhof und Schloßturm

Genüssen der Kunst und der Geselligkeit zuruckkehren, die Dresden in reichem Maße dem Fremden bietet.

Stadteinteilung und Orientierung

Die Elbe, welche in doppeltem großen Bogen durch die Stadt geht, teilt sie in Altstadt links und Neustadt rechts der Elbe. Das Hauptinteresse für den Fremden, der Dresdens Sehenswürdigkeiten besuchen will, richtet sich auf die Altstadt.

Auf dem Stadtplan orientiert man sich am besten vom Altmarkt. Von diesem aus führt ein Straßenzug nach Norden: Schloßstr., Schloßpl., Augustusbrücke nach Neustadt: Hauptstr., Albertpl., Königsbrücker Str., Albertstadt mit fast sämtlichen Kasernen und Militärbauten; einer nach Osten: König-Johann-Str., Pirnaischer Pl., Grunaer Str., an deren Ende rechts die Stübel-Allee am Ausstellungspalast, an dem Botanischen Garten und Großen Garten vorbei nach Vorstadt Gruna, links durch die Canalettostr. in die Johannstadt zum Fürstenpl., weiter nach Vorstadt Striesen führt, dahinter Blasewitz; einer nach Süden: Seestr., Prager Str., Wiener Pl., Hauptbahnhof, Reichsstr. bis zum Reichspl., geradeaus nach Vorstadt Räcknitz (Moreaus Denkmal), rechts Münchner Str. nach Vorstadt Plauen; einer nach Westen: Wilsdruffer Str., Postpl.; dann entweder rechts durch die Ostraallee usw. zum König-Albert-Hafen; oder geradeaus vom Postpl. durch die Wettiner- und Schäferstr. nach Friedrichstadt (Arbeiterviertel) und durch die

Kgl. Belvedere

Hamburger Str. nach Vorstadt Cotta; oder links vom Postpl durch die Annen- und Falkenstr. nach Plauen.

Um den Kern der Altstadt legen sich die i n n e r e n V o r - s t ä d t e : Wilsdruffer Vorstadt, durchschnitten von der Wettiner Str., die Seevorstadt, durchschnitten von der Prager Str., die Pirnaische Vorstadt, durchschnitten von der Grunaer Str.

Der ä u ß e r e G ü r t e l d e r V o r s t ä d t e umfaßt Friedrichstadt (Westen), die Südvorstadt, von der Reichsstr. durchschnitten, Strehlen (Südosten), Johannstadt und Striesen (Osten); die Südvorstadt zerfällt in das Amerikanische Viertel (den Stadtteil südlich vom Hauptbahnhof und östlich von der Reichsstr.) und das Schweizer Viertel (südlich vom Hauptbahnhof und westlich der Reichsstr.). Vom Schweizer Viertel nach Vorstadt Plauen zu, von der Münchner Str. durchzogen, liegt das Bayrische Viertel.

In der N e u s t a d t führt |vom Neustädter Markt die Hauptstr. zum Albertpl. Von hier aus strahlen wie von einem Mittelpunkte die einzelnen Straßen aus: in gerader Richtung die Königsbrückerstr. zur Albertstadt, nach rechts die Bautzner Str. zum Waldschlößchen, nach links die Antonstraße zum Neustädter Bahnhof und zur Leipziger Vorstadt, nach rechts rückwärts die König-Albertstr. und die Glacisstraße zu den Elbbrücken, nach links rückwärts die Königstr. zum Japanischen Palais.

Ankunft in Dresden

Bahnhöfe

1. **Der Hauptbahnhof** liegt am Wiener Platz. Von ihm gehen
s ä m t l i c h e Schnell-, Personen- und Vorortzüge ab. Der
Bahnhof wurde 1898 in Betrieb genommen. In der Durch-
gangshalle liegt links der Wartesaal 1. und 2. Klasse, rechts
der Wartesaal 3. Klasse. Die Speise- und Erfrischungssäle befinden sich im 1. Stock. Es sind 8 Bahnsteige je nach der Zugs-
richtung vorhanden.

In der M i t t e l h a l l e , zu ebener Erde gelegen, verkehren die Züge der Bautzner und Chemnitzer Linie.

Auf den Hochgleisen an der Bismarckstr. (S ü d h a l l e)
fahren die Züge nach Bodenbach ab und die Züge von Berlin,
Leipzig und Meißen kommen hier an.

Auf den Hochgleisen am Wiener Platz (N o r d h a l l e)
fahren die Züge nach Berlin, Leipzig und Meißen ab und die
Züge von Bodenbach kommen hier an.

Das Weitere ergibt sich aus folgendem Plan:

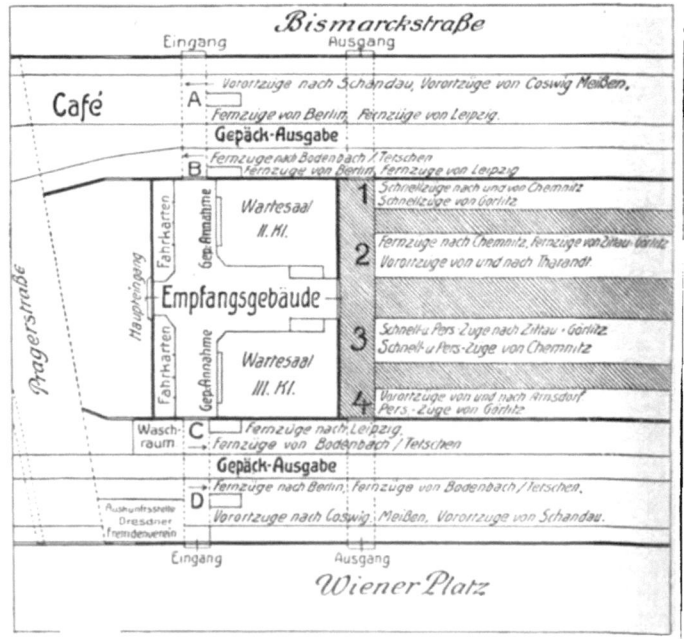

Plan

Die O s t h a l l e ist von geringerer Bedeutung, sie dient
nur dem Vorortsverkehr Dresden—Cossebaude—Coswig—Wein-
böhla—Elsterwerda.

Im Hauptbahnhof befinden sich 23 S c h a l t e r rechts und links vom Haupteingang und unter dem Durchgang der Süd- und Nordhalle. Die Gepäck a n n a h m e stellen sind beim Eintritt durch den Haupteingang augenfällig links und rechts. Die Gepäck a u s g a b e n befinden sich unter den betreffenden Perrons der Süd- und Nordhalle. Dort auch 2 Stellen zur Aufbewahrung von Handgepäck. Außerdem befinden sich im Hauptbahnhof: Post- und Telegraphenamt, Paketbeförderungsstelle, Fundbureau, Auskunftsstelle für Verkehrsangelegenheiten, Frisier-, Wasch- und Baderäume; ein großes Restaurant, ein Café und die A u s k u n f t s s t e l l e   d e s   V e r e i n s z u r   F ö r d e r u n g   D r e s d e n s   u n d   d e s   F r e m d e n - v e r k e h r s (wochentags geöffnet von 9—1 und von 3—7 Uhr). Das Bahnhofsgebäude ist von Giese & Weidner ausgeführt. Baukosten: 18 Mill. Mark. Im Jahre 1910 verkehrten im Hauptbahnhof täglich 406 Personenzüge; im Bahnhofsdienst sind 951 Beamte und Arbeiter tätig.

2. **Der Neustädter Bahnhof.** Hier verkehren die Züge nach Leipzig über Döbeln oder Riesa, nach Berlin über Röderau oder Zossen und nach Bautzen—Görlitz—Breslau. Die Schnellzüge halten in Neustadt. Lebhafter Vorortverkehr nach der Lößnitz und nach der Dresdner Heide. Man erreicht den Bahnhof Dresden - Neustadt und den Mittelpunkt der Stadt über die Hauptlinien von Leipzig, Berlin und Schlesien 8—12 Minuten früher als vom Hauptbahnhof und kann deshalb in einem der Neustädter Hotels, die nur 1—8 Minuten höchstens entfernt liegen, bereits heimisch sein, bevor man auf Station Hauptbahnhof ankommt. Die Sehenswürdigkeiten, wie Kgl. Schloß, Zwinger, Opernhaus, Brühlsche Terrasse usw., sowie die Dampfschiffstationen sind von Neustadt in 7—8 Minuten bequem zu erreichen.

3. **Bahnhof Wettiner Straße** ist Haltestelle zwischen Dresden-Altstadt und Neustadt. Schnellzüge halten hier nicht.

4. **Bahnhof Friedrichstadt** dient dem Vorortsverkehr, ebenso wie die Bahnhöfe Cotta, Pieschen, Trachau, Plauen, Strehlen und Reick.

5. **Güterbahnhof,** Zugang von der Rosenstraße, dient dem Güter- und Eilgutverkehr, hier ist auch die Zollabfertigungsstelle für Postgüter. Das Postamt befindet sich auf der Kellstr. Nr. 12.

Auskunfts- und Reisebureaus

A u s k u n f t s s t e l l e   d e s   V e r e i n s   z u r   F ö r - d e r u n g   D r e s d e n s   u n d   d e s   F r e m d e n v e r k e h r s. Im Hauptbahnhof. Zugang von der Prager Str. her am Wiener Pl., Eingang II. G e ö f f n e t : wochentags von 9—1 und von 3—7 Uhr. Auskunft und Rat in allen Angelegenheiten des Fremdenverkehrs.

R u n d r e i s e b u r e a u (Ausgabestelle für Fahrscheinhefte, und amtliche Auskunftsstelle für Personen-Verkehrsangelegenheiten). Im Hauptbahnhof, Osthalle, Wiener Pl. 3 (unter den Hochgeleisen). G e ö f f n e t; an Wochentagen von 8 Uhr vorm. bis 7 Uhr nachm., an Sonn- und Feiertagen von 11—12 Uhr vorm.

Reisebureaus. Balqués Spezialbureau für Gesell-
schaftsreisen, Struvestr. 13. — F. Bremermann, Generalagentur
des Norddeutschen Lloyd, Prager Str. 49. — Thomas Cook
& Son, Reisebureau, Prager Str. 43. — Hamburg-Amerika-
Linie, Prager Str. 49. — Alfred Kohn, Internationales Spedi-
tions-, Reise- und Verkehrsbureau (offizielles Bureau der Schlaf-
wagen- und Luxuszüge), Christianstr. 31. — A. L. Mende,
Passagevertretung und Agentur der Deutschen Ostafrika-Linie,
Wörmann-Linie usw., Bankstr. 3.

Dolmetscher und Sprachlehrer sind auf dem
Bureau des Fremdenvereins zu erfragen.

Bank- und Wechselgeschäfte. Allgemeine
Deutsche Creditanstalt, Abt. Dresden. Altmarkt 16. — Gebr.
Arnhold, Waisenhausstr. 20. — Bassenge & Co. (Inhaberin die
Mitteldeutsche Privatbank, Akt.-Ges.), Prager Str. 12. —
Bank für Bauten, Waisenhausstr 8. — Depositenkasse der
Dresdner Bank, Prager Str. 39, Europäischer Hof. — Dresdner
Bank, König-Johann-Str. 3. — Dresdner Filiale der Deutschen
Bank, Ringstr. 10 (Johannesring), Eingang auch Waisenhausstr.
11 b. — Elimeyer, Ringstr. 28. — Landständische Bank des
Markgraftums Oberlausitz, Filiale Dresden, Pfarrgasse 5. —
Mattersdorff, Seestr. 14. — Sächsische Bank, Schloßstr. 7. —
Treuhand-Bank für Sachsen, Aktiengesellschaft, auch Hypo-
thekenbank, Ringstr. 64.

Gepäcktransport

Gepäckträger und Dienstmänner stehen vor dem Bahn-
hofe. Die Gepäckträger befördern das Gepäck von den
Bahnhöfen zur Droschke und umgekehrt. Für die Beförderung
von Reise- oder Handgepäck haben die Gepäckträger von den
Reisenden zu fordern nach und von den Wagen, Abfertigungs-
stellen usw.: bis 25 kg 10 Pf., von 25 bis 50 kg 15 Pf., von 50
bis 75 kg 20 Pf., für je angefangene 25 kg mehr 10 Pf.

Die Dienstmänner vor den Bahnhöfen übernehmen
auch die Besorgung der Gepäckstücke bis in die Stadt. Tarif
für leichte Dienstleistungen (Gepäck bis 20 Pfund): $^1/_8$ Stunde
10 Pf., $^1/_4$ Stunde 20 Pf., $^1/_2$ Stunde 30 Pf., 1 Stunde 40 Pf.;
über 20—50 Pfund je 10 Pf. mehr, 50—100 Pfund je 20 Pf.
mehr usw. Man verlange Marke, die bei Beschwerden vorgezeigt
werden muß. Bei Nachtdienst sind die Preise um die Hälfte höher.

Messengerboys. Rote Radler, Schreibergasse 6
(Tel. 29 und 10 060). Schnelle und sorgfältige Erledigung von
allerlei Aufträgen. Beförderung und Lagerung von Reisegepäck.
Tarif mit Zweirad $^1/_2$ Stunde 50 Pf., 1 Stunde 70 Pf. Mit Ge-
päckrad 1 Stunde 1 Mk. Auch Grüne Radler, Trom-
peterstr. 19 (Tel. 11 095) und Bautzner Str. 10 (Tel. 10 059).
Filiale: Weißer Hirsch, Bautzner Str. 26.

Transportgesellschaft. Dresdner Paketfahrt
Philipp & Co., Beförderung und Lagerung von Reisegepäck
Annahmestellen an sämtlichen Bahnhöfen. Stadt- und Vor-
ort-Paketverkehr. Täglich schnelle Abholung und Bestellung
von Paketen.

Speditionsgeschäfte. Becker & Hesse, vorm. Lüder & Tischer; Neustadt, Kaiserstr. 4/6. — Cook & Son, Prager Str. 43. — Dresdner Transport- und Lagerhaus-Aktiengesellschaft, vorm. G. Thamm, kleine Packhofstr. 1/3. — Ed. Geucke & Co., Walpurgisstr. 1. — Alfred Kohn, Internationales Speditions-, Reise- und Verkehrsbureau, Christianstr. 31. — A. L. Mende, Bankstr. 3, Internationales Reise- und Speditionsbureau. — Dresdner Paketfahrt Philipp & Co., Könneritzstr. 2, Filiale Wiener Platz 3. — Dresdner Stadtfrachterei M. Winkler, Güterbahnhof. — J. H. Federer, Kgl. Hofspediteur, Schreibergasse 21, Eingang Güntzplatz. — Gustav Liebig, Saxoniastr. 3/5. — Gust. Emil Müller, Maternistr. 2. — Schloessmann & Scheffler, Rosenstr. 26.

Kommissionäre (Lohndiener), welche Führungen durch die Stadt, die Sammlungen usw. übernehmen, sind in den größeren Hotels zu erfragen. Sie sprechen in der Regel französisch und englisch, einzelne daneben auch noch andere Sprachen. Bezahlung nach Übereinkunft, in der Regel 8 Mk. für den Tag, für Teile eines Tages entsprechend weniger.

Fahrt ins Hotel

Vor den Bahnhöfen stehen Droschken I. und II. Klasse sowie Automobile. Man lasse sich von dem am Ausgang stehenden Schutzmann eine Blechmarke mit der Nummer der Droschke geben. Grundtaxe für Droschken I. Klasse 70 Pf., II. Klasse 50 Pf., dazu der Bahnhofszuschlag (10 Pf.). Näheres siehe Seite 85.

Unterkunft und Verpflegung

Die Gasthöfe Dresdens sind meist gut; die Preise halten mit denen anderer großer Städte Deutschlands Schritt, sind aber keineswegs höher. Sehr zahlreich sind in Dresden die Fremdenpensionen vertreten. Zur Reisezeit suche man rechtzeitig Quartier, bestelle es wohl auch telegraphisch. Privatwohnungen und möblierte Zimmer sind aus den Tagesblättern zu ersehen. Bei Monatszahlung gilt monatliche Kündigung.

In allen Lagen, wo der Fremde einer Auskunft bedarf, wende er sich vertrauensvoll an den **Verein zur Förderung Dresdens und des Fremdenverkehrs,** dessen Zweck die Wahrung gegenseitiger Interessen ist; er wird dort Rat, Beistand und vermittelnde Hilfe finden. Geschäftsstelle: Hauptbahnhof am Ausgang nach dem Wiener Platz (geöffnet von 9 bis 1 u. 3—7 Uhr). Fernruf: Nr. 4386.

Hotels in

Alphabetisch

* bedeutet Mitglied des Inter-

A. = Auto-Einstellraum, E. = Elektr. Licht, F. = Fahrstuhl,
Z.m.Pb. = Zimmer

Name des Hotels usw.	Straße und Nummer	Besitzer, Pächter, Direktor	Telephon
Am Hauptbahnhof,			
Hotel Austria	Bismarckstr. 10	Gust. Wolf	4486
„ Bristol	Bismarckpl. 5/9	Frau verw. Otto	3593
„ Carlton	Bismarckpl. 1	Gust. Härtig	1881
*„ Continental	Bismarckstr.16/18	Max Otto	740
			1310
*„ Grand Union	Bismarckpl. 2/4	A. Becker	161
„ Hoeritzsch	Bismarckstr. 14	M. Gaudert	2960
„ Jahr, garni	Strehlenerstr. 8	Frau A. Kinast	9626
„ Minerva, garni	Winckelmannstr.6	W. Merckens	3632
*„ Savoy-	Sedanstr. 7/9	F. Margraf	672
			3802
„ Schweizerkeller	Winckelmannstr.3	R. Willy Fiedler	2444
„ Strehlener Hof	Strehlenerstr. 12	Ludw. Kost	4704
„ Stürmer, garni	Lindenaustr. 8	Friedr. Schmidt	7808
„ Viktoria	Bismarckstr. 12	Rob. Guth	737
„ Westminster	Bernhardstr. 1	Friedr. Kühn	5151
Am Hauptbahnhof,			
*Hotel Central	Wiener Platz 10	Georg Preil	1030
*„ Europäischer Hof	Pragerstr. 39	Rudolf Sendig	1662
*„ Kaiser Wilhelm-	Wiener Platz 5/6	Alb. Pansdorf	1359
*„ Monopol u. Metropole	Wiener Platz 9	H. Heinze	3201
„ New York	Prager Str. 47	Fr. Balbian	2547
„ du Nord	Mosczinskystr. 3	M. Nahke	1026
„ garni „Russischer Hof"	Prager Str. 33	Fritz Ebner	10 659
*„ Terminus	Wiener Platz 8	Emil Rudolph	4805
„ Windsor	Prager Str. 50	Herm. Poetzsch	1764
An der Elbe, neben			
*Hotel Bellevue	Theaterplatz 1	R. Ronnefeld, Direktor u. Leiter	236 4722
Im Zentrum der Stadt,			
*Hotel Annenhof	Annenstr. 23/25	Paul Simon	380
„ Deutscher Herold	Sophienstr. 2	Herolds Erben	1093
* „ Drei Raben	Marienstr. 18/20	Carl Radisch	70

Dresden

ʒeordnet

nationalen Hotelbesitzer-Vereins,

G. = Garten, P. = Pension, R. = Restaurant, Z. = Zentralheizung, mit Privatbad

Zimmer-zahl	Betten-zahl	Zimmerpreis Mk.	Früh-stück Mk.	Diner à part Mk.	Table d'hôte Mk.	Besondere Bemerkungen
Ausgang Bismarckstraße:						
24	40	v. 2,— an	1,—	2,—	—	E. G. Z.
100	130	v. 3,— an	1,25	4,—	a. sep.Tisch.	A.E.F.G. Z. Z.m.Pb.
—	—	—	—	—	—	E. F. Z.
136	150	v. 3,— an	1,25	4,—	3,50 a. sep.Tisch.	A. G. Z. m. Pb.
130	160	v. 3,50 an	1,25	4,—	a. sep.Tisch.	A. F. G. Z. Z. m. Pb.
—	—	v. 2,50 an	—	—	—	E. Z.
—	—	—	—	—	—	E. P.
20	32	v. 1,50 an	0,75	2,—	2,— auch an klein. Tisch.	G. P.
80	120	v. 3,— an	1,50	v. 3,— an	4,50 a. sep.Tisch.	E. F. G. Z. Z. m. Pb.
20	40	v. 1,50 an	0,75	v. 1,25 an	—	P. R.
27	40	v. 2,— an	0,80	—	—	Im Winter P.
50	70	v. 3,— an	1,25	3,50	3,50	F. P. Z. Z. m. Pb.
Ausgang Wiener Platz:						
35	60	v. 2,50 an	1,—	v. 1,75 an	12—2 an Einzel-Tischen	E. F. G. P. R. Z.
200	265	v. 4,— an	1,50	5,—	a. sep.Tisch.	E. F. P. Z. Winterg.
70	100	2,50—6,—	1,25	3,50	—	E. G. P. Z.
32	54	v. 2,50 an	1,25	v. 2,— an	2,50	A. G. P. R.
40	60	v. 2,50 an	1,—	3,—	a. sep.Tisch.	E. F. Z.
70	120	v. 3,— an	1,25	—	3,—	A. E. F. P. R. Z.
10	15	v. 1,50 an	0,75	—	—	Neu, modern eing.
32	48	v. 2,50 an	1,25	v. 2,50 an u. à la carte	a. sep.Tisch.	E. G. P. R. Z.
30	50	2,— b. 5,—	1,—	v. 2,— an	a. sep.Tisch.	E. R. Z.

lem Königl. Opernhaus:

130	200	v. 4,— an	1,50	v. 5,— an	5,— an Einzel-Tischen	A. E. F. G. Z. m. Pb.

a) Nähe des Postplatzes:

38	60	1,50 b. 2,75	—,75	v. 1,25 an	—	E. R. Z.
48	85	v. 2,— an	1,—	v. 1,25 an	—	E. R. Z.
42	68	2,50 b. 4,—	1,—	v. 2,— an	—	G. R.

Name des Hotels usw.	Straße und Nummer	Besitzer, Pächter, Direktor	Telephon
Hotel Edelweiß	Wettinerstr. 2	Paul Piesold	1778
„ Herzogin Garten	Ostra-Allee 15 b	Curt Vogt	260
„ Reichspost	Gr.Zwingerstr. 17 und 18	Gustav Pötzsch	215
*„ Weber	Am Postplatz	Ernst Binder	140
*„ Wettin	Gr. Zwingerstr. 24	Wilh. Ruschien	2200
		b) Nähe des	
Hotel Deutsches Haus	Scheffelstr. 4	Bruno Pilari	1438
„ zum Forsthaus	Kl. Brüdergasse 3	Ernst Angermann	3882
*„ de France	Wilsdruffer Str. 15	Paul Gabriel	378
*„ Germania-	Wilsdruffer Str. 23	Max Richter	2293
*„ Goldner Engel	Wilsdruffer Str. 7	Franz Meyer	1148
*„ Hohenzollernhof	Breitestr. 5	Georg Dressel	3315
„ Lingke	Seestr. 2	Reinhold Pohl, Prinzl. Hoflief.	1176
„ Residenz	Seestr. 7	Wehn & Co.	1011 1664
„ Rheinischer Hof	Breitestr. 1	Richard Ludwig	1781
*„ Stadt Gotha	Schloßstr. 11	August Kögel, Kgl. Hoflief.	396
		c) Nähe des	
Barths Gasthaus	Töpferstr. 8/10	Max Lange	2879
Hauboldts Hotel garni	Jüdenhof 1	Anna Gregor	6545
Hotel Stadt Berlin	·Neumarkt 1	Wilh. Schönheit	1451
„ Stadt Rom	Neumarkt 10	C. Duttler	628
		d) Nähe des Dippoldis-	
Hotel Curländer Haus	Dippoldisw. Pl. 2	Frau Bulach	1312
Schnadts Gasthaus	Kl. Plauenschestr.	Wilh. Schnadt	2844
Hotel Trompeterschlößchen	Dippoldisw. Pl.	Bernh. Nitzsche	1163
„ Stadt Weimar	Waisenhausstr. 2	Ed. Berger	1541
		e) Nähe des	
Hotel Amalienhof	Amalienstr. 24	C. Außendorf	3150
„ Hospiz des Stadtvereins f. innere Mission	Zinzendorfstr. 17	J. Haensch, Direktor	3146
*„ Imperial	König-Joh.-Str. 12	Otto Frieser	3161
Mahrholds Hotel garni	Ringstr. 27	Emil Mahrhold	8710
Hotel Stadt Marienberg	Terrassengasse 16	Herm. Biemelt	—
„ Palmengarten	Pirnaische Str. 29	Max Strohbach, Hoftraiteur	3548
		Nähe des Aus-	
Hotel Albertsburg garni	Kaulbachstr. 2	H. Richter	4218
„ Angermann	Pillnitzer Str. 54	F. Angermann	4124

Zimmer-zahl	Betten-zahl	Zimmerpreis Mk.	Früh-stück Mk.	Diner à part Mk.	Table d'hôte Mk.	Besondere Bemerkunge
40	65	1,50 b. 2,50	0,75	1,50	—	E. Z.
—	—	—	—	—	—	
42	72	1,50 b. 3,—	0,75	1,50 und à la carte	—	E. R. Z.
60	90	3,— b. 6,—	1,25	3,50	3,—	E. F. R. Z.
50	76	2,— b. 4,—	1,—	v. 1,75 an	—	E. F. Z.

Altmarktes:

45	68	2,— b. 3,—	0,90	v. 2,— an	—	E. R. Z.
—	—		—		—	—
50	75	v. 2,— an	1,—	v. 1,75 an	3,—	E. F. R. Z.
25	40	v. 1,50 an	0,75	1,50	—	E. P. R. Z.
55	100	2,— b. 5,—	1,—	v. 1,80 an	3,—	E. F. Z.
62	84	v. 2,— an	1,—	v. 1,75 an	2,50	E. F. Z.
32	52	v. 1,50 an	1,—	v. 1,25 an	a. sep. Tisch.	E. R.
22	37	v. 1,50 an	0,75	—	—	E. R. Z.
34	50	v. 1,75 an	1,—	v. 1,50 an	nurSonntags	E. Z.
60	84	2,50 b. 5,—	1,—	3,—	—	E. F. P. R. Z.

Neumarktes:

19	35	1,— b. 1,50	—,50	v. 1,— an	—	Touristen bes. emp
20	30	2,— b. 6,—	1,—	—	—	
50	75	v. 1,75 an	1,—	v. 1,50 an	—	A. E. F. Z.
60	74	2,— b. 6,—	1,—	v. 1,25 an	—	E. F. R. Z.

waldaer Platzes:

—	—	—	—	—	—	Touristen bes. emp
62	135	1,25 b. 2,50	—,75	v. 0,80 an	—	A. E.
70	100	v. 1,75 an	0,80	1,50 b. 2,50	—	—

Pirnaischen Platzes:

40	66	1,50 b. 3,—	0,75	v. 1,25 an	—	E. R. Z.
75	105	v. 2,50 an	1,—	3,— an kleinen Tischen	—	E. F. P. Z.
70	90	v. 2,50 an	1,—	v. 1,25 an	—	E. F. P. R.
16	36	2,— b. 3,—	—,75	—	—	Straßenb.n.a.Bahn
—	—	—	—	—	—	—

stellungspalastes:

—	—	—	—	—	—	
40	60	v. 1,75 an	—,85	—	—	E. R. Z.

Name des Hotels usw.	Straße und Nummer	Besitzer, Pächter, Direktor	Telephon
			Hotels in
*Hotel Kronprinz	Hauptstr. 5	Friedr. Rühmann	3958
„ vier Jahreszeiten	Am Markt 8	A. Weber	4658
„ Stadt Coburg	Kaiserstr. 1	Paul Jagusch	694
„ z. goldenen Apfel	Gr. Meißnerg. 18	O. Eberwein	5974
„ Central-Schlachthof	Leipziger Str. 8	Rob. Zschäckel	—

Pensionen

In alphabetischer

A. D. P. V. bedeutet: Mitglied des Allg. Deutschen Pensions-Besitzerinnen-

Straße und Nummer	Name
	Nördlich vom
Albrechtstr. 32, I.	Frau Bärmann
Ammonstr. 7, A. D. P. V.	Frl. M. Blech
Bürgerwiese 18, pt. u. I., A. D. P. V.	Fritsche, Inh.: Frau Riebe
Christianstr. 17, I.	Frau A. Kirsten
Christianstr. 29, pt. u. I., A. D. P. V.	Frau M. François
Christianstr. 31, II., A. D. P. V.	Frau H. Kuhlemann
Christianstr. 32, I., A. D. P. V.	Frau Lippmann
Feldgasse 7, pt. u. I.	Johannes-Verein, Dam.-Hospiz
Ferdinandstr. 13, I.	Ackermann, Inh.: Frl. A. Wagner
Georgplatz 1, III.	Emmerling, Inh.: A. Pörtzler
Johann-Georgen-Allee 35, A. D. P. V.	Simla, Inh.: Frl. Gaudian
Johannstädter Ufer 14, II.	Frau E. Mallickh
Lüttichaustr. 13, I. u. II., A. D. P. V.	Donath, Inh.: Frl. Collin
Lüttichaustr. 16, I., A. D. P. V.	Frl. A. Schmidt
Lüttichaustr. 16, II., A. D. P. V.	Frau König
Lüttichaustr. 20, I., A. D. P. V.	Frau Hahnefeld
Lüttichaustr. 24, I. u. II., A. D. P. V.	Simon, Inh.: Frau A. Samson
Lüttichaustr. 26, I., A. D. P. V.	Unity, Inh.: Frl. Blaucke
Mosczinskystr. 6, III.	Frau A. Lattermann
Portikusstr. 5, I.—III.	„Daheim"
Portikusstr. 12, I., A. D. P. V.	Frl. Mehring
Prager Str. 58, I. u. II., A. D. P. V.	Frl. Meincke
Räcknitzstr. 6, I.—III., A. D. P. V.	Frl. Fricke
Räcknitzstr. 22, I., A. D. P. V.	Gaede, Inh.: Frl. Hagen
Sidonienstr. 25, A. D. P. V.	Internationale, Inh.: Frl. Schmalz
Wiener Str. 11, A. D. P. V.	Frau Thau
	Südlich vom
Bismarckplatz 6, I., A. D. P. V.	Frau A. Hahne
Bendemannstr. 3, A. D. P. V.	Villa Nora, Inh.: Frau Minameier
Bergstr. 25, A. D. P. V.	Frl. Scharstein
Bergstr. 33, A. D. P. V.	Frau Baumann-Riesel
Eisenstuckstr. 47	Frau Cronheim
Leubnitzer Str. 20, A. D. P. V.	Frl. A. Käuffer
Lindenauplatz 4, I.—IV., A. D. P. V.	Frl. Schadewell
Lindenaustr. 35, II.	Frl. E. Hoffmann

Zimmer-zahl	Betten-zahl	Zimmerpreis Mk.	Früh-stück Mk.	Diner à part Mk.	Table d'hôte Mk.	Besondere Bemerkungen
Neustadt:						
70	100	v. 2,50 an	1,—	v. 2,— an	3,—	A.E.F.P.R.Z.Z.m.Pb
70	130	v. 2,— an	—,75	v. 1,75 an	a. sep.Tisch.	A. E. P.
32	55	v. 1,50 an	—,75	—	—	A. E. G. R.
—	—	—	—	—	—	—

in Dresden
Reihenfolge
Verbandes, Abt. Dresden. El. = Elektr. Licht. Hptb. = Hauptbahnhof.

Täglicher Pensionspreis Mk.	Zimmerpreis Mk.	Zimmer-zahl	Personenzahl	Besondere Bemerkungen
Hauptbahnhof:				
v. 3,50 an	v. 1,50 an	6	7—8	Nähe Ausstellung u. Gr. Gart., Bad
4,50 b.8,—	2,50 b.4,—	28	30—40	Villa, Garten, Nähe Hptb., Tel.
4,— b.8,—	2,— b.4,—	16	20—30	El., Tel., Nähe Hauptbahnhof
3,50 b.6,—	1,50 b.3,—	6	10—12	Nähe Hptb., auch Hotel garni
4,50 b.7,—	2,— b.4,—	9	11—12	Nähe Hauptbahnhof
4,50 b.6,—	2,— b.3,—	9	10—12	Bad, Nähe Hauptbahnhof
4,— b.7,—	v. 2,— an	8	8—14	Nähe Hauptbahnhof
1,50 b.2,10	1.25 b.2,50	10	14	Nähe Hauptbahnhof
4,— b.5,—	2,— b.3,—	7	8—10	Zentrum
3,50 b.6,—	1,50 b.3,—	9	9—14	Zentrum
5,— b.7,—	2,— b.4,—	24	20—24	Nähe Groß. Gart. u. Ausstellung
3,— b.5,—	1,50 b.2,50	4	5—6	für junge Damen
4,— b.7,—	1,50 b.3,—	15	28	El., Bad, Tel.
4,50 b.6,—	1,50 b.3,—	12	12—16	Nähe Hauptbahnhof
4,— b.6,—	2,— b.3,50	9	12—15	Nähe Hauptbahnhof
4,— b.6,—	2,— b.3,50	9	10—11	Nähe Hauptbahnhof
4,— b.7,—	2,— b.3,—	16	25	Nähe Hauptbahnhof
4,— b.6,—	1,50 b.3,—	9	12—15	auch in Bühlau
3,50 b.4,—	1,50 b.2,—	6	5—6	Bad, Nähe Hauptbahnhof
4,— b.7,—	—	14	18	nur Damen und Familien
4,— b.6,—	1,50—2,50	12	15—18	Ecke Moltkeplatz
5,— b.8,—	2,— b.3,—	21	20—25	Villa, Nähe Hauptbahnhof
4,— b.6,—	—	14	16—18	Nähe Hauptbahnhof, Bad, Tel.
4,— b.7,—	2,— b.3,—	13	15—17	Nähe Hauptbahnhof
5,— b.7,—	2,— b.3,—	14	14—18	Nähe Hptb., Sommer a. d. Lande
5,— b.10,—	2,50 b.5,—	20	30	Villa, Garten, Zentr.-Heiz., El.
Hauptbahnhof:				
4,50 b.7,—	2,— b.4,—	9	12—14	Nähe Hauptbahnhof
5	2,— b.3,—	14	16	Villa
5,— b.8,—	—	12	16—20	Villa, Garten, Tel.
4,50 b.8,—	2,— b.4,—	30	30	Villa, Garten, Zentr.-Heiz., Tel.
5,— b.7,—	2,50 b.3,—	8	10—12	Villa, Garten, Bad
4,50 b.7,—	—	8	10	Villa, Garten, Bad
5,— b.7,—	—	30	30—35	Pers.-Aufzug, Tel.
3,50 b.5,—	1,50 b.3,—	5	7	Nähe Hauptbahnhof

3

Straße und Nummer	Name
Lukasstr. 4, A. D. P. V.	Hübler, Inh.: Frau von Suckow
Münchner Str. 9, A. D. P. V.	Frl. Koch
Nürnberger Platz 3, II., A. D. P. V.	Frl. Le Riche
Nürnberger Platz 5, I., A. D. P. V.	Petereit, Inh.: v. Jastrezembsky
Nürnberger Platz 5, II., A. D. P. V.	Frau Göldner
Reichenbachstr. 4, II.	Frau Prof. Rau
Reichenbachstr. 8, A. D. P. V.	Schilling, Inh.: Frau Blümcke
Reichenbachstr. 22, I., A. D. P. V.	Opel-Güntz, Inh.: Frl. Friedel
Reichsstr. 2, II., A. D. P. V.	Frau Dr. Knebel
Reichsstr. 4, I.	Frl. Edelmann
Reichsstr. 6	Frl. E. und M. Richter
Reichsstr. 13, A. D. P. V.	Becker-Opitz, Frl. Kretschmer
Reichsstr. 14, II., A. D. P. V.	von Boeckmann, Inh.:
	Frl. Kausch und Frl. Raschke
Reichsstr. 26, I.—III., A. D. P. V.	Frl. von Oertzen
Reichsstr. 28, I. u. II., A. D. P. V.	Fr. Oeser, fr. Wagner v. Bothmer
Schnorrstr. 1 a	H. Rudeloff
Schnorrstr. 16, I.	Frau M. Krause
Schnorrstr. 36, I. u. II., A. D. P. V.	Victoria, Inh.: Frau Kretschmer
Sedanstr. 2, I., A. D. P. V.	Frau Hofmann
Sedanstr. 3, II.	Kempf, Inh.: Frau M. Wolff
Sedanstr. 11, II., A. D. P. V.	Frl. Fischer
Sedanstr. 18, I.	Frau verw. Dir. Beyer
Sedanstr. 31	Frau von Oertzen-Boltenstern
Strehlener Str. 3, I.	Frau C. Todd
Uhlandstr. 41, A. D. P. V.	Frl. J. Hörichs
Werderstr. 5, I. u. II.	Rabenstein, Inh.: Frau Scheunert
Werderstr. 7, I.	Neumann, Inh.: Frau Mulmann
Werderstr. 18, I., A. D. P. V.	Fröhlich, Inh.: Frau Zehl
	Neu-
Hospitalstr. 13, I.	Frl. Busché

Weitere Pen
Nördlich vom Hauptbahnhof:
Anders, Villa Gori, Lüttichaustr. 31. — Frau Dr. Flemming, Polierstr. 6, I. u. II. — Hamprecht, Struvestr. 15, II. — Hansen, Inh.: Marg. Büttner, Moritzstraße 21, III. — Hecht, Pillnitzer Str. 80, Villa. — Höflein, Mosczinskystr. 8, I. — Ilm, Sidonienstr. 5 u. 7. — Karner, Lüttichaustr. 4, part. — Kirchhoff, Lüttichaustr. 15, II. — Kittelmann, Lüttichaustr. 28, II. — von Leipziger, Bürgerwiese 20, II. — Lüderitz, Kohlschütterstr. 3, Villa. — Müller, Moltkeplatz 6, II. — von Neindorff, Reitbahnstr. 34, II. — von Parrot, Lüttichaustr. 30. — Rein, Pestalozzistr. 3, I. — Schäfer, Christianstr. 25, II. — Schaumberger, Lüttichaustr. 25, I. — Seidel, Inh.: Frau

Hotels und Pensionen
Blasewitz
Greifenburg, Deutsche Kaiser-Allee 18. — Lipke, Residenzstraße 22. — Weißes Schloß, Marschall-Allee, Ecke Trinitatisstraße.

Täglicher Pensionspreis Mk.	Zimmerpreis Mk.	Zimmerzahl	Personenzahl	Besondere Bemerkungen
5,—b.9,—	2,—b.5,—	21	24—28	Bad, Garten, El.
4,50 b.7,—	2,—b.2,50	6	8—10	Gas, Bad
4,—b.7,—	2,—b.5,—	12	16	Nähe d. neuen Hochschule
4,—b.8,—	2,—b.4,—	18	24	Nähe d. neuen Hochschule
4,—b.6,—	2,50	12	18	Nähe d. neuen Hochschule
4,—b.5,—	—	—	—	besonders für junge Damen
5,—b.8,—	—	8	8—10	Villa, Garten
4,—b.7,—	—	15	12—16	Villa, Gart., Bad, Zentr.-Heiz.
4,50 b.7,—	2,—b.3,—	9	12	Nähe Hauptbahnhof
5,—b.8,—	—	13	—	Nähe Hauptbahnhof
4,50 b.6,—	2,—b.3,—	8	10—12	Garten, Nähe Hauptbahnhof
4,50 b.8,—	2,—b.3,—	22	22—25	—
4,50 b.7,—	2,—b.3,—	10	10—12	Bad
4,—b.7,—	—	20	20—30	Nähe Hauptbahnhof
5,—b.7,—	2,—b.3,—	12	14—16	Bad, Nähe Hauptbahnhof
v. 4,— an	v. 1,50 an	30	—	Villa, Garten, Nähe Hauptbahnhof
3,50 b.4,—	2,—b.2,50	7	5—6	Familienheim, bes. f. j. Damen
v. 4,— an	2,—b.3,—	18	20—24	Bad
3,50 b.5,—	1,50 b.2,50	8	10—12	Bad
5,—b.6,—	2,50 b.3,—	7	10—12	Familienheim
4,—b.6,—	2,—b.3,—	6	10	Bad, Nähe Hochschule
4,—b.5,—	—	13	6—8	auch f. Knaben höherer Stände
6,—b.8,—	—	18	20—22	Villa, Zentral-Heizung, El.
4,50 b.7,—	2,—b.3,50	7	10—11	Nähe Hauptbahnhof
4,—b.6,—	—	7	7—8	Fam.-Heim f. junge Damen
4,50 b.6,—	2,—b.4,—	16	20	Nähe Hptb., auch Hotel garni. Tel.
3,50 b.5,50	1,50 b.3,—	5	—	Nähe Hauptbahnhof
4,—b.7,—	2,—b.2,50	7	6—9	Bad
stadt:				
4,—b.7,—	—	14	16	Garten, nahe Schauspielhaus

sionen sind:

Jeimke, Lüttichaustr. 12, I. — S t e p u t a t, Inh.: Frau Ellen Kistner, Räcknitzstr. 9, I.

Südlich vom Hauptbahnhof:

v o n B r i e s e n, Bendemannstr. 11. — v o n H a u p t, Münchner Str. 22. — K i n z e, Reichsstraße 91, II. — R i p b e r g e r, Bismarckplatz 16, II. — S c h u m a n n, Inh.: Frau Luise Schumann, Winckelmannstr. 1, I. — v o n T e t t e n b o r n, Schnorrstr. 7, II. — T o d d, Inh. Frau A. W i e h r, Winckelmannstr. 31, I. — V o g e l v o n F a l k e n s t e i n, Sedanstr. 25, III. — W e b e r, Bismarckplatz 9, I. — W o l f, Winckelmannstr. 9, part. — W r i e d t, Reichsstraße 24, II.

in Dresdens Umgebung
Bühlau
Pension Blancke, Körnerstraße 1, I.

3*

Loschwitz

Restaurant und Hotel Luisenhof, Georg Reck.

Lößnitz

Radebeul: Wilhelmshöhe, P. Kessel. — Niederlößnitz: Pension Ziller, Paradiesstraße 14.

Weißer Hirsch

Gustav Wasa-Höhe, Frau L. verw. Hoffmann, Wasastraße 3, an der ; [Drahtseilbahn.] — Kurhaus Weißer Hirsch, Robert Claußnitzer. — Pension Schmidt, Villa Glück im]Winkel, Hietzigs Privatstraße 1. — Pension Willkommen, Elisabeth Hensel, Loschwitzer Straße 4. — Pension Zieger-Herzog, Strauß-Str. 2, I.

Liotard: Das Schokoladenmädchen

Sächsische Schweiz

Bastei, Hotel und Pension, R. Leukroth. — Lilienstein, Hotel und Pension, Fr. Bergmann. — Rathen: Hotel Erbgericht, E. Kayser.— Pension Zeissig. — Schandau: Elbhotel, A. Stephan. — Sendigs Hotels und Villen. — Pension Pfeifer (Wald-Villa), Kirnitzschtal-Schandau — Zur Schrammsteinbaude, Schandau-Ostrau, Otto Hering. — Schmilka: Pension Döring. — Bad Schweizermühle bei Station Königstein, Hotel, Pension und Kuranstalt, H. Rösch.

Sächsisches Erzgebirge

Altenberg: Altes Amtshaus, Gustav Freitag. — Geising: Bahnhofs-Hotel, Carl Bornemann. — Kipsdorf: Fürstenhof, Hotel und Pension, Walter Adolph. — Halali, Hotel und Pension, Oswald Wolf. — Kaiserhof, Hotel und Pension, Hermann Makowsky.

Damenheime

Lehrerinnenheim zu Dresden, Carolastr. 14 u. Feldgasse 19; Heimat des Vereins für Freundinnen junger Mädchen, Lüttichaustraße 10, II., III.; Daheim des Johannesvereins, Feldgasse 7, II.; Marthaheim, Portikusstr. 7, II. und Neustadt, Nieritzstr. 11 für weibliche Dienstboten, aber auch Sonderzimmer für Damen; Sidonienhospiz für kath. Damen, auch kath. Dienstmädchen, Könneritzstr. 17, III.

Wohnheime

Marienheim I., Haus für ältere pflegebedürftige, sowohl wohlhabende, wie minderbemittelte, soweit der Platz reicht, auch für alleinreisende Damen, denen angenehmes Unterkommen und Pflege gewährt wird. Elisenstr. 15 und Marschner'str. 24. Filiale: Loschwitz, Pillnitzer Str. 26, Villa Neapel. — Marienheim II. Heimstätten für alleinstehende Damen, Fürstenstr. 42 und Holbeinstr. 121. — Lehrerinnenheim, Feldgasse 19 (Eingang) und Carolastr. 14, gibt Lehrerinnen und Erzieherinnen zu vorübergehendem Aufenthalt Wohnung mit Pension, im „Feierabendhaus" älteren, nicht mehr voll erwerbsfähigen, in der „Pension" auch aktiven deutschen Lehrerinnen dauerndes Unterkommen.

Wohnungsnachweise

Allgemeiner Hausbesitzerverein, Marienstr. 36, I. — Allgemeiner Mietbewohnerverein, Serrestr. 8 (10—1, 4—8). — Wohnungsnachweisbureau Lion & Co., Prager Str. 39. — Dazu die Anzeigen der großen Tagesblätter.

Restaurants

in alphabetischer Reihenfolge.

* bedeutet Mitglied des Internationalen Hotelbesitzer-Vereins.

In der Nähe des Hauptbahnhofs:

Restaurant Hauptbahnhof, Prager Str. 62. — *Central-Hotel, Wiener Pl. 10. — *Monopol-Restaurant, Wiener Pl. 9.

Im Zentrum:

Bärenschänke, Webergasse 27 und 27 b. — Bürgerkasino, Gr. Brüdergasse 25. — Café Français, Waisenhausstr. 35. — *Drei Raben, Marienstr. 18/20. — Dresdner Hofbräu Waisenhausstr. 18. — *Hotel de France, Wilsdruffer Str. 15. — *Hohenzollernhof, Breitestr. 5. — *Hotel Imperial, König Johann-Str. — Kaiserpalast, Amalienstr. 1. — Kneist, Gr. Brüdergasse 2. — Liebig, Schießgasse 2, Eing. Ringstr. — *Löwenbräu, Moritzstr. 1 b. — Neue Pilsner Bierhalle, Gr. Kirchgasse 1. — Pilsner Bierstuben zum Bierstall, Gr. Kirchgasse 6/8. — Pschorrbräu,

Neumarkt 10. — *Stadt Gotha, Schloßstr. 11. — Stadt Pilsen, Weißegasse 3. — Viktoriahaus, Ringstr. 18. — Zacherlbräu, König-Johann-Str. 8.

In der Nähe der Haupt-Sehenswürdigkeiten:

*Belvedere, Brühlsche Terrasse. — *Stadt Gotha, Schloßstr. 11. — *Löwenbräu, Moritzstr. 1 b. — *Zum neuen Palais de Saxe, Neumarkt 9, v. 1. Sept. 1910 Marienstr. 46. — Stadtwaldschlößchen, Postplatz. — Italienisches Dörfchen (früher Helbigs) an der Elbe am Theaterplatz gelegen, Eröffnung im Lauf des Jahres 1911.

In der Nähe der Ausstellung:

*Restaurant Ausstellungspalast und -park, Stübel-Allee 2. — Angermann, Pillnitzer Str. 54. — Johannstädter Kasino, Striesener Str. 9.

Im Großen Garten:

Franke, am Haupteingang links — Carolaschlößchen (am See). — Große Wirtschaft, inmitten des Großen Gartens gelegen. — „Zum Hofgärtner" (Günther), am mittleren Schmuckplatz. — Jacob und Bretschneider (früher Pollender), beide am Palaisteich. — Zoologischer Garten (Eingang Tiergartenstraße 1). — Zur Picardie, am Ausgang des Großen Gartens nach Reick zu.

Alkoholfreie und Vegetarische Speisehäuser:

Alkoholfreies Gesellschafts- und Speisehaus, Johann-Georgen-Allee 16. — Freia, Amalienstr. 19, I. — Eintracht, Moritzstr. 14, I.

Wiener Cafés

*Café Central, Altmarkt 2/3, Schloßstr. 2/4 und Schössergasse 1. — Central-Theater-Café, Waisenhausstr. 8. — Kaiser-Café, Wiener Pl. 1. — Café König, Ringstr. 14. — Café Maximilian, Moritzstr. 19. — Pollender, Neustadt, Nähe des Kgl. Schauspielhauses, Hauptstr. 27. — Residenz-Café, König-Johann-Str. 2. — Café zum Hauptbahnhof, Bismarckstr. 3. — Stadt-Café, am Postpl.

Cafés und Konditoreien

Angermann, Webergasse 35. — Conradi, Seestr. 3. — Eichler, Marschallstr. 28. — Fritzsche, Schloßstr. 30. — A. Göhring, Schloßstr. 19. — Franz Göhring, Seestr. 15. — Hülfert, Prager Str. 48. — Kreutzkamm, Altmarkt 14. — Limberg, Prager Str. 10. — Rehn, Uhlandstr. 8. — Windisch, Mosczinskystraße 4.

Automatenrestaurants

Imperialautomat, König-Johann-Str. 12.
Königsautomat, Prager Str. 33.
Residenzautomat, Seestr. 7.

Bars

Kaiserpalast am Pirn. Platz, Eing. Ringstr. — Malepartus, Moritzstr. 21. — Unionbar (im Rebstock), Schössergasse 6.

Weinrestaurants

*Belvedere, Brühlsche Terrasse. — Central-Theater, Waisenhausstr. 8. — *Englischer Garten, Waisenhausstr. 29. — Eremitage, Moritzstr. 16. — Grell, Zahnsgasse 2. — Malepartus, Moritzstr. 21. — Nietzoldi, Grunaer Str. 12. — Ratskeller im Neuen Rathaus, Eröffnung Herbst 1910. — Rebstock, Schössergasse 6. — Zum Schönen Haus (Schönrocks Nachf.), Wilsdruffer Str. 14. — *Stadt Gotha, Schloßstr. 11. — Tiedemann & Grahl, Seestr. 9. — Ant. Müllers Austersalon, Neumarkt 9 (v. 1. Sept. 1910 Marienstr. 46). — Zur Traube, Weißegasse 2.

Rembrandt: Der Künstler mit seiner Frau Saskia

Nachtlokale

Bis 2 Uhr früh geöffnet in Altstadt: *Englischer Garten, Waisenhausstr. 29. — Café Français, Waisenhausstr. 35. — Malepartus, Moritzstr. 21. — Kaiserpalast, Amalienstr. 1. — Residenz-Café, König-Johann-Str. 2. — Zacherlbräu, König-Johann-Str. 8. — *Löwenbräu, Moritzstr. 11b. — Café Maximilian, Moritzstr. 19. — *Palais de Saxe, Neumarkt 9. — Tivoli, Wettinerstr. 12. — In Neustadt : Hotel Royal, Antonstr. 33. — Stadt Metz, Königstr. 10. — Stadt Coburg, Kaiserstr. 1. — Hotel Dienhold, Bautzner Str. 45. In der dritten Stunde werden geschlossen : Centraltheater-Café, Waisenhausstr. 6. — Café König, Waisenhausstr. 15. — Dresdner Hofbräu, Waisenhausstraße 18. — Viktoriahaus, Ringstr. 18. — Café de Paris, Seestr. 7. — Marchi's Weinstuben, Seestr. 13, — Stadt-Waldschlößchen, Sophienstr. 1. — Stadt-Café, Sophienstr. 3. Die ganze Nacht sind geöffnet : Restaurant Hauptbahnhof und Café Hauptbahnhof. — Bahnhof Dresden-Neustadt. — Kaiser-Café, Wiener Platz 1. — *Café Central. Schloßstr. 2 und Altmarkt 3.

Badeanstalten

*Bad Alberthof, Sedanstr. 7 und Werderstr. 16. Marmor-Schwimmhalle, russisch-irisch-römische Bäder, Familienbäder. — Dianabad, Bürgerwiese 22. Irisch-römische Dampfbäder, Hydro- und Elektrotherapie, Massage. — Germaniabad (Schwimmbad, alle Bäder), Louisenstr. 48. — Güntzbad, städtische Badeanstalt, Elbberg 3, im Mittelpunkte der Stadt an der Carolabrücke gelegen. Herrenschwimmhalle, Damenschwimmhalle, Schwimmunterricht; irisch-römisch-russische Bäder; Wannenbäder in 2 Klassen. Hundebad (Schwimmen, Reinigen, Scheren). — Bad zur Hoffnung (Schwimmbad, auch alle anderen Bäder), Falkenstr. 5. — Johannesbad, Königstr. 23. — Johannstädter Bad, Dürerpl. 4. — Josephinenbad, Neuegasse 22. — Kur- und Bade-Anstalt Augusta, Prager Str. 46. — Kurbad Wettiner Str. 26, Ecke Reinhardtstr., 2 Min. v. Postpl.; elekt. Lichtbäder, kohlensaure Bäder. — Unionbad, Kaulbachstr. 15. Spez. kohlensaure Bäder, Radium-Bäder, Moorbäder usw.

Flußbäder im Sommer.

Krüger und Gasse am Neustädter Elbufer zwischen Carola- und Albertbrücke für Herren; für Damen: Amalienbad ebenda. — Zellenbäder: Johannesbäder unterhalb der Augustusbrücke, Überfahrt bei Hotel Bellevue, Theaterpl., und beim Blockhausgäßchen in Neustadt; Marienbäder: Überfahrt am Terrassenufer nahe beim Schloßpl.

Luft- und Sonnenbäder usw.

Dresden-Trachau, Naturbad Paradies, Rietzstr. 14, Licht-, Luft-, Sonnen-, Erd-, Sand- und Halb-Wasserbäder, Lehmanwendungen, Kneippsche Güsse, Graslaufen u. a. m. Getrennte Anlagen für Damen und Herren. — Klotzsche-Königswald, König-Friedrich-August-Bad, zwei Schwimmbassins (getrennt für Damen und Herren), Duschen aller Art, Sonnen- und Luftbadeanlagen (ebenfalls getrennt für Damen und Herren), mit Anleitung zu Freiübungen, Wasserheilanstalt. — Lößnitzgrund (Meierei), Bilz' Licht-Luft-Bad, 245 000 qm, 3 Abteilungen (Familien, Herren, Damen). — Weißer Hirsch, Luftbad im Waldpark.

Pagode. Meißner-Porzellan

Theater, Konzerte und Vergnügungen

Theater

Die Kgl. Hoftheater. Sachsens Fürsten haben in ihrer Residenz Dresden von jeher die Kunst der Musik und des Theaters mit Vorliebe und hohem Eifer gepflegt, so daß in der Geschichte des deutschen Theaters Dresden immer mit an der Spitze gestanden hat. Schon etwas Äußerliches deutet darauf hin. Welche andere Stadt dürfte sich rühmen, zweimal nacheinander von demselben Meister, von einem Gottfried Semper, einen Theaterbau empfangen zu haben, der, von schöpferischer Kraft geleitet, jedesmal den höchsten Anforderungen der Zeit entsprach? Hervorragend ist, dank der zielbewußten, kraft-

Königl. Hof-Opernhaus

vollen Leitung, gerade in der Gegenwart die Stellung, die D r e s d e n s H o f o p e r in der Bühnenwelt einnimmt. Weithin bekannt sind die Klassiker-Aufführungen, die, nach Auffassung, Zusammenspiel und Ausstattung auf das sorgfältigste vorbereitet, zu wahren Festabenden werden. Die Aufführungen der Werke Richard Wagners, für dessen Werden und Schaffen Dresden so große Bedeutung hat, haben — man darf es sagen, ohne befürchten zu müssen, der Übertreibung geziehen zu werden — neben den Bayreuther Festspielen Weltruf erlangt. Viele Fremde richten ihren Aufenthalt in Dresden so ein, daß er gerade in solche Zeiten fällt, in denen die Opern Wagners hier aufgeführt werden. An die erste Stelle unter den großen Bühnen ist die Dresdner Oper seit einer Reihe von Jahren durch die Entschlossenheit getreten, mit der sie die Uraufführung von Werken in Angriff genommen hat, die sich mehr oder weniger noch als Problem dem Theater und dem Publikum darboten, und durch den sieghaften Erfolg, mit dem sie solche Werke durchführte (Bungerts Homerische Welt; Strauß' Feuersnot, Salome, Elektra; Schillings Moloch u. a.). Von allen Seiten wallfahrten bei solchen Gelegenheiten vor allem die Fachleute nach Dresden, um solchen Aufführungen beizuwohnen. Die Kgl. musikalische Kapelle, eine Vereinigung von Künstlern, wie sie selten zu finden ist, genießt samt ihren großen Dirigenten (K. M. von Weber, Marschner, Wagner, Rietz, Wüllner, v. Schuch) von altersher einen Weltruf.

Auch das K g l. S c h a u s p i e l lenkt seit einer längeren Reihe von Jahren durch seine Uraufführungen bisher unbekannter Dramen-Dichter der Gegenwart und durch eine entschlossene Berücksichtigung der modernen Literatur die Aufmerksamkeit der auswärtigen Theaterfachleute und Kritik auf sich. Anschluß an die Reformbestrebungen auf szenischem Gebiete in neurer Zeit (Hamlet, Tantris).

Die Kgl. Hoftheater haben im Sommer, aber jedes zu besonderer Zeit, einige Wochen F e r i e n , die Oper 6 Wochen (hauptsächlich im Juli). das Schauspielhaus 10 Wochen (von Mitte Juni an). Außerdem sind sie geschlossen: vom Montag nach dem Palmsonntag bis mit Karsonnabend, am Aschermittwoch, an den beiden sächsischen evangelischen Bußtagen, am Todestage des zuletzt verstorbenen Königs, jetzt am 15. Oktober, in der Regel auch am 24. Dezember. Am Aschermittwoch und am Palmsonntag Konzerte zum Besten des Unterstützungsfonds für die Witwen und Waisen von Mitgliedern der Kgl. musikalischen Kapelle.

Generaldirektion der Kgl. musikalischen Kapelle und der Kgl. Hoftheater, Schössergasse 16, 10—2 Uhr. Generaldirektor: Graf Seebach. Mitglieder der Kgl. Generaldirektion: Dramaturg Hofrat Dr. Zeiß, Regierungsrat Dr. Adolph.

Einen neuen großen Aufschwung des Theaterlebens in Dresden darf man sich von der E r r i c h t u n g d e s N e u e n K g l. S c h a u s p i e l h a u s e s in Altstadt auf derOstra-Allee, also im Mittelpunkt des großstädtischen Verkehrs, versprechen. Das neue Haus wird etwa 1300 Plätze enthalten und die Errungenschaften der modernen Theaterbaukunst in sich vereinigen. Die Spielzeit der Kgl. Hoftheater wird nach Vollendung des Neubaus — voraussichtlich im Jahre 1912 — so eingerichtet werden, daß auch während des Sommers stets in einem Haus gespielt wird.

B i l l e t t e an den T a g e s k a s s e n in Alt- und Neustadt an Wochentagen von 10—12 Uhr für den Vorverkauf (mit 50 Pf. Aufschlag) und 12—2 für den Verkauf, an Sonn- und Festta gen von ½11—12 Uhr für den Vorverkauf und 12 bis 2 Uhr für den Verkauf. Schriftliche und telephonische Anmeldungen werden an der Tageskasse nicht berücksichtigt. Billett-Verkaufs-Filiale „Invalidendank" (Seestr. 5, I), auch schriftlich und telephonisch: an Wochentagen 10—4, an Sonntagen ½11—1 Uhr.

G e k a u f t e B i l l e t t e werden nur bei Abänderung der Vorstellung zurückgenommen. — P a r k e t t p l ä t z e müssen vor Beginn der Vorstellung (bei Opern vor Beginn der Ouvertüre) eingenommen werden.

A n m e r k u n g : Übersichtspläne der Plätze im Opernhaus, Schauspielhaus, Residenz- und Zentraltheater und des Vereinshaussaales finden sich im Adreßbuch am Schluß des zweiten Bandes.

I. Kgl. Opernhaus (Altstadt, Theaterpl.): Oper täglich (auch Jahresstammsitze). Anfang meist ½8 Uhr. Aufführungen von Richard Wagners Ring des Nibelungen finden jährlich im März, Juni, September und Dezember statt. Die einzelnen Tage werden vorher in den Tagesblättern bekannt gemacht.

Preise der Plätze:

		Gewöhnl.	Erhöhte
I. Rang Loge		7.00	8.00
II. „ Fremdenloge		6.00	6.00
II. „ Mittelloge		5.00	5.50
II. „ Seitenloge		4.50	5.00
III. Rang Proszeniumloge		3.50	4.00
III. „ Mittelloge		3.50	4.00
III. „ Seitenloge		3.00	3.50
IV. Rang Balkon		3.00	3.50
IV. „ Mittelgalerie und Proszeniumloge		2.00	2.50
IV. „ Seitengalerie, Seitenlogen und Stehplätze		1.50	1.50
V. Rang Mittelgalerie		1.00	1.50
V. „ Sitz- und Stehgalerie, auch Proszeniumloge		0.75	1.00
Parkettloge		5.50	6.00
Parkett, 1.—14. Reihe		5.00	6.00
„ 15.—19. „		4.00	5.00
Stehparkett		2.00	2.00

II. Kgl. Schauspielhaus (Neustadt, Albertplatz), Schauspiel täglich (auch Abonnement), Anfang meist ½8 Uhr.

Preise der Plätze:

Parkett Proszeniumloge	6.00
I. Rang Balkon und Amphitheater. 1. und 2. Reihe	5.00
I. „ „ „ 3. „ 4. „	4.50
I. „ Loge	4.00
II. Rang Proszeniumloge	3.50
II. „ Mittelbalkon	3.50
II. „ Seitenbalkon	3.00
II. „ Mittelgalerie	3.00
II. „ Seitengalerie	2.50
II. „ Sitz- und Stehgalerie	1.50
III. Rang Balkon	2.00
III. „ Proszeniumloge	2.00
III. „ Mittelgalerie	1.25 und 1.50
III. „ Seitengalerie	0.75
III. „ Stehplätze	0.50
Orchester-Abteilung	4.50
I. Parkett	4.00
Mittel-Parkett	3.50
II. Parkett	3.00

III. Residenztheater. Zirkusstr. 16. Direktion M. Karl (Inh.: Karl Witt).

Das Residenztheater wurde 1872 erbaut und im Sommer 1902 erneuert. Das Theater hat 1250 Plätze. Täglich Vorstellung, Anfang ½8 Uhr. Sonn- und Feiertags, häufig auch Mittwochs, finden Nachmittagsvorstellungen zu ermäßigten Preisen statt. Operette, Lustspiel, Schauspiel, Posse u. a.; im Sommer Gastspiele von auswärtigen Gesellschaften. Im Winter Schauspiel- und Operettenabonnement. Billette wochentags 10—2 Uhr, Sonntags 11—2 Uhr an der Kasse; im „Invaliden-dank", Seestr. 5, I., ½10—4 Uhr, Sonntags ½10—12 Uhr. Billett-bestellungen durch Telephon Nr. 3202 werden entgegengenommen wochentags 10—2 und 5—6 Uhr, an Sonn- und Feiertagen nur 10—2 Uhr. Bestellte Billette müssen spätestens 30 Minuten vor Anfang der Vorstellung entnommen werden. Vorverkaufs-gebühr 10 Pf.

Preise der Plätze:

	Gewöhnl.	Nachm.		Gewöhnl.	Nachm.
Orchesterloge . . .	5.00	2.50	I. Rang Tribüne .	3.00	1.50
Parkettloge	4.00	2.00	II. Rang Proszenium-		
I. Parkett (Fauteuil)	3.50	2.00	loge . .	2.50	1.25
II. „ . . .	3.00	1.50	II. „ Loge . .	2.50	1.25
Stehparkett . . .	1.30	0.60	II. „ Balkon .	2.50	1.25
I. Rang Proszenium-			II. „ Tribüne .	2.00	1.00
loge . .	6.00	3.00	III. Rang Balkon .	1.80	0.80
I. „ Fremdenloge	6.00	3.00	III. „ Loge . .	1.20	0.70
I. „ Loge . . .	4.50	2.20	III. „ Mittelgalerie	1.20	0.60
I. „ Balkon . .	5.00	2.50	III. „ Seitengalerie	0.60	0.30

Nachmittagsvorstellungen zu ermäßigten Preisen, bei Gastspielen erhöhte Preise.

IV. Zentraltheater, Waisenhausstr. 6. Prachtvoller Bau. Eines der größten und schönsten Variétés und Schauspielhäuser Deutschlands mit etwa 2000 Plätzen (Größtes Theater in Dresden), im Jahre 1900 von Lossow & Viehweger unter Aufwendung üppiger barocker Formen errichtet. Das Äußere ist nicht frei von Überladung, das Innere ist in seiner praktischen und vornehm-kräftigen Ausstattung um so höherer Anerkennung wert. Ein großer, an Stucks Gemälde gemahnender Vorhang von Hans Unger. Große und bequeme Wandelgänge. In Erinnerung an das Boxbergsche Palais, das dem Zentraltheater weichen mußte, erinnert der Foyersaal in seiner Formensprache an den Öserschen Gartensaal dieses Palais. Verbunden ist mit dem Theater ein Tunnelrestaurant, ein elegantes Café und ein Weinrestaurant. In der Passage von der Waisenhausstr. zur Prager Str. Läden. Täglich Vorstellungen, an Sonn- und Feiertagen zwei, nachmittags (zu halben Preisen) und abends. Operetten, Schau- und Lustspiele, öfters mit Gästen und von auswärtigen Gesellschaften. Direktor: Heinz Gordon. Die Tagesblätter und Plakattafeln bringen Programme.

Preise der Plätze (Abendvorstellungen):

I. Rang Proszeniumloge	6.00	II. Parkett	1.50
I. „ Fremdenloge	5.00	Stehparkett	1.00
I. „ Loge	4.00	II. Rang Proszeniumloge	3.00
I. „ Balkon	3.50	II. „ Balkon	2.00
I. „ Tribüne	2.50	II. „ Seitenreihe	1.50
Orchesterloge	4.00	II. „ Tribüne	1.00
Orchestersitz 1.—4. Reihe . .	4.00	II. „ Stehplatz	0.75
Parkettfauteuil	3.00	II. „ Galerie	0.75
I. Parkett	2.00	II. „ Stehgalerie	0.50

Nachmittagsvorstellungen zu ermäßigten Preisen.

Musik

Eine wichtige, ja man muß sagen, eine hervorragende Rolle spielt im Dresdner Kunstleben die Musik. Dresden gehört zu den großen deutschen Musikstädten. An der Spitze stehen die Abonnementskonzerte der Kgl. Kapelle im Opernhause, die klassische und moderne Musik in trefflicher Auswahl und mustergültiger Ausführung bringen. Ihnen reihen sich weiter Konzerte einzelner Künstler und solche von Privatkapellen an, von denen einige sich des besten Rufes erfreuen, desgleichen die Konzerte von Militärkapellen. Auch unter den Gesangvereinen, sowohl den Männer-, als auch den gemischten Chören leistet eine Anzahl Vorzügliches.

1. **Das ganze Jahr hindurch.** K i r c h e n m u s i k : In der K a t h. H o f k i r c h e Sonntags berühmte Kirchenmusiken

(Solisten der Kgl. Hofoper, Hofkirchensänger, Kapellknaben und die Kgl. Kapelle) vorm. um 11 Uhr nebst Gesangsmesse mit Orchester (ohne Orchester an den 4 Advents-Sonntagen, an den 9 Sonntagen vor Ostern von Septuagesimä bis Palmarum, und in der Karwoche bis vor dem Te deum laudamus am Karsonnabend, auch im Sommer während der Ferien der Kgl. Kapelle), nachm. um 4 Uhr an Festtagen mit Orchester; Freitag vor Palmarum: Stabat mater; abends um 7 Uhr während der Fastenzeit Montag, Mittwoch und Freitag gesungenes Miserere, Predigt und Segen. — Vesper des Kreuzschülerchores in der K r e u z k i r c h e (Musikdirektor Richter, Organist Sittard) Sonnabends um 2 Uhr; Motette in der F r a u e n k i r c h e (Kantor Schöne, Organist Hottinger) Sonnabends nachm. 4 Uhr. Verzeichnis der Stücke Sonnabends im Dresdner Anzeiger.

Corradini: Vase mit Reliefs, Königl. Großer Garten

P l a t z m u s i k : Sonntags mittags von $^8/_4$12—$^8/_4$1 Uhr auf dem Altmarkt (Monate August und September ausgeschlossen). Während der Jahrmärkte auf der Brühlschen Terrasse.

W a c h t p a r a d e täglich mittags ½1—1 Uhr, abwechselnd vor der Neust. Hauptwache (Blockhaus): Sonntags, Dienstags, Donnerstags und auf dem Schloßplatz (im Winkel zwischen dem Kgl. Schloß und der Kath. Hofkirche): Montags, Mittwochs, Freitags, Sonnabends.

2. **Im Sommer.** Abendkonzerte im A u s s t e l l u n g s - p a l a s t entweder im Park oder bei schlechtem Wetter im Konzertsaal. — K g l. B e l v e d e r e auf der Brühlschen Terrasse täglich Konzerte (W. Olsen). — Konzerthaus im Z o o l o - g i s c h e n G a r t e n. — G r o ß e W i r t s c h a f t im Großen Garten. — F e l d s c h l ö ß c h e n (Chemnitzer Str. 6), Militärkonzerte. — W a l d s c h l ö ß c h e n , Neustadt, Ende der Schillerstr., schöne Aussicht auf die Elbe und Dresden, Sonnabends Militär-Konzert. — L i n c k e s c h e s B a d , Neustadt, Anfang der Schillerstr. — S a l o p p e , Neustadt, nahe der Bautzner Landstraße in Loschwitzer Flur an der Brockhausstr. — B e r g k e l l e r , Bergstr. 54. — S c h i l l e r - g a r t e n in Blasewitz.

K o n z e r t f a h r t e n auf der Elbe mit Dampfern I. Klasse im Sommer bei schönem Wetter Montags und Sonnabends nachm., bisweilen auch Mittwochs.

3. **Im Winter** (Oktober bis März). Die erste Stelle im Dresdner Musikleben nehmen die 12 S i n f o n i e k o n z e r t e der Kgl. Kapelle im Opernhaus ein, 6 ohne Solisten (Serie A), 6 mit Solisten (Serie B). Die Billette sind fast alle in festen Händen;

einen Ersatz bieten die Generalproben am Vormittag, zu denen ebenfalls Billette ausgegeben werden. Von anderen ständigen Konzertunternehmungen sind zu nennen: das A s c h e r m i t t - w o c h s k o n z e r t und das P a l m s o n n t a g s k o n z e r t der Kgl. Kapelle, sowie die 5 P h i l h a r m o n i s c h e n K o n - z e r t e im Gewerbehaus mit großem Orchester unter Hinzu- ziehung erster Solisten (Unternehmer: Hofmusikalienhandlung F. Ries, Kaufhaus).

Seit Jahren sind ferner eingeführt: die 6 K a m m e r -

Theresia Maron: Julia Mengs
Pastell in der Königl. Gemäldegalerie

m u s i k a b e n d e der Ver- einigung P e t r i , Warwas, Spitzner, Wille im Palmen- garten. — Die 4 Trioabende B a c h m a n n , Bärtich, Stenz im Neustädter Kasino — die 4 Aufführungsabende des T o n k ü n s t l e r v e r - e i n s , die hauptsächlich selten aufgeführte Kammer- musikwerke bieten — die Konzerte im G e w e r b e - h a u s , wöchentlich drei- mal, Sonnabends Sinfonie- abende (W. Olsen), außerdem noch zahlreiche Kammer- musikabende und eine bei- nahe erdrückende Fülle von Instrumental- und Lieder- abenden.

Ferner gibt es große Konzerte von den hervor- ragenden Chorvereinigungen Dresdens: Dreyßigsche Sing- akademie (gemischter Chor, Dirigent Prof. Hösel), Robert Schumannsche Singakademie (ge- mischter Chor, Dirigent Karl Pembaur), Dresdner Lehrergesang- verein (Prof. Brandes), Dresdner Liedertafel (Musikdirektor Pem- baur), Orpheus (Prof. Kluge), Dresdner Männerchor (Striegler), Dresdner Volks-Singakademie (gemischter Chor, größter Chor dieser Art in Deutschland, mit 450 singenden Mitgliedern) u. a.

Dresdner Konzertsäle: V e r e i n s h a u s , Zinzendorfstraße 17: Schöner Saal mit 1358 Plätzen. Konzertorgel mit 54 Registern. Podium für Chor und Orchester für 250—300 Personen. — G e w e r b e h a u s , Ostraallee: Großer Gewerbe- haussaal 2057 Plätze, Kleiner Saal 324 Plätze. — M u s e n h a u s (Palmengarten), Pirnaischestraße: 585 Plätze. — K ü n s t l e r h a u s , Ecke Grunaer- und Albrecht- straße: 615 Plätze. — A u s s t e l l u n g s p a l a s t : Konzertsaal etwa 900 Plätze, Großer Saal etwa 2000 Plätze — B e l v e d e r e : etwa 250 Plätze. — N e u s t ä d t e r K a s i n o , Königstraße: etwa 350 Plätze. — Konzerthaus im Z o o l o g i s c h e n G a r t e n , Tier- gartenstraße: etwa 600 Plätze. — V o l k s w o h l s a a l , Ostraallee: 1955 Plätze.

Musikalienhandlungen: F. R i e s , Hofmusikalienhandlung, Musikalien- leihanstalt, Konzertagentur und Instrumentenmagazin, Seestraße 21 (Kaufhaus), Inh.: F. Plötner. — K l e m m , Hofmusikalienhandlung, Leihanstalt, Instrumenten- handlung, Pianofortemagazin, Töpferstraße 2 (Eingang Augustusstr.). — H. B o c k , Hofmusikalienhandlung, Prager Straße 9. — A. B r a u e r , Hofmusikalienhandlung und Leihanstalt, Neustadt, Hauptstraße 3. — S t o l z e n b e r g , Piano- und Har- moniumhaus, Johann-Georgen-Allee 13/15. — N ä u m a n n N a c h f . (P. Hoffahrt), Musikalienhandlung und Leihanstalt, Marienstraße 3. — E. H o f f m a n n , Piano- und Musikalienhandlung, Leihanstalt, Amalienstraße 9. — H e r m . P o s s e l t , Moritzstraße 19.

Variétés

Z e n t r a l t h e a t e r (Waisenhausstr.), sofern dort keine Theatervorstellungen stattfinden, vergl. S. 44.

V i k t o r i a s a l o n (Waisenhausstr. 26), Direktion: Karl Thieme. Musikalische, mimische, equilibristische, akrobatische Künstlerspezialitäten. Schaustellungen. Geöffnet September bis Mai.

Preise:

| Proszeniumsloge | 4,— | I. Rang . . | 2,50 | I. Parkett | 1,50 | II. Parkett | 1,— |
| Fremdenloge . | 3,— | Parkett-Fauteuil | 2,— | II. Rang . | 1,25 | Galerie . | 0,50 |

K ö n i g s h o f , Variététheater in Strehlen, Residenzstr. 62/64. Darbietungen wie im Viktoriasalon.

H o t e l H a m m e r . in Striesen, Augsburger Str. 7, Eingang auch Blasewitzer Str. Sommervariété.

E d e n t h e a t e r . Variététheater in Neustadt (Görlitzer Str. 6).

D e u t s c h e r K a i s e r , Variétéetablissement in Pieschen, geöffnet September bis Mai.

Kabarette

K g l. B e l v e d e r e (Brühlsche Terrasse). In den Wintermonaten finden internationale heitere Künstlerabende vornehmsten Stiles statt. Vorverkauf im Europäischen Hof. Logentischplatz 3 Mk., Saaltischplatz 2 Mk.

T i v o l i - P r u n k s a a l , Wettiner Str. 12.

H o f b r ä u , Waisenhausstr. 18, nahe dem Viktoriahaus.

Kinotheater

Olympiatheater, Altmarkt.
Tonbildtheater, Prager Str. 47.
Imperialkino, Moritzstr. 3.

Sonstige Vergnügungsorte

K o n z e r t g ä r t e n siehe Abendkonzerte S. 45.

G r ö ß e r e B a l l o k a l e : Linckesches Bad (Neustadt, Schillerstr.), Weißer Adler (Weißer Hirsch), Paradiesgarten (Zschertnitz), Königshof (Strehlen), Kurhaus (Klotzsche), Hotel Demnitz (Loschwitz), Bergkeller (Bergstr.), Tivoli (Wettinerstr.), Hammers Hotel (Striesen), Meinholds Säle (Wintergarten, Moritzstr.) u. a.

Donaths N e u e W e l t in Tolkewitz (bes. für Kinder), zu erreichen mit dem Dampfschiff nach Laubegast oder mit der Straßenbahn nach Tolkewitz. — Die V o g e l w i e s e mit allerhand Sehenswürdigkeiten (Singspielhallen, Schaubuden usw.) wird alljährlich in der ersten Woche des August von der Bogenschützengilde veranstaltet.

Z i r k u s S t o s c h - S a r r a s a n i. Großer massiver, modern eingerichteter Zirkus in Dresden-Neustadt, Front nach der König Albertstr. auf dem früheren militärfiskalischen Gelände zwischen Beaumontplatz, Brie-, Villiers- und König Albertstr. Der Bau dient außer zu Zirkusvorstellungen auch zu Massenversammlungen, Musikaufführungen und Schaustellungen größten Stils. Eröffnung; Herbst 1910.

Figuren aus grotesken Perlen und Gold.   Grünes Gewölbe Dresden

Museen und wissenschaftliche Sammlungen

Vornotiz. Für s ä m t l i c h e Kgl. Sammlungen dient der F ü h r e r   d u r c h   d i e   K g l.   S a m m l u n g e n   z u D r e s d e n, herausgegeben von der Generaldirektion der Kgl. Sammlungen (Preis 50 Pf.). Er enthält für jede Sammlung ein Verzeichnis ihrer wichtigeren Gegenstände, geordnet nach deren Aufstellungsorten. Für einzelne Sammlungen sind die betreffenden Teile des Führers auch als besondere Führer (Preis je 25 Pf.) zu haben. Dieser Führer ist s o   v o r z ü g l i c h   u n d s o   b i l l i g, daß von einer besonderen Aufzählung der Werke mit Ausnahme der Gemäldegalerie hier abgesehen werden kann.

Eine tabellarische Übersicht über die Museen und wissenschaftlichen Sammlungen findet sich auf der Rückseite des Stadtplans.

Am Karfreitag, an den Bußtagen sowie am 24. Dezember bleiben die meisten Sammlungen geschlossen. Am 1. Oster-, Pfingst- und Weihnachtsfeiertag sind die Skulpturensammlung und das Zoologische Museum, am 2. Feiertag die übrigen Sammlungen wie an Sonntagen geöffnet. Am Neujahrstage, am 6. Januar, am Himmelfahrtstage und am 31. Oktober sind sämtliche Sammlungen wie an Sonntagen geöffnet. Den Aufsichtsbeamten und dem Garderobepersonal ist die Annahme von Geschenken untersagt.

Wo nichts andres angegeben, ist der Eintritt frei.

1. Sammlungen im Zwinger.

Gemäldegalerie: Sonntags 11—2 Uhr; Montags im Sommer 9—1 Uhr, im Winter 10—2 Uhr, 1,50 Mk.; sonst im Sommer täglich 9—5 Uhr, im Winter 10—3 Uhr (Mittwochs und Sonnabends 50 Pf.).

Kupferstichkabinett: Sonntags 11—2 Uhr; Montags geschlossen; sonst 10—3 Uhr im Winter und 9—2 Uhr im Sommer; im Winter Dienstags und Freitags auch abends 5—7 Uhr.

Zoologisches und Anthropologisch-Ethnographisches Museum: Sonntags, Montags, Dienstags, Donnerstags, Freitags 11—1 Uhr; Mittwochs und Sonnabends 1—3 Uhr.

Mineralogisch-Geologisches und Prähistorisches Museum: Sonntags 11—1 Uhr; Montags, Dienstags, Donnerstags, Freitags 10—12 Uhr; Mittwochs und Sonnabends 1—3 Uhr.

Mathematisch-Physikalischer Salon: Im Sommer wochentags, außer Sonnabend, 9—12 Uhr; Sonntags 11—1 Uhr. Im Winter nur wochentags, außer Sonnabend, 9—12 Uhr, 50 Pf. Sonst geschlossen.

2. Im Königl. Schloß

Grünes Gewölbe: Geöffnet im Sommer: Juni bis mit September, wochentags 9—2 Uhr, Mai und Oktober 10—2 Uhr; Sonn- und Feiertags 11—2 Uhr gegen 1 Mk. Im Winter nur wochentags 10—1 Uhr, Führungen, jede Person 1,50 Mk.; Sonntags geschlossen.

Münzkabinett: Dienstags und Freitags 10—1 Uhr für Studien.

Hofsilberkammer und Hofkellerei im Kgl. Schloß: im Sommer 9—1 und 4—6 Uhr an Wochentagen, im Winter nur von 9—3 Uhr, Sonntags von 11—1 Uhr geöffnet. 1—2 Personen 1 Mk., jede weitere Person 50 Pf. mehr.

3. Im Johanneum

Historisches Museum (Rüstkammer und Gewehrgalerie): Sonntags 11—2 Uhr, 25 Pf.; sonst im Sommer 9—2 Uhr, im Winter 10—2 Uhr, Dienstags bis Sonnabends 50 Pf., Montags (Reinigungstag) 1,50 Mk. Im Winter in der Gewehrgalerie wochentags 10—2 Uhr, nur Führungen zu 50 Pf.

Porzellansammlung: Sonntags 11—2 Uhr, 25 Pf.; sonst im Sommer 9—2 Uhr, im Winter 10—2 Uhr, 50 Pf., außer Sonnabends (Reinigungstag), an diesem 1,50 Mk.

4. Auf der Brühlschen Terrasse

Skulpturen-Sammlung: Sonntags 11—2 Uhr; Sonnabends geschlossen; sonst 9—3 Uhr. Abgüsse der französischen Bildwerke im Coselschen Palais, an der Frauenkirche 12.

Kupferstich- und Handzeichnungen-Sammlung weiland Sr. Maj. des Königs Friedrich August II., Brühlscher Garten 3: Montags, Mittwochs, Freitags 10—1 Uhr.

5. In den übrigen Teilen der Altstadt

Kunstgewerbe-Museum, Eliasstr. 34: Wochentags, außer Montag, 9—2 Uhr, Sonntags 11—1 Uhr.

Stadt-Museum im Neuen Rathaus, Ringstraße: Im Sommer Sonntags, Montags, Donnerstags 11—2 Uhr, im Winter Sonntags und Montags 11—2 Uhr. Eröffnung des Stadtmuseums: 1. Okt. 1910.

Schilling-Museum, Pillnitzer Straße 63: 10—3 Uhr, 50 Pf., Kinder 25 Pf.

Maschinenlehrausstellung der Kgl. Technischen Hochschule, Helmholtzstraße 5: Wochentags 9—12 Uhr, 3—6 Uhr.

Eisenbahnsammlung der Sächs. Staatseisenbahnen, Wiener Str. 4, III. (Gebäude der Generaldirektion): Freitags $1\frac{1}{2}$2—$1\frac{1}{2}$4 Uhr.

Seeaquarium, Zinzendorfstraße 34: Kleine, aber belehrende Ausstellung von früh bis zur Dämmerung geöffnet, Eintritt 30 Pf.

Gehesche Sammlung, Zeughausplatz 1 I. (Kurländer Palais): Mittwochs 10—12 Uhr.

Schulmuseum und Heimatkundliches Schulmuseum des Sächs. Lehrervereins, Sedanstraße 19, II. (19. Bezirksschule): Mittwochs u. Sonnabends 4—6 Uhr.

Postwertzeichen-Museum, Mosczinskystraße 5: Wochentags 10—4 Uhr.

6. Im Großen Garten

Museum des Kgl. Sächs. Altertumsvereins und des Vereins für Sächs. Volkskunde, im Palais des Großen Gartens: Im Sommer Sonn- und Feiertags 2—6 Uhr, wochentags 9—12 Uhr, 3—6 Uhr (September und Oktober, bis zur einbrechenden Dunkelheit) 50 Pf., Kinder 25 Pf.; Mittwochs, Sonnabends, Sonn- und Feiertags 3—6 Uhr frei. Im Winter Führungen nach Anmeldung beim Museumsinspektor Gläsel, Kamenzer Straße 22, IV, Eintritt 1 Mk.

7. In der Neustadt

Kgl. Bibliothek, Kaiser-Wilhelm-Platz: Montags bis Freitags 9—2 und 4—6 Uhr; Sonnabends nur 9—2 Uhr, Führungen nur vormittags.

Körner-Museum, Körnerstraße 7: Sonn- und Feiertags 11—2 Uhr; Montags, Dienstags, Donnerstags, Freitags 9—2 Uhr; Mittwochs, Sonnabends 9—1 und 2—5 Uhr, stets 50 Pf.

Armee-Sammlung, im Kriegsarchiv-Gebäude, Albertstadt, Marien-Allee 3: Dienstags und Donnerstags 10—1 Uhr; Sonn- und Feiertags, mit Ausnahme der Bußtage und des Karfreitags, 11—2 Uhr.

Arsenal-Sammlung, Albertstadt, im Arsenalgebäude, Königs-Pl. 1, zwischen Carola-Allee und Königsbrücker Straße: April bis Oktober, Sonn- und Feiertags 11—2 Uhr, sonst 10—2 Uhr, 25 Pf.

Musterlager des Exportvereins f. d. Kgr. Sachsen, Niedergraben 5: Wochentags 10—5 Uhr, Eintritt frei.

Gemälde- und graphische Sammlungen

*Die Kgl. Gemäldegalerie (im Museumsgebäude) wurde 1722 von Kurfürst Friedrich August I., dem Starken (als König von Polen August II.) aus schon vorhandenen, von seinen Vor-

Raffael: Sixtinische Madonna

fahren und ihm selbst erworbenen Gemälden begründet, von ihm selbst und seinem Nachfolger König August III. (1733—63) reich vermehrt, ganz besonders durch den Ankauf von 100 Bildern der herzoglichen Galerie zu Modena 1745—46, darunter die Sixtinische Madonna, die vier großen Bilder von Correggio, die vier von Veronese und Tizians Zinsgroschen; große Ankäufe folgten dann erst wieder nach 1871 und seit 1880, besonders aus der Stiftung des Malers Eduard Pröll (Pröll-Heuer-Stiftung). Berühmt ist die Dresdner Galerie durch die Menge schöner Bilder aus der Blütezeit der italienischen, der holländischen und der flämischen Malerei im 16. und 17. Jahrhundert, auch das 18. Jahrhundert und die moderne Malerei sind ausgezeichnet vertreten. Die Sammlung hat 2636 Gemälde, 188 Pastellbilder, 237 Miniaturen. Direktor war bis 1. April 1910 Geh. Hofrat Prof. Dr. Karl Woermann, sein Nachfolger ist Dr. Hans Posse. Ausgezeichneter Führer: Karl Woermann, Katalog der Kgl. Gemäldegalerie zu Dresden, große Ausgabe Preis 4 Mk., kleine Ausgabe 1,50 Mk. Dieselbe Ausgabe in Englisch 1,50 Mk. Alle drei Ausgaben mit 92 Abbildungen.

Kommt man vom Theaterplatz aus in den Durchgang unter dem Kuppelbau des Museumsgebäudes, so gelangt man rechts durch den Haupteingang der Gemäldegalerie in die Vorhalle des nordwestlichen Flügels. (Hier müssen Stöcke und Schirme abgegeben werden.) Vom Eingang geradeaus geht es zum Kupferstichkabinett; die Treppe hinauf zum 1. Stock; im K u p p e l s a a l die Raffaelschen und altniederländischen Bildteppiche, in den Räumen des n o r d w e s t l i c h e n Flügels die Bilder der italienischen und französischen Schulen, in den Räumen des s ü d ö s t l i c h e n Flügels die Bilder der spanischen, flämischen, holländischen und deutschen Schulen. In den Räumen des z w e i t e n Stocks und des w e s t l i c h e n E r d g e s c h o s s e s (neben dem Kupferstichkabinett) die Sammlung der modernen Gemälde. Im ö s t l i c h e n E r d - g e s c h o ß die Gemälde des 18. Jahrhunderts, Pastelle und Miniaturen.

Es ist schwer, sich über die Fülle von Bildern einen Überblick zu verschaffen. Um nur einige Hauptmeister zu nennen, besitzt die Galerie: 16 Gemälde von P. P. Rubens, 26 von van Dyck, 16 von Rembrandt, 21 von Jan Brueghel, 60 von Philips Wouwerman, 24 von David Teniers d. J., 10 von Jan Davidsz de Heem d. Ä., 23 von Anton Graff, 37 von Bernardo Canaletto, 10 von Guido Reni, 14 von Paul Veronese, 8 von Tizian, 185 Pastelle, darunter 157 von Rosalba Carriera und 13 von Raffael Mengs usw. Im folgenden seien **100 der berühm-testen Bilder** der alten Meister genannt.

Italienische Meister. Lorenzo di C r e d i : Maria mit Jesus 13. — Cosimo T u r a : Heiliger Sebastian 42a. — Francesco C o s s a : Verkündigung 43. — A n - t o n e l l o d a M e s s i n a : Heiliger Sebastian 52. — R a f f a e l l o S a n t i : Sixtinische Madonna 93. — G i u l i o R o m a n o : Madonna mit dem Waschbecken 113. — C o r r e g g i o : Madonna des heiligen Franziskus 150, Madonna des heiligen Sebastian 151, Heilige Nacht 152, Madonna des heiligen Georg 153. Angeblich von C o r r e g g i o : Magdalena 154. — T i z i a n : Maria mit Kind und vier Heiligen 168, Zinsgroschen 169. — G i o r g i o n e : Schlummernde Venus 185. — P a l m a V e c c h i o : Maria mit Kind und zwei Heiligen 188, Drei Schwestern 189. — L o r e n z o L o t t o : Maria mit Kind 195. — P a o l o V e r o n e s e : Madonna mit der Familie Cuccina 224, Anbetung der Könige 225, Hochzeit zu Cana 226, Kreuztragung 227. — G u i d o R e n i : Christus mit der Dornenkrone 323. — C a r a v a g g i o : Falschspieler 408. — C a r l o D o l c i : Heilige Cäcilie 509. — C a n a l e t t o : Frauenkirche zu Dresden 617.

Spanische Meister. R i b e r a : Heilige Agnes 683. — Z u r b a r a n : Papst-wahl des heiligen Bonaventura 696. — V e l a z q u e s : Männliches Bildnis 697. — M u r i l l o : Tod der heiligen Klara 703b, Heiliger Rodriguez 704, Madonna mit Kind 705.

Französische Meister. P o u s s i n : Anbetung der Könige 717. — L o r r a i n : Landschaft mit der Flucht nach Ägypten 730, Landschaft mit Akis und Galatea 731.

Watteau: Liebesfest 782. — Liotard: Schokoladenmädchen 161. — Rigaud: August III. als Kurprinz 760.

Englische Meister. Raeburn: Bischof von Meath 798 D.

Flämische Meister. Jan van Eyck: Flügelaltärchen 799. — Meister des Todes Mariä: Große Anbetung der Könige 803 a. — Jan Brueghel d. Ä.: Versuchung des heiligen Antonius 878. — Rubens: Heiliger Hieronymus 955, Bildnis eines Herrn 960, Merkur und Argus 962 c, Wildschweinjagd 962, Quos ego! 964 b, Bathseba 965 — Jordaens: Alt und Jung 1014. — Van Dyck: Mutter und Kind 1023 b, Herr, der die Handschuh anzieht 1023 c, Heiliger Hiero-

West-Pavillon im Königl. Zwinger

nymus 1024, Kinder Karls I. 1033. — Brouwer: Bauernrauferei beim Würfel-spiel 1057. — Teniers: Kirmeß im „Halbmond" 1070. — Snyders: Dame bei totem Wild 1191.

Holländische Meister. Davidsz de Heem: Großes Stilleben mit Vogel-nest 1261. — Goyen: Winter am Fluß 1338 b. — Netscher: Gesang mit Klavierbegleitung 1349. — Hals d. Ä.: Männliches Bildnis 1358, Männliches Bild-nis 1359. — Heda: Frühstückstisch 1365. — Ostade: Der Künstler in der Werk-statt 1397. — Wouverman: Aufbruch zur Jagd 1440. — Ruisdael: Jagd 1492, Judenkirchhof 1502. — Rembrandt: Rembrandt und Saskia 1559, Rohrdommel-jäger 1561, Saskia mit roter Blume 1562, Opfer Manoahs 1563, Bärtiger Alter 1567. — S. Koninck: Eremit 1589. — Bol: Ruhe auf der Flucht 1603, Jakobs Traum 1604. — Flinck: Uriasbrief 1602. — Ph. Koninck: Holländische Landschaft

1612 A. — H o b b e m a: Wassermühle 1664 A. — W e e n i x: Großes Stilleben mit Hasen 1667. — D o u: Der Meister in der Werkstatt 1704. — S t e e n: Hochzeit zu Cana 1725. — M e t s u: Liebespaar beim Frühstück 1782, Geflügelverkäuferin 1733. — M i e r i s d. Ä.: Musikstunde 1743. — T e r b o r c h: Dame, die sich die Häude wäscht 1830. — E v e r d i n g e n: Wasserfall 1836.

Deutsche Meister. M e i s t e r d e s H a u s b u c h s: Beweinung Christi 1868 a. — D ü r e r: Dresdner Altar 1869, Christus am Kreuz 1870, Bernard Orley 1871. — H o l b e i n d. J.: Doppelbildnis 1889, Bildnis des Morette 1890. — Nach H o l b e i n: Madonna 1892. — C r a n a c h d. Ä.; Herzog Heinrich der Fromme 1906 G. — E l s h e i m e r: Jupiter und Merkur 19717. — G r a f f: Selbstbildnis 2167. — K a u f f m a n n: Sibylle 2181. — V o g e l: Des Meisters Söhne 2189. — M e n g s: Bildnis J. Mengs 165, Selbstbildnis 169, Amor 177.

Kgl. Kupferstichkabinett im Zwinger, Eingang wie zur Gemäldegalerie; Direktor Geh. Reg.-Rat Prof. Dr. Max Lehrs. Die Sammlung (über 500 000 Blätter) enthält: Kupferstiche, Holzschnitte, Lithographien usw., illustrierte Bücher, Handzeichnungen, Photographien und Werke mit photomechanischen Nachbildungen, eine Handbibliothek. Hervorragend veɪ treten ist in der Sammlung das 15. Jahrhundert: Meister der Spielkarten von 1445 und der Meister E. S. von 1466. In keiner anderen deutschen Sammlung sind die Erzeugnisse der modernen Griffelkunst so vollständig und planmäßig gesammelt worden, ganz besonders Ludwig Richter, Adolf Menzel, Köpping, Hans Thoma, Stauffer-Bern, Klinger, Greiner, Orlik u. a. Man findet hier

Rokokobrunnen im Hofe des Dinglinger-Hauses, Frauenstraße 9

ausgewählte Amateur - Photographien, Künstler - Postkarten, Plakate, moderne Lithographien, Holzschnitte usw.

Außerdem bietet das Kupferstichkabinett noch r e g e l m ä ß i g e A u s s t e l l u n g e n: 1. dauernde Ausstellung großer und wertvoller Zeichnungen und Drucke an den oberen Wänden; 2. Monatsausstellungen der neuen Erwerbungen und 3. Vierteljahrsausstellungen, die nach bestimmten Gesichtspunkten zusammengestellt sind.

Der Besuch dieser außerordentlich wertvollen und interessanten Sammlung ist n u r wirklichen Kunstfreunden an-

zuraten. Das flüchtige Durchwandern der Sammlung ist ohne
Nutzen. Wer ein Werk zu haben wünscht, läßt sich vom Auf-
seher einen Verlangzettel geben, den er ausfüllt. Hierauf gibt
der diensthabende wissenschaftliche Beamte das Gewünschte
heraus und läßt es auf einen der Arbeitstische legen, wo man
es in Augenschein nehmen kann. Günstig für das wirkliche Ver-
tiefen in die Sammlung ist die Einrichtung von abendlichen
Besuchsstunden während des Winters. Siehe S. 48.

Kupferstich- und Handzeichnungensammlung im Besitz der
Kgl. Sekundogenitur auf der Brühlschen Terrasse gegenüber
dem Rietscheldenkmal.

Kunstgewerbliche und historische Sammlungen

*Das Grüne Gewölbe (im Erdgeschoß des Kgl. Schlosses,
Eingang an der südwestlichen Ecke des großen Schloßhofes),
die Schatzkammer des sächsischen Herrscherhauses, genießt
seit bald 200 Jahren nicht minder W e l t r u f als die Gemäldegalerie. Schon Kurfürst August hatte die von seinen Vorfahren
ererbten und von ihm reichlich vermehrten Kostbarkeiten 1560
zu einer Schatzkammer vereinigt, die neben der von ihm be-
gründeten Raritäten- oder Kunstkammer und neben der bis in
das 15. Jahrhundert zurück zu verfolgenden Silberkammer bestand. Diese Schatzkammer kommt 1610 unter dem Namen
„das Gewölb" vor und wurde bald darauf (erstmals 1638) wegen
ihres grünen Anstriches das „Grüne Gewölbe" genannt. August
der Starke ließ dann 1721—24 die gewölbten Räume des Erdgeschosses im Westflügel des Schlosses für die Aufnahme aller
dieser seit Kurfürst August noch weiter vermehrten Kostbarkeiten einrichten und diese darin aufstellen. Er selbst und sein
Nachfolger König August III. sorgten für eine starke weitere
Bereicherung der Sammlung. Die mit dem kostbaren Inhalte
harmonierende glänzende Einrichtung ist ganz das Werk August
des Starken, der persönlich Anordnungen für die Ausschmückung
gab. Die Aufstellung, welche die Kunstgegenstände erhielten,
ist im ganzen bis in die Neuzeit beibehalten worden. 1892
ward die Sammlung neu geordnet. Der Inhalt dieser im vollen
Sinne des Wortes unschätzbaren, aus Juwelen, Kleinodien,
Geschirren aus Gold, Silber und edlen Steinen, Prunkstücken
aller Art, kostbaren Waffen, Emaillen, Mosaiken, Elfenbein-
arbeiten, Holzschnitzereien und Bronzen bestehenden Sammlung stammt hauptsächlich aus der Zeit des 16.—18. Jahrhunderts und gehört besonders der späteren Renaissance und dem
Rokoko an. Acht, in der Pracht und Kostbarkeit sich stei-
gernde Zimmer: Bronzezimmer, Elfenbeinzimmer, Kamin-
zimmer, Silberzimmer, Pretiosensaal, Eckkabinett, Wappen-
zimmer, Juwelenzimmer. — Direktor: Prof. Dr. Sponsel. (Führer:
Erbstein, Das Kgl. Grüne Gewölbe zu Dresden (1 Mk.), das-
selbe in Englisch (1 Mk.), kleine Ausgabe (50 Pf.).

*Kgl. Historisches Museum (Rüstkammer), Direktorialassistent: Prof.Dr. Hänel, im 1. Stock des Johanneums (Augustusstraße), e i n e d e r b e d e u t e n d s t e n W a f f e n s a m m -
l u n g e n E u r o p a s , enthält etwa 16 000 Schutz- und
Trutzwaffen, Pferdezeuge, kostbare Kleider, auch noch Teile

der 1560 von Kurfürst August gegründeten Kunstkammer, ferner Beutewaffen aus dem deutsch-französischen Kriege 1870/71.

Eingangssaal. Kunstschränke des Dresdner Hoftischlers Hans Schifferstein, in eingelegter Arbeit, der von 1615 mit über 100 Fächern. Spieltische aus Cypressenholz, reich geschnitzt. Geschnittene und gemalte Gläser. In den Pulten Bildnisse in Wachs, Miniaturen, Brettspiele.

Saal A. Weitere Reste der Kunstkammer, fürstlicher Hausrat aus dem 16. und 17. Jahrhundert. Schmuckschränke aus Ebenholz und Silber. In der Mitte des Saales das ,,Positiv" (Kunstorgel und Schreibpult) von Christoph Walther, Dresden 1584, aus Holz, Marmor und Alabaster. Weiter: Bildnisse sächsischer Fürsten, Toilettengegenstände, mit Perlmutter eingelegte Tische und dergl.

B. Saal der mittelalterlichen Waffen. Blankwaffen, Stangenwaffen, Bogen und Armbrüste aus mittelalterlicher Zeit bis zum Anfang des 16. Jahrhunderts. Im Pult I das große Schlachtschwert Konrads von Winterstetten 1243, im Pult II das Kurschwert Friedrichs des Streitbaren 1425.

C. Turnierwaffen-Saal. Turnierharnische sächsischer Fürsten aus dem 16. Jahrhundert vielfach auf Pferden. Zuerst die Darstellung eines Scharfrennens mit den ca. 90 kg wiegenden Rennzeugen.

D. Der Fußturnierwaffen-Saal enthält Waffen und Gerätschaften, welche von Ende des 16. bis Anfang des 18. Jahrhunderts zu den am sächsischen Hofe abgehaltenen Fußturnieren, Ringelstechen usw. gebraucht worden sind. Links zwei massiv silberne Harnische, sowie der Prunkharnisch des Herzogs Karl Emanuel I. von Savoyen. Oben, wie in den beiden folgenden Sälen, Kartons von Schnorr von Carolsfeld.

E. Prunkwaffensaal. Hier ist das Schönste an Waffen und Rüstungen untergebracht. Darunter das Hauptstück der Sammlung, das vollendete Meisterwerk der Plattnerkunst, der Prunkharnisch für Mann und Roß des Kurfürsten Christian II., gefertigt von dem Goldschmied Heinrich Knopf zu Nürnberg. — In den Wandschränken Prunkwaffen, Helme, Sturmhauben, Dolche, vor allem eine ungewöhnlich vollständige Sammlung von Degen spanischer, italienischer und deutscher bez. Solinger Meister. Im ersten Fensterpult ein Schwert des Kurfürsten Friedrichs des Weisen, sowie das Kurschwert des Kurfürsten Moritz. Die Reihe der Säle ist damit noch nicht erschöpft. An den Prunkwaffensaal schließen sich: der Pistolensaal, der Kriegswaffensaal, der Saal neuerer Waffen, das eroberte Türkenzelt, der Sattelsaal, das Kleiderzimmer und der Jagdwaffensaal.

Kgl. Gewehrgalerie, Eingang vom Historischen Museum, befindet sich in einer langgestreckten, mit Bildnissen der Wettiner ausgestatteten Galerie zwischen dem Johanneum und dem Kgl. Schloß. Die Galerie, 2100 Gewehre umfassend, gibt einen Überblick über das Beste und Vorzüglichste, was deutsche und außerdeutsche Büchsenschäfter und Büchsenmacher im Laufe des 17. und 18. Jahrhunderts geleistet haben; enthält Jagdgewehre und Jagdgerätschaften, Pürsch- und Scheibenbüchsen; besonders beachtenswert Schrank I, Mittelreihe, Pult I, V und VI. Ehrenthal: Führer durch das Kgl. Histor. Museum (50 Pf.), Führer durch die Kgl. Gewehrgalerie (50 Pf.).

*Die Kgl. Porzellan- und Gefäßsammlung (Direktorialassistent: Prof. Dr. Zimmermann), im zweiten Obergeschoß des Johanneums, kennzeichnet Sachsen als die Heimat des europäischen Porzellans, indem sie die reichhaltigste Sammlung ihrer Art in ganz Europa ist, und insbesondere durch ihre großartigen Bestände an altchinesischem, altjapanischem und altmeißner Porzellan einzig dasteht. Ihren Ursprung verdankt sie der Liebhaberei König Augusts II. des Starken für chinesisches und japanisches Porzellan. Schon im Anfang des 18. Jahrhunderts ließ er sich große Sendungen solchen Porzellans aus Holland kommen, in der Folge erwarb er ganze Sammlungen, zuerst 1715 die großartige Porzellansammlung des Generalfeldmarschalls Grafen von Flemming, um damit das Japanische Palais auszuschmücken, wozu noch die Erzeugnisse der 1710 in Meißen gegründeten Porzellanfabrik kamen. 1875 siedelte die Sammlung vom Japanischen Palais in die Räume über, die sie jetzt inne hat. Sie besteht aus etwa 23 000 Porzellanen, Majoliken, Fayencen und Steinzeugen. 1900—1902 wurde eine völlige Neuaufstellung durchgeführt und dadurch die wissenschaftliche Benutzbarkeit und künstlerische Wirkung so weit erhöht, als es die für ihren Umfang nicht genügenden Räume zulassen.

Kgl. Münzkabinett, Eingang im Hausflur des Grünen Gewölbes; großartige Sammlung mittelalterlicher und sächsischer Münzen und Medaillen. Geöffnet nur für Münzkundige zu

Königl. Kunstgewerbeschule

Studien. Direktor: Prof. Dr. Sponsel. Eine größere Münzauslage im Grünen Gewölbe. Das Münzkabinett erhält gegenwärtig neue Räume im Erdgeschoß des Kanzleigebäudes und wird alsdann in größerem Maßstab als jetzt der Benutzung zugänglich sein.

Kgl. Hofsilberkammer im Schloß (eingerichtet 1850) enthält in drei Räumen die goldenen und silbernen Geräte, die Tafelwäsche und das Tafelporzellan des Kgl. Hauses. Im Hofkeller kunstvolle Fässer, Pokale und Trinkgeschirre. — In der Hofsilberkammer für 2 Mk. käuflich ein Buch: ,,Die Hofsilberkammer und die Hofkellerei in Dresden."

Kgl. Kunstgewerbemuseum, Eliasstr. 34, Direktor der Kunstgewerbeschule und des Museums: Architekt Prof. Lossow. Vorstand des Museums: Prof. Dr. Berling. Geöffnet am Sonntag 11—1 Uhr, wochentags (außer am Montag) 9—2 Uhr. Eintritt frei. Wegweiser durch das Museum, zweite Auflage, 40 Pf. Die Gegenstände sind nach einem Mischsystem aufgestellt, bei dem stilistische und technologische Aufstellung wohltuend miteinander abwechseln.

Unter den Möbeln sind ein Renaissancebüfett aus der Schweiz, Barockschränke und -füllungen, Rokokorahmen und die 1758 erbeutete Feldapotheke Friedrichs des Großen be-

sonders hervorzuheben, unter den Metallarbeiten ein sehr
scharfes Exemplar der zinnernen Temperantiaschale von Briot,
kursächsische Normalgewichte aus Bronze und prächtige
Renaissance- und Barock-Eisengitter. Im Museum findet man
weiter zahlreiche gute schweizerische und rheinische Glas-
malereien, Beschläge, Schlösser, Bestecke, Schmuckarbeiten,
Edelmetallgeräte und -gefäße, Elfenbein- und Emailarbeiten.
Besonders gut sind die verschiedenen Zweige der Keramik vertreten, so das Meißner Porzellan mit mehreren äußerst seltenen
Stücken, so eine mit Kaendler bezeichnete Gruppe und ver-
schiedene leihweise überlassene Stücke aus dem Brühlschen
Schwanenservice. Hervorgehoben zu werden verdienen: der
Annaberger Krug von 1569, eine bezeichnete Durisschale und
einige gute italienische Majoliken. In der etwa 15 000 Stück
zählenden Textilsammlung (Gewebe, Teppiche, Spitzen, Sticke-
reien, Posamenten usw.) sind fast sämtliche Stilperioden und
Techniken vom 3. Jahrhundert bis zur Neuzeit gut vertreten.
Besonders hervorragend sind eine Serie Brüsseler Gobelins nach
Entwürfen von D. Teniers d. J., Stuhlbezüge aus der Kgl.
Gobelinmanufaktur in Paris nach Entwürfen von L. Tessiers,
ein bezeichneter spanischer Rauchmantel, Altardecken in
Filet- und Weißstickerei, Venetianer, Brüsseler und französische Spitzen, ein alter persischer Wandbehang in Gobelin-
technik usw.

Stadtmuseum im neuen Rathause, Eingang von der Ringstr.,
Erdgeschoß. Errichtet 1890, dient der Pflege der Dresdner
Stadtgeschichte und Kunst. Direktor: Ratsarchivar Prof.
Dr. Richter. Wiedereröffnung Anfang Oktober 1910. Das
Museum ist in den den Lichthof umgebenden drei Flügeln des
Erdgeschosses aufgestellt. Die Anordnung in den einzelnen
Zimmern (nebst anstoßenden Korridoren) folgt im wesentlichen
den Regierungszeiten der Landesfürsten.

Zimmer I: Das Mittelalter bis zur Einführung der Refor-
mation (1539). Vorgeschichtliche Grabfunde. Bauhölzer der ältesten Knüppel-
straßen der Stadt. Pergamenturkunden aus dem Ratsarchiv (die älteste von 1260),
*Stadtrechnungen auf Wachstafeln, Meßbücher, Ablaßzettel, das erste protestan-
tische *Gesangbuch von 1524 (teilweise Unikum), Abendmahlskelche aus der Rat-
hauskapelle, Altertümer aus der Bartholomäikapelle, 10 große Tafelbilder von
„Meister Hans dem Maler" vom Jahre 1529, die 10 Gebote darstellend, aus der
Kreuzkirche.

Zimmer II: Von Herzog Heinrich (1539) bis zum Tode Kurfürst
Johann Georgs IV, (1694). Totenschilde, Epitaphien und Bildwerke in Holz,
Marmor und Bronze aus der Frauen- und Sophienkirche, namentlich ein *Alabaster-
relief Christus als Sieger über Tod, Teufel und Hölle, Reliefs der Kreuzigung in
Sandstein und in Papiermasse, ein *Bronzerelief der Kreuzabnahme und eine
*Alabastergruppe Sünde, Tod und Teufel. *Gold- und Gläserschatz des Rates,
darunter ein **Venetianischer Glaspokal mit der Jahreszahl 1511. *Gold- und Edel-
steingeschmeide aus dem Sarge des 1613 in der Kreuzkirche beigesetzten Herzogs
Albrecht von Schleswig-Holstein. Innungsladen. Geld- und Denkmünzen. Stadt-
pläne und Bilder von Personen und Ereignissen des 16. und 17. Jahrhunderts.
Drei große Stadtviertelsfahnen aus dem Jahre 1660 (im Lichthofe).

Zimmer III: Zeit der Kurfürsten Friedrich August I. und II.
(als Könige von Polen August II. und III.) (1694—1763). Abbildungen
von Festlichkeiten und Kriegsereignissen. die 16 Dresdner Originalradierungen
Canalettos. Silberschatz der Bogenschützengesellschaft und der Scheibenschützen-
gesellschaft, Zinngeschirr der Fischerinnung. Modelle von Rathäusern, Kirchen etc.

Zimmer IV: Zeitalter Friedrich Augusts des Gerechten 1763 bis
1827. *Bildnis des Kurfürsten in ganzer Figur von Anton Graff. Bilder und Aufrufe aus den Befreiungskriegen. Dresdens Festungswerke in 90 Wasserfarben-
bildern. Dr. Carus' Album von Selbstbildnissen Dresdner Künstler.

Zimmer V: Zeit der Umwälzungen seit 1830. Kommunalgarden-Fahnen und Uniformen, eine Barrikadenfahne von 1849, Revolutionsdarstellungen, Spottbilder. Marionettenfiguren der Montagsgesellschaft Bildnisse, Totenmasken, Autographen. Möbelausstattung einer bürgerlichen Wohnstube aus den 1830er Jahren.

Zimmer VI: *Ludwig Richter-Zimmer, mit Möbeln und Gebrauchs-gegenständen des Meisters, seinen Zeichengeräten, Bildnissen von ihm und seinen Freunden, Abbildungen seiner Wohnstätten, Ehrendiplomen und einer Anzahl von Originalen und Vervielfältigungen seiner Werke.

Zimmer VII: *Otto Ludwig-Zimmer, mit Möbeln und Gebrauchs-gegenständen des Dichters, insbesondere dem Tischchen, an dem er seine „Makka-bäer" schrieb, seinem Schreibzeug, Handschriften, Familienbildern, seiner Biblio-thek u. a. m.

Zimmer VIII und IX: Zeit der Einigung Deutschlands seit 1866. Heines Ölgemälde vom Truppeneinzug 1871. Pletschmanns Ölgemälde Bismarck-huldigung 1892. König Albert und König Georg auf dem Totenbette, Zeichnungen von Limmer. Abbildungen der Stadt, einzelner Straßen und Gebäude.

Zimmer X bis XII: Ölgemälde und Handzeichnungen lebender Dresdner Künstler, besonders zahlreiche *Stadtbilder von Gotthardt Kuehl. Bildnisse von Bantzer, Borchard, Kießling, Mogk, Sterl u. a., ein *Bismarckbildnis von Lenbach.

Zimmer XIII: Dresdner Graphik. Leseraum.

Lichthof: Büsten hervorragender Dresdner. Stadtmodelle.
Im Kellergeschoß unter dem Lichthofe befindet sich das Ratsarchiv, im ersten Obergeschoß die 1880 gegründete Stadtbibliothek, in der hauptsächlich die Fächer Rechtswissenschaft, Verwaltungskunde und heimische Geschichte ge-pflegt werden.

Körner-Museum, Neustadt, Körnerstr. 7.

Begründer und Direktor: Hofrat Dr. Peschel. Eigentum der Stadt Dresden seit 1886. Das Museum ist dem Andenken Theodor Körners und der Befreiungskriege gewidmet. Hier wohnte Ober-Appel-lationsgerichtsrat Christian Gottfried Körner, und hier wurde am 23. September 1791 Theodor Körner geboren. Am Hause Bildnismedaillons Körners und Schillers von Echtermeyer (aus französischer Geschützbronze gegossen).

Erdgeschoß. Die Befreiungskriege 1813-1815. 1. Zimmer: Bildnisse der berühmten deutschen Männer und Frauen jener Zeit; Aufrufe Schills 1809 und Friedrich Wilhelms III.: „An mein Volk" 1813; Waffen, Medaillen, Handschriften deutscher Fürsten. 2. Zimmer: Schlachten- und Siegesberichte (Paris 1815); Berliner Zeitungen von 1806 mit den Verordnungen Napoleons; Tassen und Gläser; Toten-masken Blüchers, Napoleons u. a.

I. Obergeschoß. Die Körnersche Wohnung 1785—93. 1. Zimmer: Bücher- und Kupferstichsammlung (seltene Drucke von Schillers, Goethes und Körners Werken, Flugschriften, Zeitungsblätter); Bildnisbüsten Körners und seines Vaters von Wichmann. 2. Schillerzimmer: Abbildungen der Schillerstätten, Hand-schriften von Schiller, Goethe, Wieland, den beiden Humboldts, Karoline von Wolzogen und anderen; Bildnisse Schillers (1785), Dr. Körners und Minna Stocks (von Anton Graff). 3. bis 5. Körnerzimmer: Reliquien aus Theodor Körners Leben von der Geburt bis zum Tode und Reliquien der gesamten Körnerschen Familie.

Museum des Kgl. Sächs. Altertumsvereins (Altertums-museum), im Palais des Großen Gartens.

Gegründet und unterhalten vom Kgl. Sächs. Altertumsverein. Vorstand: Prof. Dr. Berling. Von den Räumen ist vor allen der große, im ersten Obergeschoß gelegene Festsaal wegen seiner prächtigen reichen Barockdekoration hervorzuheben. Das Museum ent-hält nur Altertümer aus Sachsen, unter denen Plastik und Malerei des Mittelalters, die man sonst in Dresdner Museen nur spärlich antrifft, hervorragend vertreten sind, so die große romanische Kreuzigungsgruppe aus Freiberg aus spätroma-nischer Zeit und die Überreste romanischer Madonnen aus Etz-dorf und Elstertrebnitz. Frühgotische Werke sind verhältnismäßig wenig vorhanden. Stärker ist die Hochgotik vertreten, vor allem aber ist es die Spätgotik, die hier in allen ihren Entwicklungsstufen studiert werden kann. Flügelaltäre, Einzelfiguren, Heiligenstatuen, Gemälde, Kerzenhalter, Chorgestühle, Kanzeln, Grabdenkmäler, Taufsteine und Textilien. Die weltliche Kunst ist durch Waffen, Eisenplatten, Truhen, Bilder, Gläser, Krüge, Ofenkacheln und ähnliches vertreten.

Museum des Vereins für Sächsische Volkskunde, ebenfalls im Palais des Großen Gartens (Leiter: Hofrat Prof. O. Seyffert). In zwei Räumen des Erdgeschosses des Kgl. Palais im Großen Garten hat der Kgl. Sächs. Altertumsverein dem Verein für Sächsische Volkskunde Unterkunft gewährt. Freilich konnte hier nur ein sehr kleiner Teil seiner Sammlung aufgestellt werden, während die umfangreiche Möbelabteilung anderwärts untergebracht werden mußte. Das Museum enthält Volkstrachten, bäuerlichen Kopfputz, Stickereien, Schmucksachen, Töpfereien u. a. sowie mehrere Bauernstuben.

Sammlungen plastischer Werke

*Kgl. Skulpturen-Sammlung im Albertinum, Eingang von der Brühlschen Terrasse. Sie vereinigt vier früher getrennte Sammlungen plastischer Kunstwerke: 1. die einst als A n t i k e n s a m m l u n g im Japanischen Palais untergebrachten Originalbildwerke, 1890 in das Albertinum übergeführt, außer antiken auch neuere Originale enthaltend (im ersten Obergeschoß, in gleicher Höhe mit der Terrasse). In 14 Sälen 225 Statuen, 240 Büsten, 85 Reliefs und über 1600 Werke der Kleinkunst. 2. Die aus dem Zwinger übergeführte, sehr vermehrte A b g u ß s a m m l u n g , zerfallend in die Abgüsse nach Werken neuerer Meister (im Erdgeschoß — dabei auch im Oberlichthofe 3. das ehemalige R i e t s c h e l m u s e u m , früher im Palais des Großen Gartens —) in die Abgüsse nach Werken älterer Meister (im zweiten Obergeschoß); über 4300 Abgüsse von Bildwerken aller Zeit. 4. Die Sammlung von Werken E r n s t H ä h n e l s (Modelle und Skizzen, ebenfalls im Erdgeschoß). — Das Treppenhaus, durch das man zum Obergeschoß gelangt, wurde von Hermann Prell ausgemalt, nach dessen Entwürfen auch die sich anschließende Vorhalle dekoriert ist. Die Werke moderner f r a n z ö s i s c h e r P l a s t i k sind im Coselschen Palais, hinter der Frauenkirche, im ersten Obergeschoß untergebracht. — Die Skulpturensammlung wurde von Georg Treu in mustergültiger Weise von 1890—1894 aufgestellt. In keiner anderen europäischen Sammlung kann man sich in ähnlicher Weise so über die Plastik der zweiten Hälfte des 19. Jahrhunderts unterrichten. Direktor: Geh. Hofrat Prof. Dr. Georg Treu.

Das Schilling-Museum, Pillnitzer Str. 63, enthält die Gipsmodelle sämtlicher Werke von Prof. Johannes Schilling (geb. 1828 in Mittweida, Schüler Rietschels), darunter: das Nationaldenkmal auf dem Niederwald, das Hamburger Sieges-, das Triester Maximilians-, das Wiener Schiller-Denkmal; Vier Tageszeiten auf der Treppe zur Brühlschen Terrasse und Viergespann mit Bacchus und Ariadne am Hoftheater; Reliefbildnismedaillon der Frau Schilling; das König-Johann-Denkmal, Rietschel-Denkmal und Semper-Denkmal in Dresden, das Reformationsdenkmal in Leipzig.

Naturwissenschaftliche Sammlungen

*Kgl. Zoologisches und Anthropologisch-Ethnographisches Museum im Zwinger, Eingang gegenüber der Sophienkirche (an der Eingangstür steht: Sammlung für Tierkunde, Sammlung für Völkerkunde). Direktor: Prof. Dr. A. Jacobi. Die Sammlung verbrannte am 6. Mai 1849 fast vollständig. Der seitdem wieder erstandenen zoologischen und anthropologischen Abteilung wurde 1875 eine ethnographische hinzugefügt. In der Eingangshalle sind die im Königreich Sachsen vorkommenden

Rhododendrongruppe im Großen Garten

Tiere aufgestellt. Hervorragend vertreten sind die Paradiesvögel und die Kolibris, bedeutend ist die Vogelnestersammlung. Die ethnographische Abteilung ist reich an Gegenständen aus dem Ostindischen Archipel und der Südsee, im besonderen aus den deutschen Kolonien Neuguineas und des Bismarck-Archipels.

Kgl. Mineralogisch-Geologisches und Prähistorisches Museum im Zwinger. (Eingang unter dem Zwingerpavillon an der Ostra-Allee.) Direktor: Geh. Hofrat Prof. Dr. Kalkowsky. Die Sammlung, früher (seit 1846) mit dem Naturalienkabinett vereinigt, wurde 1857 als Mineralogisches Museum von neuem selbständig und seitdem zu ihrem jetzigen Umfang ausgebaut, namentlich auch durch Errichtung einer vorgeschichtlichen Sammlung (von 1874 an). Fünf Hauptabteilungen: a) die mineralogische Sammlung, hauptsächlich bestehend in einer allgemeinen Sammlung und einer paragenetischen Sammlung sächsischer Mineralien, die nach den geologischen Beziehungen und nach den Fundpunkten geordnet sind; b) die petrographische Sammlung; c) die Sammlung zur Geologie Sachsens, darunter die von Sanitätsrat Dr. O. Barth in Lindhardt bei Leipzig als Relief entworfene große, von H. Credner in Leipzig bearbeitete geologische Spezialkarte von Sachsen; d) die geologisch-paläontologische Sammlung, die namentlich in sehr vollständigen Reihen die in den geologischen Formationen Sachsens vorkommenden organischen Reste enthält; e) die prähistorische Sammlung (Wallpavillon D), die im besonderen die Vorgeschichte Sachsens veranschaulicht.

Kgl. Mathematisch - Physikalischer Salon. Mit wertvollen mythologischen Deckengemälden von Silvestre (1675 bis 1760), den einzigen Malereien, die sich in den Zwingerräumen erhalten haben. Im westlichen Flügel des Zwingers, die Treppe durch den großen Pavillon am ·Zwinger empor, links zum Eingang. Direktor: Geh. Hofrat Prof. Pattenhausen. Instrumente und Apparate für Mathematik, Mechanik, Physik, Meteorologie und Astronomie, die vornehmlich im 16. bis 19. Jahrhundert gebraucht wurden. Viele Gegenstände haben bedeutenden kunstgewerblichen Wert. Neuerdings vermehrt durch die große Pleißnersche

Blick in die Rampische Straße

Uhrensammlung. Zum Salon gehört ein Observatorium, das namentlich zur astronomischen Bestimmung der Zeit dient. Seit dem Herbst 1889 ist der Salon mit dem Telegraphenbureau des Hauptbahnhofs zum Zwecke der Abgabe der mitteleuropäischen Zeit telegraphisch verbunden. Vergl. S. 16.

Bibliotheken

Kgl. öffentliche Bibliothek siehe S. 133. Der Besuch der Kgl. Bibliothek mit ihren Bücherschätzen in den alten Sälen des Japanischen Palais ist für alle wissenschaftlich Gebildeten sehr lohnend.
Stadtbibliothek und andere Büchersammlungen S. 134.

Militärische Sammlungen

Kgl. Arsenal-Sammlung, Alberstadt, Königsplatz 1. Vorstand: Major Dreßler. Die noch in der Bildung begriffene Sammlung gibt jetzt schon ein Bild der Entwicklung der Bewaffnung, Bekleidung und Ausrüstung der sächsischen Armee seit Gründung des stehenden Heeres unter Kurfürst Johann Georg III. (1680—1691) bis zur Gegenwart; sie soll eine Stätte werden, die an die Ruhmestaten der Armee erinnert, diese im Volke und in der Armee fortpflanzt und zur Aufbewahrung dient von Trophäen, Kriegsbeute, militärischen Erinnerungen an sächsische Fürsten und Personen, die sich in der Armee besonders hervorgetan oder um diese verdient gemacht haben. Angegliedert ist eine Sammlung von Geschützen, Handwaffen — darunter die interessante Gewehrschloßsammlung des Obersten a. D. Thierbach —, Munition, sowie von Ausrüstungsstücken fremder Armeen, die für die Entwicklung des Heerwesens von besonderem Interesse sind. Ferner ist, um das Interesse an Deutschlands überseeischem Besitz zu erwecken, in neuester Zeit mit der Sammlung von Erinnerungsstücken an unsere kolonialen Feldzüge begonnen worden.

Kgl. Armee-Sammlung, im Kriegsarchivgebäude, Albertstadt, Marien-Allee 3. Vorstand: Oberst z. D. Schneider. Die Sammlung enthält Bildnisse von sächsischen Fürsten, Generälen und sonstige Bilder, die Bezug haben auf das sächsische Heer und seine Geschichte, auch Lebensläufe, Regimentsgeschichten, Münzen, Medaillen, Abzeichen, bildliche Darstellungen aus Kriegs- und Friedenszeiten usw.

Technische Sammlungen

Die Eisenbahn-Sammlung nimmt im Dienstgebäude der Kgl. Generaldirektion der Staatsbahnen, Wiener Str., 7 größere und kleinere Säle und 2 Gänge ein. Führer: ,,Anleitung zum Besuche der Eisenbahn-Sammlung zu Dresden." (In der Sammlung zu haben für 10 Pf.) Hauptsächlichste Gegenstände der Sammlung: Älteste Schriftstücke, Drucksachen, Modelle, Zeichnungen und sonstige Abbildungen aus der Entstehungsgeschichte der sächsischen Eisenbahnen, Modelle und Zeichnungen von Bahnanlagen, Bahnhofsbauten, Brücken, Tunnels, Lokomotiven, Personen- und Güterwagen, statistische bildliche Darstellungen des Eisenbahnverkehrs usw.

Die Gehesche Sammlung ist benannt nach dem durch sein hervorragendes gemeinnütziges Wirken bekannten Dresdner Großkaufmann Franz Ludwig Gehe, der eine von ihm in Dresden mitbegründete Drogen-Großhandlung von 1835 an unter der Firma Gehe & Co. allein weiter betrieb. 1904 wurde die Firma Gehe & Co. in eine Aktiengesellschaft umgewandelt. Der Bezug von Rohstoffen aus der ganzen Welt gab den Anlaß zur Entstehung der Geheschen Sammlung. Sie enthält in erster Linie die Drogen und chemischen Präparate, welche im Arzneibuch für das Deutsche Reich aufgenommen sind, nebst deren Verwechslungen, Verunreinigungen und Verfälschungen, ferner eine

Mineraliensammlung, Proben von Rohstoffen u. dergl. m. Von großem Interesse sind die verschiedenartigen, teilweise geschichtlichen Wert beanspruchenden Handelspackungen der Stoffe. Geöffnet in der Regel am Mittwoch 10—12 Uhr. Für Interessenten auch außer dieser Zeit zugänglich. nach vorheriger schriftlicher Anmeldung bei Prof. Dr. Kunz-Krause, Tierärztliche Hochschule).

Maschinenlehrausstellung der Kgl. Technischen Hochschule. Diese noch in der Entwicklung begriffene Sammlung soll eine übersichtliche Zusammenfassung der dem Gewerbe und der Landwirtschaft dienenden maschinellen Einrichtungen und Werkzeuge u. deren Benutzung bieten. Es werden Betriebsversuche unternommen und neue Erfindungen vorgeführt, die sonst nur im Fabrikbetrieb zu sehen sind. Die jetzige Ausstellung soll den Unterrichtszwecken der Technischen Hochschule, aber auch der Belehrung der Fachkreise u. des Publikums dienen. Es sind bis jetzt

Frauenkirche

(1910) zwei Hallen vorhanden, eine für Metallbearbeitungsmaschinen und eine zweite für landwirtschaftliche Maschinen. Geplant wird ein Ausstellungsgebäude mit einer Anzahl großer geräumiger Hallen auf einem Gelände nahe bei den Neubauten der Technischen Hochschule (Allgemeine deutsche ständige Maschinen-Lehrausstellung).

Sammlungen der Kgl. Technischen Hochschule. Sammlung für Maschinenbau, Kinematik und mechanische Technologie — Sammlung für Baukunst und technische Anlagen. — Sammlung von Modellen aus dem Gebiete des Hochbaus.

Musterlager des Exportvereins für das Königreich Sachsen.
Die Ausstellung befindet sich in dem großen Saale des alten
Kadettenhauses. Sie umfaßt Erzeugnisse der Textil-, Metall-,
Spielwaren-, keramischen und vieler anderen Industrien aus
ganz Deutschland und soll Interessenten die Artikel der ver-
schiedenen Industrien übersichtlich vorführen.

Andere Sehenswürdigkeiten

Die wichtigsten Gebäude in der Altstadt

Kgl. Schloß. Wichtigster Bau aus dem 16. Jahrhundert. Umbau von
Frölich und Dunger 1889—1902. Führungen durch das Innere wochentags 9—1,
Sonntags 11—2 Uhr; 3 Personen 1,50 Mk.; beim Schloßverwalter (im nordwest-
lichen Treppenturme) läuten.
Zwinger von Pöppelmann 1711—21.
Gemäldegalerie von Gottfried Semper 1847—59.
Taschenbergpalais am Kgl. Schloß 1711 von Karger und Pöppelmann.
Altstädter Hauptwache von Schinkel 1831.
Kgl. Opernhaus von Manfred Semper 1871—1878, Besichtigung des
Innern und der Bühneneinrichtung ist mit Ausnahme der Tage, an denen Proben
stattfinden, nachmittags 2 oder 3 Uhr gegen ein Eintrittsgeld von 1 Mk. für die
Person gestattet. Die Einlaßkarten werden Schössergasse 16, II. zwischen 10 und
2 Uhr ausgegeben. Eintritt ins Opernhaus von der Zwingerseite hinter der
Wagenanfahrt.
Ständehaus von Wallot (Schloßplatz) 1907.
Johanneum von Paul Buchner 1590, umgebaut 1875, mit Stallhof (Augustus-
straße).
Kgl. Marstall, Stallstraße 2, nachmittags 2—4 Uhr, Meldung beim Dienst-
habenden.
Coselpalais (hinter der Frauenkirche) von Knöffel 1745.
Brühlsche Terrasse mit Kgl. Belvedere 1843 von Wolframmsdorf, Alber-
tinum (aus dem alten Zeughaus von Canzler 1884—87 umgebaut), und der Kunst-
akademie von Lipsius 1894.
Palais im Großen Garten 1679—80 von Johann Georg Starke. (Auch
Inneres.)
Marcolinisches Palais auf der Friedrichstraße (Stadtkrankenhaus) 1727.
Kreuzschule von Arnold 1865. Fresken in der Aula jeden 1. Sonntag im
Monat von 11—1 Uhr frei, sonst 50 Pf.
Technische Hochschule von Heyn (Bismarckplatz) 1875. Fresken in der
Aula jeden 1. Sonntag im Monat von 11—1 Uhr frei, sonst 50 Pf.
Hauptpostamt von Zopff 1881.
Victoriahaus von Lossow und Viehweger 1891.
Amtsgericht von Roßbach 1892 (Lothringer Straße).
Ausstellungspalast von Bräter (Stübelallee) 1894.
Kaiserpalast von Schilling und Gräbner (Pirnaischer Platz) 1897.
Dresdner Bank von Sommerschuh und Rumpelt (König Johannstraße) 1897.
Hauptbahnhof von Giese und Weidner (Wiener Platz) 1898.
Hauptpolizeigebäude von Temper 1898 (Schießgasse).
Zentraltheater von Lossow und Viehweger (Waisenhausstraße) 1900.
Kunstgewerbeschule von Lossow und Viehweger 1906.
Neues Landgericht von Kramer (auch Inneres) am Münchner Platz 1907.
Superintendentur von Schilling und Gräbner 1908.
Krematorium am Tolkewitzer Friedhof von Schumacher 1910.
Neuer Schlachthof von Erlwein 1910.
Neues Rathaus von Roth und Bräter, vollendet Herbst 1910. Besichtigung
der Festsäle und Besuch des Ratskellers.

Auf Neustädter Seite

Blockhaus am Neustädter Markt von Longuelune 1732—52, umgebaut 1890.
Japanisches Palais am Kaiser Wilhelmplatz von Pöppelmann und Lon-
guelune 1729—41.
Finanzministerium am Carolaplatz von Reichelt 1896.

Ministerialgebäude von Waldow und Tscharmann (Treppenhäuser und Fresken) 1905.
Kgl. Schauspielhaus von Schreiber (Albertplatz) 1870—73.
Militärbauten in der Albertstadt.
Albrechtsschlösser von Lohse 1850—54.

Die wichtigsten Kirchen in Altstadt

Katholische Hofkirche von Chiaveri 1739—49, Äußeres und Inneres sehenswert.
Frauenkirche (auch Inneres) von George Bähr 1726—43.
Kreuzkirche, Äußeres von J. G. Schmidt 1765—88, Inneres von Schilling und Gräbner 1898.
Sophienkirche aus dem 13. Jahrhundert, umgebaut von Arnold 1864.
Johanneskirche von Möckel 1878.
Jakobikirche von Kröger 1901 (auch Inneres).
Lukaskirche von Weidenbach 1903.
Christuskirche von Schilling und Gräbner (auch Inneres) 1905.
Zionskirche von Schilling und Gräbner 1910.

Englische Kirche, Wiener Straße, 1868 erbaut.
Russische Kirche, Reichsstraße 19, von Bosse 1872—74.
Amerikanische Kirche, Reichsplatz, 1884 von Dögel.

In Neustadt

Dreikönigskirche auf der Hauptstraße von Pöppelmann, Inneres von Bähr 1732—1738, Turm 1854.
Katholische Kirche auf der Hauptstraße von Bothen 1852.
Garnisonkirche (Simultankirche) in der Albertstadt von Lossow und Viehweger 1900.

Türme und Glocken

Turmbesteigungen. Zur Erlangung der Kenntnis von Stadt und Umgebung sehr empfehlenswert.
Kreuzkirche 96 m hoch. Regelmäßige Führungen im Sommer um 12 und um 5 Uhr. Im Winter nur um 12 Uhr. Die Teilnehmer versammeln sich in der Vorhalle am Portal B. Fünf Minuten nach Voll wird die Tür geschlossen. Sonst Meldung beim Kirchner, An der Kreuzkirche 15 I. Eintritt 1—2 Personen 40 Pf., jede weitere Person 20 Pf.
Frauenkirche, 95 m hoch, im Sommer Besichtigung der Kirche und Besteigung des Turmes außer Sonnabends und Sonntags täglich vorm. 12 und nachm. 5 Uhr. Führer: Kirchendiener Bothe, Neumarkt 3 I. Karten daselbst. Im Winter nur Kirchenführungen von 9—10 Uhr wochentags.
Neuer Rathausturm, 100 m hoch, bis 71 m Fahrstuhl.
Bismarckturm in Plauen, Siehe S. 125.

Dresdner Kirchenglocken. Die Frauenkirche hat 4 Glocken aus den Jahren 1518, 1619 und 1734, die katholische Hofkirche 4 Glocken aus dem Jahre 1807, die Kreuzkirche hat ebenso wie die Strehlener Christuskirche 5 Glocken, die im Jahre 1900 von Schilling in Apolda gegossen worden sind. Sechs Glocken hat die Garnisonkirche in Albertstadt. Die Frauenkirche besitzt das älteste, die Kreuzkirche das schwerste und die katholische Hofkirche das schönste Geläut Dresdens.

Denkmäler in Altstadt

Siegesdenkmal von Henze auf dem Altmarkt 1880.
König Albert von Baumbach auf dem Schloßplatz 1906.
König Johann von Schilling auf dem Theaterplatz 1889.
König Friedrich August der Gerechte von Rietschel, Zwingerhof, 1843.
König Friedrich August II von Hähnel auf dem Neumarkt 1866.
Kurfürst Moritz an der Brühlschen Terrasse unterhalb des Belvedere 1555.
Kurfürstin Anna von Henze hinter der Annenkirche 1869.
Wettinobelisk von Schilling und Gräbner am Taschenberg 1889.
Fürstenzug von Walther auf der Augustusstraße 1873.
Karl Maria v. Weber von Rietschel vor dem Museum 1858.
Die vier Tageszeiten von Schilling auf der Terrassentreppe 1869.

5

Rietschel von Schilling 1876.
Ludwig Richter von Kircheisen 1898.
Semper von Schilling 1892, alle drei auf der Terrasse.
Luther von Rietschel auf dem Neumarkt.
Bismarckdenkmal von Diez an der Seestraße 1903.
Theodor Körner von Hähnel 1871.
Julius Otto von Kietz 1886.
Karl Gutzkow von Andresen 1887, diese drei auf dem Georgplatz.
Goethe, Schiller, Shakespeare, Molière, Sophokles und Euripides an der Kgl. Hofoper.
Raffael und Michelangelo von Hähnel, am Museum auf der Zwingerseite 1855.
Goethe, Kolossalbüste in Marmor von David d'Angers im Treppenhaus der Kgl. Bibliothek 1831.
Mozartdenkmal von Hosäus in der Bürgerwiese 1907.
Richard Wagner von Kietz, Herme im Foyer des Opernhauses.
Bismarcksäule in Räcknitz von Prof. Kreis 1906.

Auf Neustädter Seite

König August der Starke von Wiedemann, Neustädter Markt 1736.
Fahnenmasten, am Eingang zur Hauptstraße, von Eppler 1882.
Totentanz vom Jahre 1534 auf dem Inneren Neustädter Friedhof.

Brunnen in der Altstadt

*Neptunsbrunnen von Mattielli 1741—44, im Garten des Friedrichstädter Krankenhauses. Eingang von der Wachsbleichstraße. Die Wasser springen im Sommer Sonntag 11—1 und Donnerstag nachmittags 3—5 Uhr. Zutritt frei.
Cholera- oder Gutschmidbrunnen auf dem Postplatz 1843.
Stübelbrunnen von Hauschild und Hartmann-Maclean (Stübelplatz) 1901.
Gänsediebbrunnen von Diez auf dem Ferdinandplatz 1880.
St. Georgsbrunnen von Hähnel bei der Sophienkirche 1886.
Wandbrunnen im Kl. Schloßhof von Volkmann.
Zwei Brunnen im Prinzenpalais von Knöffler 1756.
Dinglingerbrunnen im Hof Frauenstraße 9 um 1718.
Brunnen auf dem Kgl. Belvedere von Knöffler 1747.
Johann Georgenbrunnen (Türkenbrunnen) Jüdenhof 1683.
Gerechtigkeitsbrunnen von Bruno Fischer auf dem Holbeinplatz.
Nymphenbrunnen von Bruno Fischer, Bürgerwiese.
Marie Geybrunnen von Wrba auf dem Bismarckplatz 1910.
Hochstrahl im Zwingerteich, Sonntags und Mittwochs 11—$1\frac{1}{2}$ Uhr.

In der Neustadt

2 kleine Rokokobrunnen am Neustädter Markt.
Brunnen auf dem Albertplatz von Robert Diez: Stilles Wasser und Stürmische Wogen.
Artesischer Brunnen auf dem Albertplatz 1836, Tempelchen 1907.

Gedenktafeln an

Christoph Arnold, Buchhändler, Webergasse 2, Ecke Altmarkt.
George Bähr, Erbauer der Frauenkirche, An der Mauer 2, Ecke Seestraße.
Hans von Bülow, Körnerstraße 12.
Joh. Melchior Dinglinger, Goldschmied, Frauenstraße 9.
J. G. Ehrlich, Begründer der Ehrlichschen Stiftung, Töpferstraße 1.
Goethe, am Hotel zu den drei Palmzweigen, Kaiser Wilhelmplatz.
Heinrich von Kleist, Pillnitzer Straße 29.
Theodor Körner und Friedrich Schiller, Körnerstraße 7.
Gerh. v. Kügelgen, Hauptstraße 13 (Segen-Gottes-Haus).
Napoleon, im städtischen Krankenhaus, Friedrichstraße 41.
Julius Otto, Waisenhausstraße 33.
Chr. Rauchs Sterbehaus, Lüttichaustraße 11.
Ludwig Richter, Johannesstraße 1, Ecke Georgplatz.
Rietschel, alte Kunstakademie, Vorhalle.
Fr. Schiller, Wilsdruffer Straße 7.
Joh. Schneider („Orgelkönig"), Palmstraße 20.
Schnorr v. Carolsfeld, alte Kunstakademie, Vorhalle.
Rob. Schumann, Reitbahnstraße 32.

Ludw. Tieck, an der Kreuzkirche 1, Ecke Altmarkt.
Tiedge und **Elise** v. d. **Recke,** Körnerstraße 1.
H. v. Treitschke, Weißegasse 3.
Rich. Wagner, im städt. Krankenhaus, Friedrichstraße 41.
K. M. v. Weber, Altmarkt 12: „Hier schuf 1820 K. M. v. Weber den Freischütz".
K. M. v. Webers Wohnhaus, Galeriestraße 9.
Winckelmann, Kgl. Bibliothek, Treppenhaus.

Friedhöfe

Dresden besitzt 21 offene Friedhöfe. Die bemerkenswertesten sind:

Eliasfriedhof, in der Nähe des Sachsenplatzes, wird nicht mehr benutzt, alte interessante Grabdenkmäler mit zahlreichen Bäumen und wucherndem Grün, namentlich schön in der Zeit der Fliederblüte, häufig von Malern aufgesucht. Gräber: Kapellmeister Naumann 1801, Oberhofprediger von Ammon 1850, Justus Güntz 1875, Gründer der Wohltätigkeits- und Verschönerungszwecken dienenden Dr. Güntzschen Stiftung (Dresdner Anzeiger).

Trinitatiskirchhof, an der gelben Straßenbahnlinie Nr. 1 nach Blasewitz gelegen. Gräber: Dichter und Maler Reinick 1852, Wilhelmine Schröder-Devrient 1860, Ernst Rietschel 1861, Organist Johann Schneider 1864, Dichter Otto Ludwig 1865.

Johannisfriedhof bei Tolkewitz, an der Straßenbahnlinie Nr. 21. Große Kapelle mit Kuppel und Nebengebäuden, erbaut von Paul Wallot, zahlreiche moderne künstlerische Grabdenkmäler.

Das städtische Krematorium, von Prof. Fritz Schumacher entworfen, liegt neben dem Tolkewitzer Friedhof in einem dichten Kiefernwald, mit Blick auf die Ufer der Elbe. Von der Dresdner Straße führt eine lange dunkelumsäumte Allee, die sich in einem schmalen Wasserbecken spiegelt, auf den Hauptbau zu. Nach der Elbseite zu öffnet sich eine Urnenhalle, deren Wände einen ruhigen Aufstellungsort für vornehme Urnenplätze ergeben. Die Hallen-Anlage hat den abgeschlossenen friedlichen Charakter, wie er in Klosterfriedhöfen zu herrschen pflegt. Der 22 m hohe zweiflügelige Hauptbau zeigt nach der Elbe zu eine reliefartig gegliederte Fläche von monumentalem Ernst. Im Innern ist eine große Trauerhalle für 250 Personen; in einem katafalkartigen Rundbau liegt die Versenkung. Verbrennungsanlage nach Schneiderschem System. Vorgesehen sind 2 Öfen. In Betrieb genommen wird das Gebäude von 19'1 an.

Alter Annenfriedhof, Chemnitzerstraße. Gräber: Hofprediger Käuffer 1865, Dawison 1872, Maler Schnorr von Carolsfeld 1872, Emil Devrient 1872.

Innerer Neustädter Friedhof, an der Friedensstraße und Konradstraße, mit dem Totentanz vom Jahr 1534, früher am kurfürstlichen Schloß, die letzte Gruppe modern. Denkwürdige Gräber: Sprachforscher Adelung 1808, Elisa von der Recke 1833, Tiedge 1841, Kunsthistoriker von Rumohr 1843, der gefallenen Revolutionäre und Soldaten 1849.

St. Paulifriedhof, am Ende der Straßenbahnlinie Nr. 12. Hügeliges Gelände: Monumente für deutsche und französische Soldaten aus den Kriegen 1866 und 1870/71. Grabdenkmal von Ludwig Gehe 1882.

Innerer katholischer Friedhof, am Ende der Friedrichstraße (Straßenbahnlinie Nr. 2), mit zahlreichen Gräbern aus alter Zeit, in vieler Hinsicht der interessanteste Kirchhof Dresdens. Gräber: Permoser 1732, Chevalier de Saxe 1774, Bischof Schneider 1818, Karl Maria v. Weber 1826, Friedrich Schlegel 1829, Maler Gerhard von Kügelgen 1820 und Bildhauer Hähnel 1891.

Andere Friedhöfe: Neuer Annenfriedhof (Löbtau) mit großer Parentationshalle von Wimmer, Friedrichstädter Kirchhof (innerer: Friedrichstraße; äußerer: Bremer Straße), Äußerer katholischer Friedhof (Bremer Straße), Jüdischer Friedhof (Trinitatisstraße), Striesener Kirchhof (Gottleubaerstraße), Markusfriedhof (Hubertusstraße in Pieschen), Plauenscher Friedhof (innerer: Altplauen; äußerer: Bernhardstraße), Garnisonfriedhof (Albertstadt, Kannenhenkelweg).

Öffentliche Gärten

Überaus reich ist Dresden an herrlichen, wohlgepflegten Gartenanlagen, die teils in königlichem, teils in städtischem Besitz sind. Dem Stadtinnern am nächsten ist die **Bürgerwiese,** schöne städtische Anlage, erstreckt sich vom Georgplatz bis zu dem Großen und dem Zoologischen Garten. (Siehe S. 115.) Städtischer Gartendirektor: von Uslar.

*Der Kgl. Große Garten, 1676 von Johann Georg II. als Fasanengarten angelegt und bis in die allerneueste Zeit erweitert und verschönert (Direktor: Hofrat Bouché), ein offener, 2 km langer und 1 km breiter, prachtvoll gepflegter Park mit hohen, alten Bäumen, Wiesen, Blumenbeeten, drei großen Teichen (Palaisteich, Carolasee mit Bootfahrt und der Teich im nordöstlichen Teile), prächtigen Wegen und Ruheplätzen, zahlreichen Gartenrestaurants, Konditorei usw., besonderen Wegen für Wagen, Reiter, Radfahrer. Für Automobile ist der Große Garten verboten. Zugänge von der Lennéstr., Stübelallee, Bürgerwiese, Karcherallee, Tiergartenstr. Die Hauptallee teilt den Großen Garten in zwei Teile; vor dem mittleren Schmuckplatz zwei Marmorgruppen von Corradini, Nymphen raubende Kentauren darstellend; in der Mitte des mit prächtigen Anlagen geschmückten Platzes eine Marmorgruppe von Balestra: „Das Alter raubt die Schönheit". Der Platz ist umgeben von 8 Pavillons; rechts Restauration Zum Hofgärtner; weiter rechts liegt die Große Wirtschaft.

Silen am Palais im Großen Garten

Wir gehen auf das *Palais im Großen Garten zu, 1679—80 wahrscheinlich von Starke im Stil italienischer Renaissance-Landhäuser erbaut in schönem, warmem Sandstein von gelblichem Farbenton, tadellos erhalten; im Innern ist besonders sehenswert der prachtvolle Mittelsaal im Obergeschoß. Das Palais enthält das Museum des Kgl. Sächs. Altertumsvereins und das Museum des Vereins für Sächsische Volkskunde. An der Stadtseite des Palais außen Aussichtstreppe (Doppeltreppe) zum Überblick über den Großen Garten (insbesondere über die herrlichen, im Laufe der schönen Jahreszeit wechselnden Blumenanpflanzungen in den prächtigen Anlagen bis zu den Kentaurengruppen), unten Marmorgruppen Asklepius mit Telesphorus und Silen mit Bacchus. Die andere, nach dem Teiche zu gelegene Hauptschauseite hat ebenfalls eine Doppeltreppe mit schönem Blick auf den nach außen gelegenen Teil des Großen Gartens, vor allem auf den unmittelbar vor dem Palais sich ausdehnenden Großen Garten-Teich mit seinen Umgebungen. Am Ende des Teiches links Café, rechts Restaurant. Etwa bei der Mitte des Großen Garten-Teiches rechts führt ein schmaler Weg zum Naturtheater (Amphitheater unter freiem Himmel, 18. Jahrhundert). Am Ende des Teiches, in der Mitte zwischen der Konditorei links und dem Restaurant rechts, g r o ß e V a s e von C o r r a d i n i mit Reliefs aus dem Heldenleben Alexander des Großen. Vom Naturtheater gelangen wir, die Süd-Allee kreuzend, auf Promenadenwegen zu dem 1882 und 1896 angelegten *C a r o l a - S e e (Kahnfahrt, Café und Restaurant). Am Ende der Haupt-Allee rechts ein Restaurant „Picardie" genannt (scherzhaft nach dem ehemaligen Wirte Pickart), und geradeaus zwischen zwei Tortürmen hindurch, die das Ende der Haupt-Allee, wie das Ende des Großen Gartens überhaupt bezeichnen. zum Anfange der Winterbergstr.; schöner Blick hinaus ins Freie.

Wir wenden das Gesicht wieder der Haupt-Allee u. dem Palais zu, gehen schräg nach rechts auf Promenadenwegen hin zu dem Neuen Teich im nordöstlichen Teil, dann in der Herkules-Allee bis zur Quer-Allee, schließlich in der Stübel-Allee stadtwärts zum Botanischen Garten.

Der Kgl. Botanische Garten (Direktor: Geh. Hofrat Prof. Dr. Drude) liegt zwischen dem Großen Garten und dem Städtischen Ausstellungspalast und hat seinen Haupteingang von der Stübel-Allee; an der Herkules-Allee des Großen Gartens befindet sich ein zweiter Eingang, der in den Mittagsstunden so-

Das bewegte Wasser, Brunnen von R. Diez, Albertplatz

wie Feiertags nachmittags geschlossen ist. Der Garten ist wissenschaftlich interessant durch die streng durchgeführte Anordnung der Freilandgewächse nach pflanzengeographischen Grundsätzen. Er ist 1890 neu angelegt worden und im Freien mit einer außergewöhnlich reichen Sammlung neu eingeführter seltener Gehölze ausgestattet. Besonderer Beachtung wert ist in den Monaten Mai und Juni eine Felspartie mit Alpenpflanzen. In einem dem Laienpublikum nur ausnahmsweise geöffneten Teile wird eine Versuchsstation für Pflanzenkultur betrieben, welche besonders landwirtschaftliche und gärtnerische Düngungs- und Züchtungsfragen zu bearbeiten hat. Eingehendere Mitteilungen bietet ein im Garten käuflicher Führer. Geöffnet im Sommer Sonn- u. Feiertags 6—1 Uhr, im Winter 9—1 Uhr, wochentags im April bis September 6—6 Uhr, im Oktober bis

März 8—4 Uhr. Gewächshäuser täglich 9 bis 12 Uhr außer Sonnabend; April bis September auch Montag bis Donnerstag 4—6 Uhr; zu anderen Zeiten Führungsgeld.

Der Zoologische Garten, an der Tiergartenstr. (Straßenbahn vom Georgplatz), umgeben vom Großen Garten; täglich geöffnet von früh bis abends. An den Wochentagen beträgt der Eintrittspreis 75 Pf. für Erwachsene (5 Eintrittskarten 3 Mk.) und 30 Pf. für Kinder, Sonntags 50 Pf. für Erwachsene, 10 Pf. für Kinder unter 12 Jahren; jeden ersten Sonntag im Monat 25 Pf. Der große und interessante Tierbestand ist in malerisch angelegten Gebäuden u. Freianlagen inmitten eines prächtigen alten Gartens untergebracht. Er besitzt ein großes Konzerthaus; hier finden entweder im Freien oder im Saale in der wärmeren Jahreszeit regelmäßig Sonnabends und Sonntags große Konzerte statt, ebenso im Winter regelmäßig Sonntags und meistens auch Sonnabends.

Partie in der Dresdner Heide

Die Zwinger-Anlagen, hinter dem Zwinger an der Ostra-Allee und der Stallstr., mit Teich (Bootfahrt und Hochstrahl), an welchem ein Kaffeehaus steht. Im Winter wird hier Schlittschuh gefahren.

Der Herzogin Garten, Ostra-Allee, mit mehreren Gewächshäusern und einer großen Orangerie. Berühmte, über 400 Jahre alte Feigenbäume, die Herzog Albrecht der Beherzte (gest. 1500) mit aus Palästina gebracht hat.

Der Palais-Garten am Kaiser-Wilhelm-Platz in Neustadt mit einem französischen und einem englischen Teile. Von dem Hügel zur Rechten und von der Mauer an der Elbe herrlicher Blick nach Dresden-Altstadt. Namentlich schön ist der Palaisgarten zur Zeit der Flieder- und der Rosenblüte.

Der König-Albert-Park, ebenfalls in Neustadt, ein umfänglicher Waldpark mit reizvollen Waldspaziergängen, an der Berglehne der Dresdner Heide gelegen, umschließt den W o l f s - h ü g e l (210 m) mit Aussichtsgerüst, die Täler des Wolfsbornbaches und des Eisenbornbaches und ein einfaches Gasthaus (das Fischhaus). Der südwestliche Teil bildet mit einem westlich von der Radeberger Landstraße gelegenen Stück des Staatswaldes den H e i d e p a r k mit den Spielplätzen und dem Freilufttheater des Vereins Volkswohl. Zugänge zum König-Albert-Park: Mit der Straßenbahn Schloßpl.—Waldschlößchen bis zum Waldschlößchen oder noch weiter bis zur Mordgrundbrücke und von da zurück, oder nach Loschwitz und von da nach der Schillerstr. zurück. Namentlich vom Wolfshügel prachtvolle Ausblicke auf Dresdens turmreiche Silhouette, auf die Türme der Albrechtsschlösser, Schloß Eckberg, die Elbe usw. — Der Park wurde von der Stadt Dresden gestiftet zum Andenken an den 70. Geburtstag und das 25 jährige Regierungs-Jubiläum des Königs Albert von Sachsen im Jahre 1898.

A n d e r e   G a r t e n a n l a g e n : Der Stadtpark in Räcknitz bei dem Hochbehälter der städtischen Wasserleitung (schöner Blick auf Dresden). — Der Waldpark in Blasewitz zwischen der Residenzstr. und der Emser-Allee. — Seidels Rhododendrongarten in Striesen-Neugruna, Ecke Augsburger und Ermelstr. (zur Zeit der Rhododendronblüte).

Die Gartenstadt Hellerau bei Klotzsche ist eine Sehenswürdigkeit für sich. Sie ist von Dresden in 25 Minuten durch die Straßenbahn: Hauptbahnhof—Arsenal—Albertpl.—Klotzsche zu erreichen, Verkehr alle 10 Minuten. Außerdem mit der Staatsbahn bis Klotzsche. Der Ort liegt 200 m über der Ostsee und ist auf zwei Seiten vom Staatsforst und der Dresdner Heide umschlossen. Die Gartenstadt ist eines der merkwürdigsten Beispiele einer neuentstehenden modernen Ansiedlung. Der Grund und Boden gehört der Gartengesellschaft und ist unveräußerlich; der Wertzuwachs bleibt Eigentum der Gesamtheit. Das ganze Land ist nach einem Entwurf von Prof. R i e m e r s c h m i d erschlossen und bebaut worden. Es gibt in Hellerau fast nur Einfamilienhäuser, im Kleinwohnhäuserviertel von 250—500, im Villenviertel von 500—2000 Mk. Der Erbmietvertrag ist von den Mietern kündbar, von der Gartengesellschaft nicht. Umfangreiche und interessante Anlagen der D e u t s c h e n W e r k s t ä t t e n f ü r H a n d w e r k s k u n s t (Karl Schmidt). Bis 1910 waren 120 Villen und Kleinhäuser fertig. Geschäftsstelle: Am Marktplatz Gasthaus; nahebei die Waldschenke nach Riemerschmid. Hellerau, Am grünen Zipfel Nr. 19.

Kunst- und kunstgewerbliche Ausstellungen

Städtischer Ausstellungspalast am Stübelplatz. Großer Hallenbau mit Kuppelhalle, Hauptsaal (1260 qm), zahlreichen Nebensälen und Hallen, Pavillons, Konzertsaal und Gesellschaftsräumen, umgeben von einem Park mit Konzertplatz, Kolonaden und einem Teich. Hier fanden die großen Ausstellungen statt, die für das Kunstleben Dresdens und für das Ausstellungswesen Deutschlands bahnbrechend gewesen sind: 1897 erste Große Internationale Kunstausstellung, 1899 zweite Internationale, 1901 dritte Internationale Kunstausstellung, 1903 Deutsche Städteausstellung, 1904 und 1908 Große Deutsche Kunstausstellungen, 1906 Große Deutsche Kunstgewerbeausstellung, 1909 Internationale Photographische Ausstellung; 1910 verschiedene kleinere Ausstellungen, 1911 Große Internationale Hygieneausstellung usw.

Der Herbst, Bildhauerwerk am Kgl. Zwinger

Kunstausstellung des Sächsischen Kunstvereins, Brühlsche Terrasse. Wechselnde Ausstellungen. Täglich geöffnet 10—4, Sonn- und Festtags 11—3 Uhr. Eintritt 50, jeden letzten Sonntag im Monat 20 Pf.

Der Kunstverein, gestiftet 1828, besteht aus Künstlern und Kunstfreunden und hat den Zweck, die bildenden Künste zu fördern durch Ausstellung eingesendeter Kunstwerke in den Ausstellungsräumen auf der Brühlschen Terrasse, Ankauf von Kunstwerken zu jährlicher Verlosung an die Mitglieder und Vermittlung von Privatankäufen. Mitgliedschaft gegen Ankauf einer Aktie von 15 Mk. jährlich für Beteiligung an der Verlosung, am Vereinsgeschenk und freien Eintritt mit den Hausgenossen. Außerdem freier Eintritt bei Arnold und Richter.

Galerie Ernst Arnold (Inh.: Kgl. Hofkunsthändler Ludwig Gutbier), Schloßstraße 34, neben der Kgl. Porzellan-Manufaktur. 1906 eingerichtet von Prof. W. Kreis und Prof. H. van der Velde. Dauernde Kunstausstellung in 11 Oberlichtsälen und Kabinetten für hervorragende Gemälde, Handzeichnungen, Radierungen, Skulpturen usw. Geöffnet 9—7, Sonntags 11—2 Uhr. Eintritt 1 Mk., Jahreskarten, 12 volle Monate gültig, 4 M.

Emil Richters Kunstsalon (Inh.: Herm. Holst, Kgl. Hof-Kunsthändler), Prager Str. 13. Dauernde Ausstellung in Oberlichtsälen. Geöffnet wochentags 9—7, Sonntags 11—2 Uhr. Eintrittspreis 50 Pf. Jahreskarte 3 Mk.

Kunsthandlungen:
Ernst Arnold, Sporergasse 1, Eingang Schloßstr., gegenüb. d. Schloß. — Emil Richter (Holst), Prager Str. 13. — Lichtenberg Nchf., Max Sinz, Prager Str., Ecke Mosczinskystr. 1. —

A d o l f E r n s t, Sidonienstr. 15. — R o b e r t B e s s e r
(Photographien) und A r n o l d i s c h e Kunsthandlung, Altmarkt.
Kgl. Porzellanniederlage von Erzeugnissen der Meißner
Manufaktur, Schaufenster und Lager, Schloßstr. 36. Besichtigung
gern gestattet.
Deutsche Werkstätten für Handwerkskunst, sehenswerte
moderne Möbel und Geräte, Ringstr. 15 (am Bismarckdenkmal).
Ältestes und größtes Unternehmen für moderne Wohnungs-
einrichtungen. Originalarbeiten führender Künstler.
Raumkunst, Viktoriastr. 57. Kunst- und Kunstgewerbe-
Ausstellung. Bezugsquelle für zeitgemäße Wohnungs-Einrich-
tungen. Besichtigung ohne Kaufzwang 9—7 Uhr.

Dresden als Industriestadt

Dresden genießt wohl als Kunststadt in der ganzen Welt
einen weit verbreiteten Ruf, welche Bedeutung es aber als
H a n d e l s p l a t z u n d I n d u s t r i e s t a d t besitzt, ist
vielen gänzlich unbekannt. Und doch steht Dresden an Zahl
der Betriebe und der Arbeiter unter den industriereichsten
Städten Sachsens voran. Nach der Fabrikarbeiterzählung vom
Jahre 1908 betrug die Zahl der der Gewerbeaufsicht unter-
stehenden Betriebe in Dresden 2226, in Leipzig 2140, in Chemnitz 1419; die Zahl der Arbeiter in diesen Betrieben betrug in
Dresden 67 000, in Leipzig 79 000, in Chemnitz 61 000. Dresden
nimmt auf dem Gebiete seiner S p e z i a l i t ä t e n einen einzigen Platz unter den Industriestädten Deutschlands ein, namentlich auf dem Gebiete der Nahrungs- und Genußmittelindustrie.
Von den in der deutschen S c h o k o l a d e n i n d u s t r i e be-
schäftigten Arbeitern entfällt fast ein Sechstel allein auf die
Dresdner Fabriken, und Dresden steht dadurch an erster Stelle
unter den deutschen Städten in dieser Industrie. Die deutsche
Z i g a r e t t e n i n d u s t r i e stellte 1908 rund 6 Milliarden
Zigaretten her. Davon wurden allein in Dresden 3¼ Milliarden,
also rund 54 % angefertigt. Dresden ist auch der größte Markt
der Welt für den Handel mit türkischen R o h t a b a k e n.
Die Herstellung p h o t o g r a p h i s c h e r P a p i e r e u n d
A p p a r a t e hat in Dresden ihren Mittelpunkt; die fabrik-
mäßige maschinelle Herstellung von Kartonnagen hat von
Dresden ihren Ausgang genommen, und auch heute noch ist
Dresden der Hauptsitz der Fabrikation von Maschinen für die
Kartonnagenindustrie. Die S c h i f f s b a u w e r f t in Übigau
ist die größte Binnenschiffswerft Deutschlands, und fast die
gesamte Elbschiffahrt wird von Dresden aus geleitet. Die
Vereinigten Elbschiffahrts-Gesellschaften A.-G. sind nächst der
k. k. priv. Donau-Dampfschiffahrts-Gesellschaft die größte
B i n n e n r e e d e r e i des Kontinents. Andere wichtige Dresdner
Industrien sind die Fabrikation von Blechwaren, Strohhüten,
Nippsachen, Pianofortes, Glas, künstlichen Blumen, Näh-

maschinen, Fahrrädern und Schreibmaschinen, Schuhen, Lacken u, a. Hervorragend sind in Dresden fernerhin: Das Bierbrauergewerbe, die Malzfabrikation, die chemische und Drogenfabrikation, die Industrie für Bekleidung und Reinigung. Dazu kommen die Möbelindustrie, die Korbmöbelfabrikation, die Dresdner Porzellanmalerei und die Polygraphischen Gewerbe (Ansichtskarten, Plakate, Kunstblätter). Diese Bedeutung Dresdens als Industriestadt mag um deswillen hier hervorgehoben werden, damit auch derjenige Besucher Dresdens, dem ästhetische Interessen im allgemeinen fern liegen, die Gewißheit erlangt,· auf p r a k t i s c h e m und t e c h n i s c h e m Gebiete hier hervorragende Einrichtungen anzutreffen. Von s t a a t -

Nymphenbad im Zwinger

l i c h e n Betrieben ist namentlich das Fernheiz- und Elektrizitätswerk am Theaterplatz zu nennen, ferner der König-Albert-Hafen in Friedrichstadt mit Raum für 600 Schiffe (Wasserfläche 144 000 qm). Von s t ä d t i s c h e n Betrieben sind zu nennen: das Reicker Gaswerk, die drei Wasserwerke Saloppe, Tolkewitz und Hosterwitz mit ihren Hochbehältern, die Markthallen (namentlich die Hauptmarkthalle in Friedrichstadt), die 4 Elektrizitätswerke, die städtischen Kläranlagen in Kaditz mit Dückeranlage unter der Elbe und der städtische Vieh- und Schlachthof in Friedrichstadt (großartige Anlage). Über die großen p r i v a t e n Betriebe erteilt Interessenten Bescheid die Dresdner Handelskammer, Albrechtstr. 4).

Mädchenturnen

Sport in Dresden

Rennsport. D r e s d n e r R e n n v e r e i n. Vors.: Kommerzienrat Aug. Hoesch. Sekretär: P, Schulze, Nürnberger Str. 38. Geschäftsstelle: Prager Str. 6, I. (Zentraltheater-Passage). R e n n b a h n mit T o t a l i s a t o r in Reick, dort auch Trainier-Bahnen. Jährlich 12 Pferderennen auf der Hindernis- und Flachbahn. Die Rennbahn liegt im Osten des Großen Gartens in herrlicher landschaftlicher Umgebung mit Ausblick auf die Loschwitzer Höhen, bei klarem Wetter sogar auf die Berge der Sächsischen Schweiz. Die Rennen sind regelmäßig gut besucht, und zwar aus den Kreisen der Hofgesellschaft, der Fremden und der Offizierskorps, da, wie bekannt, der König dem Pferderennsport großes Interesse entgegenbringt. Wichtigste Preise: Dresdner Armeejagdrennen, Sächsischer Staatspreis, Großes Dresdner Jagdrennen, Mai-Flachhandicap, Ehrenpreis-Handicap, Dresdner Jugendrennen, Wettiner Hürdenrennen, Herbstjagdrennen u. a.

Der Rennplatz ist zu erreichen: entweder mit der Eisenbahn vom Hauptbahnhof mit Fahrkarte bis Reick oder mittelst der roten Straßenbahn Nr. 12 bis Seidnitz oder zu Wagen oder Omnibus durch die Mittel-Allee des Großen Gartens. Namentlich die Rückfahrt durch den Großen Garten gestaltet sich infolge der zahlreichen Mailcoaches, Equipagen, Mietwagen usw. sehr interessant. Näheres aus den Tagesblättern und an den Anschlagsäulen.

Der Radfahrsport ist durch den vom Verein für Radwettfahren im Jahre 1909 unternommenen Bau einer allen Anforderungen entsprechenden Radrennbahn wesentlich gefördert worden. Die neue R e n n b a h n liegt in Gruna, Liebstädter Str., in der Nähe der Reicker Gasanstalt, mittels Staatseisenbahn (Haltestelle Reick) und Straßenbahn Linie 9 (Vorstadt Leubnitz-Neuostra) und Linie 12 (Vorstadt Seidnitz) zu erreichen. Die

Fahrt mit Wagen durch den Großen Garten ist zu empfehlen. Einrichtung der Bahn: 500 m Bahn mit 1500 Personen fassender Tribüne, zum Innenraum Zugang durch Tunnel. Alle Plätze sind stufenartig angelegt und gewähren daher vorzüglichen Überblick. Jeden Monat große Rennen hinter Motorführung; häufige Vereinsveranstaltungen.

Die nähere und weitere Umgebung Dresdens fordert zum T o u r e n f a h r e n und zu kleineren Ausflügen auf. Auch sind im Großen Garten 4 km gut gepflegte Radfahrwege vorhanden, wo man in herrlicher Umgebung spazieren fahren kann. An der Lennéstr. befindet sich auf dem Städtischen Sportplatz die große R a d f a h r b a h n der Firma C. F. Bernhardt. Kleinere Radfahrbahnen sowie Hallen sind in allen Stadtteilen zu finden. — Dresdner Radfahrinstitut, Bamberger Str. 33. — H. Niedenführ, Radfahrhalle, Struvestr. 9, und andere mehr.

S t r a ß e n D r e s d e n s, in denen das **Radfahren verboten** ist: Die Straßenzüge vom Postplatz bis zum Pirnaischen Platz (Wilsdruffer Straße, nördliche Fahrbahn des Altmarktes, König-Johann-Straße) und vom Georgentor bis zur Sidonienstraße (Schloßstraße, Rathausseite des Altmarktes, Seestraße, Prager Straße), sowie die Rosmaringasse, doch ist der Verkehr auch für Zweiräder in der Zeit von 10 Uhr abends bis 7 Uhr früh freigegeben. Auch ist verboten der Verkehr mit Fahrrädern an einzelnen Örtlichkeiten mit besonders lebhaftem Verkehr, insbesondere beim Hauptbahnhof und Neustädter Bahnhof, dann die quer über den Theaterplatz führenden Fahrstraßen während der An- und Abfahrten bei den Vorstellungen im Opernhause, endlich einige andere Örtlichkeiten (Gäßchen etc.).

A u s w ä r t i g e R a d - u n d M o t o r f a h r e r haben den Erlaubnisschein ihrer Heimatbehörde oder sonst genügende Ausweispapiere bei sich zu führen. Es besteht für M o t o r e Nummernzwang. Bei dauerndem Aufenthalt in Sachsen ist eine R a d f a h r k a r t e im Polizei- oder Gemeindeamt zu lösen. A u s k ü n f t e über amtliche Vorschriften, Straßenverbote, Wegeverhältnisse, Hilfsstationen, Reparaturgelegenheiten usw. erteilt für Rad- und Kraftradfahrer der Deutsche Radfahrerbund, für Automobilisten der Sächsische Automobilklub.

D e u t s c h e r R a d f a h r e r b u n d. Gau 21 b. I. Vors. H. Krause, Bergmannstr. 33. Geschäftsstelle: Th. Wachsmuth, Schloßstr., Ecke Rosmaringasse. Kraftfahrwesen, Wanderfahren.

Außerdem zahlreiche größere und kleinere Radfahrvereine, vergl. Dresdner Adreßbuch, II. Teil, 5. Abschnitt.

Automobilsport. S ä c h s i s c h e r A u t o m o b i l k l u b. Ziele: Förderung des Automobils als Verkehrsmittel, möglichste Beseitigung der Unsicherheit im Automobilverkehr durch geeignete Maßnahmen. Protektor: König Friedrich August von Sachsen. Präsident: Geh Kommerzienrat Lingner. Generalsekretariat: provisorisch Waisenhausstr. 9. Die technische Kommission des Klubs ist von den Kgl. Ministerien zur Vornahme von Prüfungen von Kraftfahrzeugen und Fahrern ermächtigt. Die Gutachten und Zeugnisse sind allgemein und ohne weiteres von den Behörden anzuerkennen.

D r e s d n e r A u t o m o b i l k l u b. Ziele: Förderung der Interessen der Automobilbesitzer in Dresden und Umgebung, technische Vorträge, Ausübung des Sports in Zuverlässigkeits- und Benzinprüfungsfahrten, sowie Geschwindigkeitsprüfungen. Vors.: Dr. med. Krüger. Sekretariat: Schloßstraße 1. Prüfung und Abnahme von Kraftfahrzeugen nach vorheriger Anmeldung im Sekretariat.

D e u t s c h e M o t o r f a h r e r v e r e i n i g u n g. Gau VI Königreich Sachsen. Geschäftsstelle: Otto Kleemann, Gerichtsstraße 15.

Auto-Liga Sachsen. Geschäftsstelle: Schloßstr. 1.
Vors.: Rechtsanwalt Dr. Portius. Auskunft in allen automobilistischen Streitfällen, für Mitglieder kostenlos; Nachweis guter Chauffeure.

Automobil-Einstellhallen (Garagen): Dresdner Automobilgesellschaft, Ostra Allee 32 (Einzelboxen, Zentralheizung, elektrisches Licht); Stadt Coburg in Neustadt, Kaiserstraße 1; Louis Glück, Struvestraße 9.

Automobilhäuser: Deimlinger Motorengesellschaft; Dresdner Automobilgesellschaft; Benz & Co.; Louis Glück; Schmelzer; Horch & Co.

Ballsport. Dresden besitzt einen großartigen S p o r t - p l a t z an der Lennéstr., in unmittelbarer Nähe der Bürgerwiese und des Großen Gartens, wo Gelegenheit für Tennisspiele, Jugendspiele, Radfahren usw. gegeben ist. Der Sportplatz ist aus den Mitteln der Dr. Güntzschen Stiftung hergerichtet worden. In der Mitte Kolossalstatue eines Ballwerfers aus Bronze von Fabricius. Café und Restauration im Sporthaus. Im Winter Eisbahn.

Verband mitteldeutscher Ballspielvereine. 200 Vereine mit 10 000 Mitgliedern. Hiervon ,,Gau Ostsachsen'', Sitz in Dresden, 26 Vereine mit 1800 Mitgliedern. Förderung des Fußballsports und der Leichtathletik, Veranstaltung von Fußballwettspielen und athletischen Wettkämpfen. Vors. des Gaus: Fritz Müller, Kunstmaler, Sedanstr. 49.

Für Fußball und Leichtathletik:

Dresdner Sportklub. Sportplätze an der Nossener Brücke, Eingang Weißeritzmühlgraben 12. Vereinslokal: Hotel Reichspost, Gr. Zwingerstr. 18.

Fußballklub Dresdensia. Sportplatz verlängerte Wiener Str. Vereinslokal: Café Dianabad, Bürgerwiese.

Dresdner Fußballklub 1893. Sportplatz in der Neustadt, Windmühlenstr. Klublokal: Friedensburg, Ecke Gutschmid- und Friedensstr.

Ballspielklub Sportlust, e. V. Sportplätze auf der Helmholtzstr. Vereinslokal: Albertsburg, Kaulbachstr.

Sportverein Guts Muths. Sportplatz am Wasserwerk Tolkewitz.

Fußballverein Sachsen. Sportplatz: Marienbrücke.

Für Tennis und Hockey:

Akademischer Sportklub. Klubraum: Schnorrstraße 12, I. Im Sommer Tennis und Leichtathletik. Sportplatz: verlängerte Wiener Str. Im Winter Land- und Eishockey.

Deutscher Tennisklub Dresden. Spielplatz: Wiener Str. 20. Spielzeit: 1. Ap. bis 30. Nov. Vier Spielfelder.

Für Tennis:

Dresdner Lawn Tennisklub, Sportplatz Bürgerwiese.
Deutscher Tennisklub Dresden. Spielplatz: Wiener Str. 20.
Akademischer Sportklub (Tennis), George-Bährstr.
Akademischer Sportverein (Tennis), Reichenbachstr.
Dresdner Tennisklub 1904, Bürgerwiese.
Sportverein Dresden 1909 (Tennis), verlängerte Wiener Str.

Für Hockey:
Akademischer Sportklub, verlängerte Wiener Str.
Sportverein Dresden 1909, verlängerte Wiener Str.

Für Golf:
Dresdner Golfklub. Vors.: Graf Eduard v. Mont-
gelas, Kgl. Bayr. Gesandter, Exz., Zinzendorfstr. 13. Aus-
künfte erteilt Major v. Schimpff, Wiener Str. 58. Der schön gelegene und von einem englischen Professional sorgfältig in Stand gehaltene Spielplatz befindet sich auf dem äußerst bequem zu erreichenden Rennplatz in Reick. Der Dresdner Golfklub besteht seit ca. 5 Jahren und zählt etwa 80—100 Mitglieder aus den Kreisen der Diplomatie, der hiesigen Aristokratie und der Fremdenkolonie. Golfautoritäten Englands haben den Dresdner Golfplatz als recht gut bezeichnet. Es wird jeden Tag gespielt, ausgenommen an Renntagen. Die Bahn hat

Golf-Links, Plakat des Dresdner Golfklubs

6 Holes. In einem einfach, aber geschmackvoll hergerichteten Teelokal erhalten Mitglieder und deren Gäste Erfrischungen. Die Teilnehmerzahl der Golfspieler wächst von Jahr zu Jahr, da diesem Sport viel Interesse entgegengebracht wird. In der Herbstsaison Wettspiele.

Jugendspiele. Verein für vaterländische Festspiele. Zweck: Stärkung der leiblichen Gesundheit des Volkes durch Turnen, Sport und Spiel und die Hebung des deutschen Nationalgefühls. Abhaltung eines Volksfestes durch Wettkämpfe im Turnen, Spielen, Schwimmen, Rudern, Radfahren, Fechten, Singen. S p i e l p l ä t z e : Elbwiesen bei Antons und an anderen Orten.

Der Rollschuhsport, der in Amerika sehr beliebt ist, hat in neuerer Zeit auch in Dresden viele Anhänger gefunden, so daß man jetzt auf den Asphaltstraßen zahlreiche Läufer und Läuferinnen sieht.

D r e s d n e r R o l l s c h u h s p o r t v e r e i n. Zweck: Pflege des Rollschuhlaufens und Errichtung einer Rollschuhsporthalle. Geschäftsstelle: Lippold, Am See 42.

Fechten. D r e s d n e r F e c h t k l u b. Übungsabende: Montag, Mittwoch und Freitag abends 7—9 Uhr. Fechtsaal: Ringstr. 14, II. Fechtmeister: Gustav Casmir. Geschäftsstelle: Chemnitzer Str. 42, I. Angegliedert sind eine akademische Sektion und eine Schülerabteilung.

D r e s d n e r O f f i z i e r k l u b. Fechtsaal: Ringstr. 14, I. Fechtmeister: Gustav Casmir. Übungszeiten: Dienstag 4—6, Donnerstag und Sonnabend 5—7 Uhr.

D r e s d n e r D a m e n f e c h t k l u b. Fechtraum: Lüttichaustr. 5. Fechtmeister: Georg Staberoh. Übungsstunden: Montag und Mittwoch 5—7 Uhr.

Reitanstalten: Friedrich Kühn, Spanische Reitschule, Werderstr. 39. — Oskar Pfaffs Reitschule, Lindenaustr. 38. — Filiale: Strehlen, Karcher-Allee 7. — Alfred Beyers Reitschulen, Neustadt, Turnerweg 3 und Niedergraben 4.

Im Großen Garten und auf den Straßen um denselben sorgfältig gepflegte Reitwege. Schöne Wald-Reitwege im König-Albert-Park und in der Dresdner Heide.

Schwimmsport. D e u t s c h e r S c h w i m m v e r b a n d, Kreis VII, Sachsen. Protektor: König Friedrich August. Vors.: Dr. Hopf, Reichsstr. 4. S c h w i m m v e r e i n N e p t u n. Mitglied des deutschen Schwimmverbandes, Güntzbad, Elbberg. Schwimmklub G e r m a n i a, Germaniabad, Louisenstr. 48.

Rudersport. S ä c h s i s c h e r R e g a t t a v e r e i n. Zweck: Abhaltung internationaler Ruderwettfahrten und Pflege des Rennrudersports. Protektor: König Friedrich August. Vors.: Kurt Wendschuch, Kaitzer Str. 37. Die mit Preisen reichlich ausgestatteten Regatten finden auf der Elbe zwischen Wachwitz und Blasewitz statt und locken stets eine große Menge Zuschauer an.

D r e s d n e r R u d e r v e r e i n. Klub- und Bootshaus: Blasewitz, Wachwitzer Str. 4. Für Mitglieder und eingeführte Gäste täglich geöffnet. Sitzungen: Sonnabends 9 Uhr. Im Winter Bassinrudern mit Schwimmen im Güntzbad Montag abends 8—10 Uhr. Im Sommer täglich Rudern. Besondere Abteilung für Schülerrudern und für Skilaufen. Vors.: Adolf Näter.

R u d e r g e s e l l s c h a f t D r e s d e n. Bootshaus: Oberhalb der Jägerkaserne, Johannstädter Ufer. Im Sommer Dienstag und Freitag Ruderabende. Im Winter Bassinrudern und Schwimmen.

D r e s d n e r R u d e r k l u b. Klublokal: Cotta, Hamburger Str. 74. Im Sommer Dienstag und Freitag Ruderabende.

Segelsport. In neuester Zeit ist auf der Oberelbe auch der Segelsport in Aufnahme gekommen. Es gewährt ein hübsches

Bild, die schmucken Boote bei günstigem Winde, hart unter Segelpreß liegend, auf der Elbe manövrieren zu sehen. Die Dresdner Seglervereinigung (Klubzimmer: Schillergarten in Blasewitz, Mittwochs und Sonnabends ½ 9 Uhr abends) hat sich für die Interessen des Segel- und Motorsports gebildet und steht mit anderen Vereinen dieser Art in Verbindung. Der Yacht- und Bootshafen befindet sich bei Loschwitz, gegenüber dem Dresdner Ruderverein. Man plant, ein Seefahrzeug von Hamburg zu erwerben, es vollkommen in seiner Eigenart mit Takelage zu belassen und zu einem originellen schwimmenden Klubheim auszubauen. Im Sommer Geschwaderfahrten und innere Regatten.

Luftschiffahrt. Sächsischer Verein für Luftschiffahrt. Zweck: Wissenschaftliche und sportliche För-

Rudersport bei Blasewitz

derung der Luftschiffahrt. Präsident: Dr. Weißwange, Schnorrstraße 82. Sekretariat: Ferdinandstr. 3. Der Verein besitzt bis jetzt 2 Ballons: ,,Graf Zeppelin'' mit 2320 cbm und ,,Dresden'' mit 1437 cbm, weitere 2 Ballons gehören der Chemischen Fabrik von Heyden, unterstehen aber sonst dem Verein. Ein weiterer Ballon wird im Frühjahr eingestellt. Füllplatz für Gas bei der Gasanstalt in Reick in der neuerbauten Radrennbahn. Einen Füllplatz für Wasserstoffgas besitzt der Verein in dem bei Riesa gelegenen Weißig, wo die Chemische Fabrik Wasserstoff herstellt. Der dortige Aufstiegplatz ist vervollkommnet durch bequeme Wohnräume für Luftschiffer. Aufstiege finden meist Sonntags vormittags 9 Uhr nur für Mitglieder statt. Zuschauer gegen Eintrittsgeld. Karten sind jederzeit im Sekretariat des Vereins Ferdinandstr. 3, II. zu erhalten. Auskünfte über Beteiligung Fremder an den Aufstiegen sind im Sekretariat zu erhalten. Veranstaltung von Wettfahrten mit Preisen, Vorträge usw.

Klettersport. Das Elbsandsteingebirge erweckt seit einem
Jahrzehnt insofern in besonderer Weise das Interesse der Bergsteiger, als Hunderte seiner kühnen Felstürme und Steilwände
in schwierigster anstrengendster Kletterei bestiegen werden.
Dabei besitzt die Sächsische Schweiz vor den anderen soge-
nannten ,,Kletterschulen" im Deutschen Reich den großen
Vorzug, daß ihre Felsen nicht nur in großer Zahl und in ein-
drucksvoller Höhe den Wagemut und die Gewandtheit des Berg-
steigers herausfordern, sondern sich auch, abgesehen von der
sportlichen Übung, durch die Schönheit der umgebenden Landschaft auszeichnen; derartige Kletterfahrten verlohnen sich
infolgedessen auch für solche Naturfreunde, denen es nicht
bloß auf körperliche Vorübung für größere alpine Unterneh-
mungen ankommt. Ein gedruckter F ü h r e r durch dieses

Winterlandschaft am Fichtelberg

Klettergebiet ist im Verlage von Joh. Siegel-Dresden unter
dem Titel: Der Bergsteiger in der Sächs. Schweiz erschienen.

Schlittschuhlaufen. Palaisteich und Carolasee im Großen
Garten; Zwingerteich am Zwinger; Sportplatz an der Lennéstr.,
gegossene Eisbahn. Eisbahn (mit Wellenbahn) der Gebrüder
Gordon (George Bähr-Str.). Gegossene Eisbahnen finden sich
noch an zahlreichen Stellen der Stadt (an der Lukaskirche, an
der König-Albert-Str. usw.)

D r e s d n e r E i s l a u f v e r e i n. Geschäftsstellen: Sport-
Café, Lennéstr. und Karl Ansel, Georgplatz 3. Vors.: Konsul
Stalling, Antonstr. 17.

Anderer Wintersport. Eine R o d e l b a h n befindet sich
in Vorstadt Plauen hinter dem Westendpark. Das von Dresden
aus leicht zu erreichende E r z g e b i r g e mit seinem schönen
S k i g e l ä n d e bietet reichlich Gelegenheit zu Wintersport.
Die telegraphischen Meldungen über die Schneeverhältnisse in

der Sächs. Schweiz, im Erzgebirge, Riesengebirge usw. werden regelmäßig bei K. Ansel, Ringstr. und Oskar Bohr, neben Café König u. a. O. bekanntgegeben. Vergl. auch Wetteransagen im Dresdner Anzeiger. Die Verwaltung der Staatseisenbahnen veranstaltet in der dazu geeigneten Zeit an Sonn- und Festtagen Sonderzüge nach Oberwiesenthal, Geising, Altenberg und Kipsdorf. In der Umgebung dieser Orte bietet sich Gelegenheit zum Fahren mit H ö r n e r s c h l i t t e n , zum R o d e l n und S c h n e e s c h u h l a u f e n und zu weiteren interessanten Ausflügen im Pferdeschlitten.

In O y b i n bei Zittau wurde im Winter 1906/07 eine Hörnerschlittenfahrt am Hainberge eingerichtet.

In der Nähe der Müglitztalbahn gibt es Rodelbahnen bei Lauenstein, Hartmannsmühle (500 m lang und 12 m breit),

Skiläufer

Geising und Altenberg. Auch Kreischa und Kipsdorf haben vorzügliche Rodelbahnen.

An dem 800 m hohen Geisingberge beim Städtchen Altenberg befindet sich in geschützter Waldlage eine große, mit Tribünen versehene Sprunghügelanlage für Skiwettspringen. Ein kleinerer Sprunghügel für Übungszwecke liegt westlich der Stadt am Hirschsprung und steht jedermann zur Verfügung.

Das Hotel zum Alten Amtshaus in Altenberg veranstaltet R u n d f a h r t e n mit Pferdeschlitten von Geising über Zinnwald nach Altenberg (Mittag), dann über Schloß Rehefeld, Pöbeltal und Bärenfels nach Kipsdorf; von hier mit der Eisenbahn zurück nach Dresden.

Schöne Schlittenfahrten kann man auch in der Umgebung von Dresden unternehmen, u. a. durch die Dresdner Heide nach Langebrück; sehr zu empfehlen ist ferner eine Schlittenfahrt nach der Bastei, von Königstein nach der Schweizermühle oder von Schandau nach dem Lichtenhainer Wasserfall

Skiverband Sachsen. Zweck: Hebung und Pflege des Skilaufs in Sachsen und den böhmischen Grenzgebieten. Protektor: König Friedrich August. Vors.: Hofrat Doenges, Dresdner Journal.

Dresdner Skiklub. Geschäftsstelle: K. Ansel, Georgplatz 3. Vors.: Hofrat Doenges. Zusammenkünfte im Winter Freitag abend ½9 Uhr im Künstlerhaus Grunaer Str.

Ski- und Rodelabteilung des Deutsch-Österreichischen Touristenklubs. Versammlungsort im Winter: 1. und 15. jeden Monats im Café Français, Waisenhausstr. 35.

Schachspiel. Dresdner Schachverein. Vereinslokal: Café König. Täglich nachmittags von 3 Uhr an.

Behörden

die für den Fremden wichtig sind.

Ministerien. Ministerium des Kgl. Hauses, Kgl. Schloß (10—2, 5—7). Gesamtministerium, Kgl. Schloß am Taschenberg 3, III. (½9—¼4). Ministerium der auswärtigen Angelegenheiten, Königsufer 2 (10—3, 5—7). Ministerium des Kultus, am Königin-Carola-Platz 2 (9—1, 4—7). Ministerium der Finanzen, Königin-Carola-Platz 1 (8—1, 4—6). Ministerium des Innern, Königsufer 2 (½9—¼4). Ministerium der Justiz, Düppelstr. 1 (9—1, 4—6). Ministerium des Kriegs, Neustadt, Blockhaus (12—1).

Die vier Ministerien des Auswärtigen, des Innern, der Justiz und des Kultus nehmen zusammen das Ministerialgebäude in Neustadt am Königin-Carola-Platz ein.

Gesandtschaften. Bayern: Zinzendorfstr. 13. — Großbritannien: Wiener Str. 38. — Österreich-Ungarn: Strehlener Str. 53; 11—1 Uhr. — Preußen: Parkstr. 7; 11—1 Uhr. — Rußland,: Beuststr. 7. Die anderen am hiesigen Hof beglaubigten Gesandten residieren in Berlin.

Konsulate. Vereinigte Staaten von Amerika: Generalkonsulat Ammonstr. 2, Ecke der Carolastr.; 10—1 Uhr. — Argentinien: Waisenhausstr. 11 b; 11—12 Uhr. — Bayern: Beuststr. 3; 11—1 Uhr. — Bolivia: Wallgäßchen 4, I. — Brasilien: Vizekonsulat Hähnelstr. 11. — Chile: Hohe Str. 35. — Columbia: Chemnitzer Str. 28. — Costa Rica: Wallgäßchen 1. ;12—2 Uhr. — Dänemark: Vizekonsulat Waisenhausstr. 27, I. — Dominikanische Republik: Johann-Georgen-Allee 33. — Ecuador: Generalkonsulat Prager Str. 22, II. — Griechenland: Stallstr. 1. — Großbritannien: Altmarkt 16; 11—1 Uhr. — Guatemala: Moritzstr. 12; Vizekonsul: Neumarkt 8. — Honduras: Blasewitz, Residenzstraße 28 b. — Italien: Generalkonsulat König-Johann-

6*

Straße 3. — M e x i k o : Antonstr. 17. — N i c a r a g u a :
Blasewitz, Residenzstr. 28 b. — N i e d e r l a n d e : Waisenhausstr. 11 b; Montags, Mittwochs, Freitags 10—12 Uhr. —
N o r w e g e n : Waisenhausstr. 27. — Ö s t e r r e i c h -
U n g a r n : Generalkonsulat König-Johann-Str. 3; ½10 bis
½12 Uhr. — P a r a g u a y : Elisenstr. 11. — P e r u : General-
konsulat Ostbahnstr. 29. — P o r t u g a l : Großenhainer Str. 7.
R u m ä n i e n : Webergasse 32. — S c h w e d e n : General-
konsulat Schloßstr. 24; 12—1 Uhr. — S e r b i e n : General-
konsulat Prager Str. 29. — S i a m : Blasewitz, Emser-Allee 35.
— S p a n i e n : Kaiserstr. 4/6; 10—1 Uhr. — T ü r k e i :
Ringstr. 28; 11—1 Uhr. — U r u g u a y : Löbauer Str. 13. —
V e n e z u e l a : Henzestr. 8. — W ü r t t e m b e r g : Waisen-
hausstr. 20. P e r s i e n: Schloßstr. 24.
Belgien, Bremen, Frankreich, Japan, Rußland und die
Schweiz haben Generalkonsulate oder Konsulate in Leipzig.

Polizei. Kgl. Polizeidirektion, Schießgasse 7 (9—1, 4—7 Uhr,
Sonnabends 9—3 Uhr). Dazu 25 Bezirkswachen, auf die ganze
Stadt verteilt, je 1 Wache der berittenen Abteilung in Alt-
und Neustadt, je 1 detachierter Gendarmerieposten in Räck-
nitz-Zschertnitz und Kaditz, je 1 Wache im Hauptbahnhof und
Neustädter Bahnhof (Tag und Nacht ununterbrochen). Die
auf den Straßen stehenden Schutzleute (in Dresden Gendarme
genannt) geben bereitwillig Auskunft. Diejenigen Schutzleute,
die E n g l i s c h oder F r a n z ö s i s c h verstehen, tragen
auf dem linken Ärmel in kleiner Stickerei die betreffenden
Nationalflaggen; die Esperantokundigen sind durch einen auf-
genähten grünen Stern kenntlich gemacht.

Fremden-Meldewesen. Die Anmeldung der F r e m d e n
geschieht durch die Wohnungsgeber (Hotel, Pension usw.),
welche zu diesem Zwecke dem Fremden sofort nach
der Ankunft einen Meldezettel zur eigenhändigen Ausfüllung
vorzulegen haben. Dauert der Aufenthalt bei Reichsausländern
länger als 9 Monate (bei Deutschen länger als 3 Monate) oder
übt der Fremde hier einen Beruf oder ein Gewerbe aus, so hat
er sich mündlich oder schriftlich in der Bezirksmeldestelle als
E i n w o h n e r anzumelden, einen Wohnungsmeldeschein zu
entnehmen und seine Ausweispapiere vorzulegen.
Die bei verwandten, verschwägerten oder befreundeten
Familien vorübergehend Wohnung nehmenden Personen (sogen.
B e s u c h s f r e m d e n) bedürfen der Anmeldung nur bei
einem Aufenthalte von mehr als 14 Tagen.

Verlorene Gegenstände. Anzeigen darüber werden in
den sämtlichen Polizeiwachen wie auch im Fundamte der
Kgl. Polizeidirektion, Schießgasse 7, I. Stockwerk, Zimmer 58,
entgegengenommen. Die als g e f u n d e n abgegebenen Gegenstände werden sämtlich im Fundamte aufbewahrt und dort
auf Verlangen vorgelegt; es empfiehlt sich, nach verlorenen
Gegenständen m e h r e r e Male dort nachzufragen, da die
Finder erfahrungsgemäß die gefundenen Gegenstände immer
erst nach einiger Zeit abliefern.
Nach den in den Straßenbahnwagen verlorenen Gegenständen muß im Fundamt der Städtischen Straßenbahn (Georgplatz 3, geöffnet ½9—1, ¼4—6 Uhr, Sonnabends ½9—3 Uhr),

nach den auf den Elbdampfern verlorenen Sachen im Fundbureau der Dampfschiffahrtsgesellschaft am Terrassenufer gegenüber dem Landungsplatze der Dampfschiffe oder, sobald der Fahrdienst eingestellt worden ist, im Bureau der Gesellschaft, Gerichtsstr. Nr. 26 (geöffnet 8—7 Uhr wochentags), nach den auf der Eisenbahn verlorenen Sachen im Fundamt der Staatseisenbahnen (Läden 9 und 10 unter den Eisenbahnhochgleisen am Bismarckplatz, geöffnet Sonn- und Wochentags von 8 bis 7 Uhr) nachgefragt werden.

Verkehr und Verkehrsanstalten

Droschken, Autos, Fiaker

a) **Droschken I. Klasse** (gelbe Räder mit selbsttätigem Fahrpreisanzeiger). Alle Wagen haben Tarife.

Fahrpreise. Einfache Taxe 1 (rot): 1—2 Personen innerhalb der Stadt Dresden am Tage bis 800 m Wegstrecke 70 Pf., fernere je 400 m Wegstrecke 10 Pf. — Erhöhte Taxe 2 (schwarz): 3 Personen am Tage innerhalb der Stadt bis 600 m 70 Pf., fernere je 300 m 10 Pf. — Doppelte Taxe 3 (blau): 1—3 Personen a) während der Nacht (11—7), b) außerhalb des Polizeibezirks der Stadt Dresden: bis 400 m 70 Pf., fernere je 200 m 10 Pf. — Auf der Fahrpreisscheibe des Taxameters sind die Mark mit roten, die Pfennige mit schwarzen Ziffern bezeichnet. Zuschläge für Fahrten außerhalb des Droschkenbezirks. Für Fahrten von den Bahnhöfen und für Passieren der Elbbrücken sind 10 Pf. zu entrichten. Wartezeit ist besonders zu bezahlen. Gepäck unter 10 kg frei, von 10—25 kg 25 Pf., über 25—50 kg 50 Pf. Gepäck von mehr als 50 kg dürfen Droschken I. Klasse nicht aufnehmen. Bei Fahrten über die Grenzen des Stadtbezirks hinaus das Doppelte. Ein Kind unter 6 Jahren fährt in Begleitung Erwachsener frei, je 2 Kinder bis zu diesem Alter gelten für eine Person. Für Mitbeförderung eines Hundes sind 25 Pf. zu entrichten.

b) **Droschken II. Klasse** (ebenfalls mit selbsttätigem Fahrpreisanzeiger und Tarif versehen). Fahrpreise. Taxe 1 (rot): 1—2 Personen am Tage innerhalb der Stadt bis 1200 m Wegstrecke 50 Pf., fernere je 600 m 10 Pf. — Taxe 2 (schwarz): 3—4 Personen am Tage innerhalb der Stadt bis 800 m 50 Pf., fernere je 400 m 10 Pf. — Taxe 3 (blau): 1—2 Personen a) nachts bis 600 m Wegstrecke 50 Pf., fernere je 300 m 10 Pf.; b) außerhalb der Stadt bis 400 m Wegstrecke 50 Pf., fernere je 200 m 10 Pf. — Taxe 4 (gelb): 3—4 Personen desgleichen. Wartezeit ist besonders zu bezahlen. Gepäck: bis 10 kg frei, bis 25 kg 20 Pf., bis 50 kg 40 Pf., jede weiteren 50 kg, die angefangenen für voll gerechnet, 40 Pf. im Stadtgebiet, bei Fahrten auf Landgebiet das Doppelte. — Für Mitbefördern eines Hundes 20 Pf. Zuschläge nur zu bezahlen, wenn im Apparat angezeigt.

Brückengeld und der Bahnhofszuschlag (10 Pf. für eine Fahrt von einem Bahnhof aus) sind nicht im Apparat verzeichnet, sondern besonders zu bezahlen.

c) **Automobildroschken.** F a h r p r e i s e. Sämtliche Wagen sind mit Fahrpreisanzeiger versehen. Erste Taxe (rot): 1—2 Personen am Tage im Stadtgebiet bis 600 m Wegstrecke 70 Pf., fernere je 300 m 10 Pf. Zweite Taxe (schwarz): 3—5 Personen am Tage im Stadtgebiet bis 450 m Wegstrecke 70 Pf., fernere je 225 m 10 Pf. Dritte Taxe (blau): 1—5 Personen außerhalb des Stadtgebiets und nachts im Stadtgebiet bis 300 m Wegstrecke 70 Pf., fernere je 150 m 10 Pf.

Z u s c h l ä g e für Fahrten über den Droschkenbezirk und für Gepäck über 50 kg werden am Apparat angezeigt. Wartezeit ist besonders zu bezahlen.

Palmengruppe und Palais im Königl. Großen Garten

S t a n d o r t e : Altmarkt, Hauptbahnhof, Postplatz, Pirnaischer Platz, Hotel Europäischer Hof, Hotel Bellevue. Garage und Bestellungen: Förstereistr. 18 (Telephon 1566 und 5051). Siehe auch Inserat S. 174.

d) **Zweispänner** (Fiaker). Standplätze: Schloßplatz, Theaterplatz, Altmarkt, Jüdenhof, Lindenauplatz, Moltkeplatz, Bahnhöfe. Grundtaxe: 5 Mk. für die 1. Stunde, 4 Mk. für die begonnene 2. Stunde, die 3. Stunde 3 Mk., jede weitere begonnene Stunde 2 Mk., außerdem bei Überschreitung der Stadtgrenze ein einmaliger Zuschlag von 1 Mk. Ratsam ist es, bei allen Fiakerfahrten sich auf eine bestimmte T o u r oder auf Z e i t mit den Kutschern ins Einvernehmen zu setzen.

Chaisenträger, eine Eigentümlichkeit Dresdens, tragen, besonders bei schlechtem Wetter, Damen in voller Toilette und Herren in Hofuniform zu besonderen Gelegenheiten, namentlich Vorstellungen und Festlichkeiten bei Hofe. Es gibt königliche und städtische Chaisenträger. Jene haben ihr Lokal auf der Sporergasse, diese Schreibergasse 9. Die Chaisenträger dienen auch als Dienstleute bei Umzügen, Transport von Instrumenten u. a.; sie gelten als besonders zuverlässig.

Städtische Straßenbahn

Sämtliche Dresdner Straßenbahnen sind seit 1906 im Besitz der Stadt und werden elektrisch betrieben. Die einzelnen Linien sind an der Stirnseite der Wagen durch Nummern gekennzeichnet, die meisten außerdem durch verschiedenfarbige Kugeln, die am Abend erleuchtet sind. Die Linien mit geraden Nummern haben r o t e Wagen, die Linien mit ungeraden Nummern g e l b e Wagen. Der Verlauf der Linien ist auf dem anliegenden Plan durch roten Eindruck zu ersehen. Vergleiche das V e r z e i c h n i s d e r L i n i e n auf der Rückseite des Plans. Die H a l t e s t e l l en sind des Abends durch rote Streifen an den Straßenlaternen kennt-

Katholische Hofkirche

lich. Die Dresdner Straßenbahnen zeichnen sich durch Exaktheit, ä u ß e r s t e S a u b e r k e i t und s c h m u c k e E r s c h e i n u n g aus.

Der F a h r p r e i s richtet sich nach der Anzahl der Teilstrecken, die durchfahren werden, und zwar beträgt der Preis für 4 Teilstrecken 10 Pf., für 6 Teilstrecken 15 Pf., für 8 Teilstrecken 20 Pf., für je zwei weitere Teilstrecken je 5 Pf. mehr. Die gleiche Berechnung gilt auch für Umsteigekarten. Der Mindestpreis einer Umsteigefahrt ist 15 Pf. Kinder bis 4 Jahre sind frei, vom 4. bis 14. Jahre eine Ermäßigung.

D i r e k t i o n d e r s t ä d t i s c h e n S t r a ß e n - b a h n e n : Neues Rathaus, Eingang Friedrichsring und Georgplatz 3, Eingang Friedrichsring.

Omnibus

Nur Verbindung zwischen der Reichenbachstr. und dem
Theater- und Schloßplatz: Ab Reichenbachstr. von früh 7 bis
8 Uhr aller 10 Min., von früh 8 bis abends 9 Uhr aller 4 Min.,
von abends 9—11 Uhr aller 8 Min., von abends 11—12 Uhr
aller 12 Min.; ab Theaterplatz früh von 7,18 an wie von Reichenbachstr. Nach Schluß der Oper Sonderwagen am Theaterplatz.
Ganze Strecke 10 Pf., Teilstrecke (Viktoriahaus) 5 Pf.

Rundfahrten durch Dresden

Im Sommer täglich eine Rundfahrt (mit Mailcoaches)
durch die Stadt und deren nähere Umgebung unter orts- und
sprachkundiger Führung, ausgeführt durch die Dresdner Fuhr-
wesengesellschaft. Vorm. 10 Uhr ab Theaterplatz, gegen
10,10 Min. ab Mosczinskystr., Ecke Prager Str., gegen 10,15 Min.
ab Bismarckstr. (Hauptbahnhof, Grand Union Hotel). Die
Rundfahrt, welche alle Sehenswürdigkeiten von Dresden berührt, dauert drei Stunden. Preis 3 Mk. die Person, 2 Mk. ein
Kind.

Ebenfalls werden von der Firma Thomas Cook & Son,
Prager Str. 43, Besichtigungen der Stadt sowie Ausflüge nach
Pillnitz, der Dresdner Heide, der Sächsischen Schweiz, Meißen
und Moritzburg unter Führung veranstaltet.

Sächsisch-Böhmische Dampfschiffahrts-Gesellschaft

Dampfschiffstationen. Abfahrt am Terrassen-
ufer stromauf in der Richtung Loschwitz, Pillnitz, Sächsisch-
Böhmische Schweiz, Aussig, Leitmeritz, sowie stromab in der
Richtung Kötzschenbroda, Meißen, Riesa und Mühlberg. Weitere
Haltestellen für die Richtung stromaufwärts in Dresden-Neustadt, Dresden-Johannstadt, Waldschlößchen und Saloppe,
für die Richtung talwärts Leipziger Vorstadt, Übigau, Cotta
und Kaditz. (Siehe auch Seite 4).

Die Sächsisch-Böhmische Dampfschiffahrts-Gesellschaft —
seit 1836 bestehend — vermittelt mit 36 Dampfern (bis zu
1200 Personen Fassungskraft) den Schiffsverkehr auf der ungefähr 200 km langen Elbstrecke Leitmeritz—Dresden—Mühlberg und berührt sämtliche für den Touristen wichtige Stationen
des Böhmischen Mittelgebirges, der Sächsisch-Böhmischen
Schweiz und des Meißner Hochlandes, Auch Kleingüter, Fahr-
räder und Kinderwagen werden befördert. Deck des ersten
Platzes mit Sonnenzelt. Bequem eingerichtete Kajüten. Gute
Restauration. Kinder annähernd halbe Preise. Taschenfahr-
pläne umsonst. Elbtalführer für 35 Pf. an den Fahrscheinschaltern
und auf sämtlichen Dampfern erhältlich.

Luxusfahrten werden von Mitte Mai bis Mitte September zwischen Dresden und Aussig ausgeführt. Die mit
Promenadendeck und allem Komfort der Neuzeit ausgestatteten
Dampfer landen nur an den Hauptstationen. Verpflegung besonders sorgfältig (nach der Karte und Wirtstafel). Komfortable
und der Neuzeit entsprechend eingerichtete Dampfer.

Elbe mit Lustschloß Pillnitz

K o n z e r t f a h r t e n. Erstklassige Salondampfer mit Oberdeck. Militärmusik. Bei schönem Wetter ab Terrassenufer: Montags und Sonnabends nachm. 6, nach Mitte August nachm. 5, Mittwochs 3½ Uhr.

R u n d r e i s e v e r k e h r. Zur wahlweisen Benutzung von Schiff oder Eisenbahn haben Giltigkeit: die zusammenstellbaren Rundreisebillets auf den Strecken Dresden—Pirna—Schandau — Tetschen — Bodenbach — Aussig — Lobositz — Leitmeritz und die Sonderzugskarten Hamburg—Berlin—Schandau zur Rückfahrt für die Strecken: Schandau—Pirna—Dresden.

E i s e n b a h n a n s c h l u ß. Die Schiffe haben an den größeren Stationen (Dresden, Pirna, Schandau, Tetschen, Bodenbach, Aussig, Leitmeritz, Meißen und Riesa) Anschluß an die Bahn.

F a h r p r e i s e n a c h d e n w i c h t i g s t e n S t a t i o n e n. Es werden Karten für den I. und für den II. Platz ausgegeben. Zuerst ist der Preis für die einfache Fahrt, dann für die Hin- und Rückfahrt verzeichnet. L o s c h w i t z - B l a s e w i t z (I. 0,30 und 0,55; II. 0,20 und 0,35); P i l l - n i t z (I. 0,59 und 1,10, II. 0,45 und 0,75); P i r n a (I. 0,95 und 1,40, II. 0,59 und 1,—); R a t h e n (I. 1,50 und 2,50, II. 1,05 und 1,60); S c h a n d a u (I. 1,85 und 3,—, II. 1,25 und 2,05); H e r r n s k r e t s c h e n (I. 2,25 und 3,40, II. 1,50 und 2,40); M e i ß e n (I. 1,15 und 1,70, II. 0,75 und 1,20).

Postwesen

Kaiserliche Ober-Postdirektion: Postplatz 2, Eingang F, Ecke der Annenstraße und am See. Dienststunden 8—1, 4—7 Uhr. Sie hat die Beaufsichtigung und oberste Leitung des Dienstbetriebes aller in den Kreishauptmannschaftsbezirken Dresden und Bautzen gelegenen Post- und Telegraphenanstalten. Die Lage der einzelnen P o s t ä m t e r ist auf der Rückseite des anliegenden Planes angegeben. Der Annahmedienst beginnt um 8 Uhr vormittags und endet Werktags für den Paketverkehr um 7 Uhr, im übrigen um 8 Uhr nachmittags (bei den Postämtern 6 und 7, König Albertstraße und Kellstraße, können Pakete bis 8 Uhr nachmittags eingeliefert werden). Der Ausgabedienst findet Werktags von 7 Uhr vormittags (im Winter von 8 Uhr vormittags) bis 8 Uhr nachmittags, die Paketausgabe beim Postamt 2 während des ganzen Jahres von 7½ Uhr vormittags bis 7 Uhr nachmittags statt. An S o n n - und F e s t t a g e n ist der Annahme- und Ausgabedienst für das ganze Jahr auf die Stunden von 8—9 Uhr und 11—12 Uhr vormittags, der Ausgabedienst für Pakete beim Postamt 2 auf 7½—9 Uhr vormittags beschränkt.

Annahme von Postsendungen. Alle Postämter, mit Ausnahme der Postämter 2 (Kellstraße) und 13 (Börse), befassen sich mit der Annahme von Postsendungen jeder Art; die Postämter 24 (Hauptbahnhof) und 25 (Neustädter Personenbahnhof) nehmen jedoch Pakete nicht an.

Ausgabe von Postsendungen. Postlagernde, gewöhnliche und eingeschriebene Briefe, Zeitungen und Postanweisungen können bei allen Stadtpostanstalten in Dresden, mit Ausnahme der Postämter 2 (Kellstraße) und 13 (Börse), abgeholt werden. Wertbriefe sind in der Altstadt beim Postamt 1, Pakete aller Art beim Postamt 2, Wertbriefe und Pakete aller Art in der Neustadt beim Postamt 6 abzuholen. Fremde müssen zur Erhebung von Geld und Abholung von postlagernden Paketen und Wertbriefen Paß oder Paßkarte oder Postausweiskarte vorzeigen.

Postausweiskarten, die zum Ausweise des Inhabers beim Empfange von Postanweisungen, Wert- und Einschreibsendungen dienen, können von dem Postamt, in dessen Bestellbezirk der Antragsteller wohnt, gegen eine Schreibgebühr von 50 Pf. bezogen werden. Die Ausweiskarte hat, vom Tage der Ausstellung ab, für die Dauer eines Jahres Gültigkeit.

Zollpflichtige Pakete müssen bei dem Kgl. Zollamt für Postgüter, Annenstraße 15/17, in der Zeit von 8—12 Uhr vormittags und von 2-6 Uhr nachmittags an Werktagen und von 11—12 Uhr vormittags an Sonn- und Festtagen abgeholt werden, sofern nicht die Verzollung durch Postbeamte gewünscht wird. In diesem Falle ist die Paketadresse mit einem zu unterschreibenden Antrag, der jeder Paketadresse beigefügt ist, dem Postbeamten zurückzugeben.

Übersicht der Postportosätze innerhalb Dresdens und folgender Orte: Altfranken, Blasewitz, Briesnitz, Bühlau, Burgstädtel, Coschütz, Dölzschen, Gompitz, Gönnsdorf, Gorbitz, Gostritz, Kleinpestiz, Leubnitz-Neuostra, Leutewitz, Loschwitz, Mockritz, Neunimptsch, Ockerwitz, Omsewitz, Pennrich, Reick, Rochwitz, Roßtal, Stetzsch-Kemnitz, Tolkewitz, Wachwitz, Weißer Hirsch:

Postkarten, frankiert 5 Pf. — Briefe bis 250 g 5 Pf. — Drucksachen bis 50 g 3 Pf., über 50—100 g 5 Pf., über 100—250 g 10 Pf., über 250— 500 g 20 Pf., über 500 g bis 1 kg 30 Pf. — Warenproben bis 250 g 10 Pf., über 250 bis 350 g 20 Pf.

Innerhalb des Deutschen Reichs, Österreich-Ungarns und Luxemburgs gelten die allgemein eingeführten Portosätze.

Nach den Vereinigten Staaten von Amerika, direkter Weg: Briefe bis 20 g 10 Pf.

Nach den anderen Staaten Europas und den dem Weltpostvereine angehörigen Ländern der übrigen Erdteile: Briefe, frankiert 20 Pf. für je 15 g, im Verkehr mit der Schweiz für je 20 g. — Postkarten 10 Pf. — Drucksachen 5 Pf. für je 50 g, mindestens jedoch 10 Pf. für Warenproben und 20 Pf. für Geschäftspapiere.

Telegraphenwesen

Das Kaiserliche Telegraphenamt, Postplatz 1 (Haupttelegraphenamt), ist bei Tag und Nacht geöffnet.

Außerdem werden Telegramme von allen Postämtern, außer den Ämtern 1 und 2, angenommen. Amt 24 (Hauptbahnhof, Eingang Bismarckstraße) und 25 (Neustädter Bahnhof) sind im Sommer von 7 Uhr, im Winter von 8 Uhr vormittags bis 1 Uhr nachts für den Telegraphendienst geöffnet. Die Ämter 6 und 7 haben immerwährenden Dienst.

Telegrammgebühren. Die Worttaxe beträgt für Stadttelegramme 3 Pf., die Mindestgebühr 30 Pf., für das Deutsche Reich 5 Pf., Mindestgebühr 50 Pf., für Großbritannien und Irland 15 Pf., Mindestgebühr 80 Pf. Nach den Vereinigten Staaten von Amerika nebst Britisch-Amerika beträgt die Worttaxe für Telegramme mit der Leitangabe „via Emden—Azoren" 1,05—3,25 Mk. Die Länge eines Taxwortes ist ausschließlich der Sprache auf 15 Buchstaben oder 5 Ziffern festgesetzt.

Fernsprecheinrichtungen. Fernsprechamt: Postplatz 1. Dienst ohne Unterbrechung; Nachtdienst von 9 Uhr abends bis 7 Uhr morgens. Mit dem Kaiserl. Telegraphenamte ist eine öffentliche Fernsprechstelle verbunden. Solche öffentliche Fernsprechstellen befinden sich auch bei allen Postämtern (s. Rückseite des Planes) mit Ausnahme der Ämter 1, 2 und 13. Die Gebühr beträgt für jede Gesprächsdauer bis zu 3 Minuten im Stadt- und im Nachbarortsverkehr 10 Pf., im Vorortsverkehr 20 Pf. und im Fernverkehr 20 Pf. bis 2 Mk., im Verkehr mit Amsterdam 2 Mk., mit Kopenhagen, Brüssel und Wien 3 Mk., mit Paris 5 Mk.

Fernsprechautomaten, nur für den Orts-, Vororts- und Nachbarortsverkehr, zum Teil auch für solche im Fernverkehr bestimmt und durch Fahnenschilder an der Außenseite der Gebäude bezeichnet, sind in verschiedenen Geschäftslokalen aufgestellt, sowie im Telegraphenamte am Postplatz und in den Postämtern 3, 6, 8, 9, 14, 16, 17, 24 und 25. Außerdem im Hauptbahnhof im Wartesaal II. Klasse.

Was muß man in Dresden unbedingt sehen?

Bei eintägigem Aufenthalt

Die sehenswertesten S a m m l u n g e n sind: Gemälde-galerie, Grünes Gewölbe und Historisches Museum. Wenigstens eine dieser Sammlungen sollte, wenn auch nur flüchtig, besucht werden.

Vorschlag einer eintägigen W a n d e r u n g durch die Stadt: Hauptbahnhof, Prager Str., Seestr., Altmarkt, Schloßstr., Schloßplatz mit dem Kgl. Schloß (die Höfe nur von der Schloß-straße aus zu erreichen), Kgl. Hofkirche, König-Albert-Denk-mal, Ständehaus, Augustusstr. mit Fürstenzug, Stallhof im Johanneum;

Zurück zum Schloßplatz; Besuch des Theaterplatzes, Opernhaus, König-Johann-Denkmal, Galerie, Zwinger mit Wall-pavillon, Blick auf Zwingerteich;

Zurück zum Schloßplatz, Gang über die Brühlsche Terrasse (Kunstakademie, Belvedere, Albertinum) nach dem Pirnaischen Platz, König-Johann-Str., Altmarkt mit Siegesdenkmal, Kreuz-kirche, Neues Rathaus mit Ratskeller, Georgplatz mit Kreuz-schule, Bürgerwiese, Lennéstr., Haupt-Allee Großer Garten, mittlerer Schmuckplatz, Palais, Carolasee bis zur Tiergartenstr.;

Fahrt von hier mit Straßenbahn Nr. 9 bis Neumarkt, hier aussteigen, Frauenkirche, über Augustusstr. und Schloß-platz zur Augustusbrücke nach Neustadt, Blockhaus, Hauptstr., Albertplatz, Schauspielhaus, Brunnen, durch die Königstr. zum Kaiser-Wilhelm-Platz, Japanisches Palais mit Garten; Marien-brücke, Ostra-Allee, Postplatz, Wilsdruffer Str., Altmarkt;

Abends Besuch eines Theaters oder Konzertes auf dem Belvedere oder im Ausstellungspalast.

Bei dreitägigem Aufenthalt

Da wird man in erster Linie besichtigen: Gemäldegalerie, Grünes Gewölbe und Historisches Museum, in zweiter Linie: Skulpturensammlung, Porzellansammlung, Stadtmuseum und Zoologisches Museum.

An die vorstehend beschriebene eintägige Wanderung, die einen Überblick über die Hauptsehenswürdigkeiten bietet, wird man weitere Spaziergänge anknüpfen, zu deren zweckmäßiger Gestaltung der nun folgende Rundgang durch Dresden einen Anhalt geben soll.

Von G e b ä u d e n wird man u. a. auch im Inneren besich-tigen: Kgl. Schloß, Zwinger, Neues Rathaus, Johanneum, Albertinum, Palais im Großen Garten, Neues Landgericht auf der Münchner Str.; von K i r c h e n : Katholische Hofkirche, Kreuzkirche, Frauenkirche; man wird einen der T ü r m e Dresdens besteigen und einige A u s s i c h t s p u n k t e be-suchen (Waldschlößchen, Wolfshügel, Bismarcksäule, Räck-nitzer Wasserwerk, Schöne Aussicht in Loschwitz), von P a r k -a n l a g e n den Ausstellungspark, den Zoologischen und den Botanischen Garten; von B r u n n e n den Neptunsbrunnen; von

Friedhöfen den katholischen Friedhof in der Friedrichs-
straße von militärischen Bauten die Albertstadt;
von industriellen Anlagen den Neuen Schlachthof;
von Theatern außer dem Opernhaus auch das Kgl. Schauspielhaus und das Zentral- oder Residenztheater usw.

Katholische Hofkirche und Schloßturm

Von Nachmittags-Ausflügen wird man eine
Dampferfahrt nach Loschwitz-Blasewitz und Pillnitz unternehmen, einen Ausflug nach der Bastei, nach Jagdschloß Moritzburg, nach der Lößnitz, nach Meißen, nach den Waldungen der
Dresdner Heide, nach dem Weißen Hirsch, nach Tharandt,
nach Kipsdorf usw.

Rundgang durch Dresden

Der Schloßplatz

Was Dresden weltberühmt gemacht hat, liegt hauptsächlich an und in der Nähe von zwei Plätzen, dem Schloßplatz und dem Theaterplatz. Diese beiden Plätze und ihre Umgebungen fesseln zuerst und am längsten die Aufmerksamkeit des Fremden, zu ihnen kehrt er immer wieder zurück; denn hier befinden sich die prächtigsten Bauten und die berühmtesten Sammlungen der sächsischen Residenz. Beide Plätze, insbesondere der Theaterplatz, wurden in jüngster Zeit infolge des Neubaues der Augustusbrücke umgestaltet. Steht man mit dem Rücken nach der Brücke, so sieht man geradeaus das Kgl. Schloß und das Georgentor, rechts die Katholische Hofkirche, links das Ständehaus mit dem König-Albert-Denkmal und die letzten Gestalten des Fürstenzuges auf der Augustusstr.

Das *Kgl. Schloß wurde zuerst im Mittelalter als Brückenkopf am Elbübergange errichtet. Die Bogen der Augustusbrücke führten ursprünglich bis zum Georgentor und sind erst im Laufe der Jahrhunderte zugeschüttet worden. — Erweiterungen und Erneuerungen des Schlosses fanden unter Albrecht dem Beherzten sowie unter Georg dem Bärtigen statt. (Georgentor 1534—1537). Das Schloß erhielt seine jetzige Grundgestalt durch Kurfürst Moritz und unter Kurfürst August 1549—1556 nach dem Entwurf von Kaspar Vogt von Wierandt; zum dritten Male erweitert (kleiner Hof und Torhaus nach der Schloßstr. 1588—1592) unter Christian I. nach Entwurf von Paul Buchner, unter Johann Georg II. 1674—1678 innen und außen reich geschmückt, der Schloßturm von Wolf Kaspar von Klengel auf 101 m erhöht. Diese Pracht bestand jedoch nicht lange. Am Karfreitag 1701 Brand des Georgenbaues (Elbseite), von August dem Starken im Äußern notdürftig hergestellt und im Innern wieder eingerichtet. Von 1840 an wurde das Innere erneuert und erweitert. Erst König Albert ließ mit einem Aufwand von 5 Millionen Mark von 1889—1901 das gesamte Schloß im Äußern mit Bewahrung der Reste und in deren Stil zu einem stattlichen einheitlichen Bau in deutscher Renaissance umgestalten. Architekten: Gustav Dunger und Gustav Frölich.

Besonders prachtvoll ist das vom Schloßplatz nach der Schloßstr. führende *Georgentor mit dem Reiterbild Herzogs Georg und zwei Torwächtern von Christian Behrens in Breslau, Kinderfriese von Peter Pöppelmann. Das alte Portal des Georgentors (in der Schloßecke) rührt vom älteren Bau her und ist 1901 beim Umbau des Schlosses an seinen jetzigen Platz versetzt worden. Es ist in italienischer Frührenaissance ausgeführt. Der einst darüber befindliche Totentanz ist jetzt auf dem Neustädter Friedhof aufgestellt. Der in eine fein ausgezogene Spitze auslaufende Schloßturm ist mit einem grünen Kupferhelm gedeckt. Unter dem Schloßturm das Grüne Tor (von 1629), im Barockstil gehalten, mit Säulen und Wappen geschmückt.

Der Eingang in die Höfe des Schlosses ist jetzt nur von der Schloßstr. aus gestattet. Hier ein stattliches Tor (von Paul

Buchner 1592) mit doppelter toskanischer Säulenstellung, dorischem Gebälk und einem Pelikan, der seine Jungen mit dem eigenen Herzblut nährt, als Schlußstein im Torbogen. Die Wappen haltenden Löwen über dem Portal sind neu. Wir treten in den K l e i n e n S c h l o ß h o f mit Treppenturm, offenen Gängen in mehreren Geschossen an der Ost- und Südseite (1590 Paul Buchner); kleiner Wandbrunnen (St. Georg) von Volkmann (1905). Durch einen Durchgang kommen wir zum G r o ß e n S c h l o ß h o f mit vier T r e p p e n t ü r m e n in den Ecken im reichsten Stil deutscher Frührenaissance (besonders prächtig die beiden nördlichen von 1549 und 1550) und einer Loggia an der Turmseite, daran ein großer figürlicher Fries, die Geschichte Josuas darstellend; der Gang zwischen den beiden Ecktürmen und der Loggia wurde beim Umbau neu angelegt und die Loggia um Gangbreite vorgerückt. Durch das bereits erwähnte Grüne Tor; rechts ein kunstvoll mit getriebenem Kupfer verkleideter freispannender Übergang vom Kgl. Schloß zur Katholischen Hofkirche von Frölich; geradeaus die Kgl. Familiengruft unter dem Chor und den Seitenschiffen der Hofkirche.

Wir wenden uns nach links, an der Hauptwache vorbei, dem W e t t i n o b e l i s k e n zu. Von hier prächtigster Anblick des umgebauten Schlosses: hohe, breite Renaissancegiebel, stattliche Ecktürme mit grünem Kupferdach, abwechslungsreiche, vielfach in Ecken und Vorsprüngen gebrochene Front. Durch das Zusammendrängen der vielen architektonischen Motive ergibt sich ein malerisches Bild, das vom Schloßturm beherrscht wird. Im Erdgeschoß hinter kunstvollem Gitter das Grüne Gewölbe; in der Ecke des 2. Geschosses der Thronsaal. Vor dem Schloß freundliches Schloßgärtchen, jetzt leider durch Platten am Gitter nicht sichtbar.

Gegenüber der Westfront des Kgl. Schlosses steht die A l t-s t ä d t e r H a u p t w a c h e , 1831—33 in griechischem Stil nach Schinkels Entwurf ausgeführt, mit 6 mächtigen, aus einem Stück gearbeiteten ionischen Säulen. Unweit der Hauptwache, zwischen dem Schloß, dem Zwinger und dem Taschenbergpalais steht der 19 m hohe W e t t i n - O b e l i s k (Bronze), 1896 von der Stadt Dresden errichtet zur Erinnerung an die Jubelfeier der 800 jährigen Herrschaft des Hauses Wettin über Sachsen. Der Obelisk ist ein Werk der Architekten Schilling und Gräbner mit den Figuren der Gegenwart und Vergangenheit von Johannes Schilling. Das P r i n z e n - o d e r T a s c h e n-b e r g p a l a i s (Tasche = Schanze, Werk) ist ein ziemlich umfangreicher Barockbau, 1711 von Karger und Pöppelmann errichtet, später mehrfach erweitert und umgebaut. (Im Innern die Kgl. Familienkapelle in reichem Rokoko, in Hellgrün und Silber abgetönt, mit Kristallkronleuchtern und reichem Reliquienschatz. Ein Hauptaltar (mit modernem Bild) und zwei Nebenaltäre. Die Ausstattung der Kapelle mit kirchlichem Gerät ist sehr reich.

Das **Innere** des Kgl. Schlosses wird mit Ausnahme der von der Kgl. Familie bewohnten Gemächer wochentags von 9–1 Uhr, Sonntags von 11–2 Uhr gezeigt durch den Schloßverwalter, 1 bis 3 Personen 1.50 Mk., jede weitere Person 50 Pf.
Im V e s t i b ü l eine schöne Statue, die Gerechtigkeit darstellend, 17. Jahrhundert. Das T r e p p e n h a u s im Stile Louis XIV. v. Frölich ist weiß gehalten, in den unteren Teilen etwas gedrückt, oben sich schön erweiternd: besonderer Schmuck 4 Postamente mit Leuchterhaltern, die Decke mit großen figürlichen

Reliefs. Im 1. Stock Bildnis des Kurfürsten Moritz von Lukas Cranach. Im 2. Stock beginnen die Festräume. Auf dem Treppenpodest Marmorkamin mit dem sächs. schwed. Allianzwappen und Bronzevorsetzern. Französische Galerie, 1874 von Vogts-Berlin im Stil von Versailles streng dekoriert, weiß mit Gold, Kronleuchter und Standuhren alt, Fürstenbildnisse aus dem frühern Brühlschen Palais; Stucksaal, 1874 nach Krügers Entwurf von Fratscher-Weimar, Kronleuchter und Uhren 18. Jahrhundert; Kleiner Ballsaal, nach dem Jagdhof zu gelegen, 1866—68 von Krüger; Speisesaal, nach der Schloßstraße zu alte Einrichtung von 1750, Gobelins mit Darstellungen aus der Geschichte Josefs, Esthers und der Raub der Sabinerinnen, ein Geschenk Napoleons I. (herrliche Werke der französischen Gobelinkunst); im kleineren Speisesaal Gobelins mit den Sinnbildern der Monate aus dem Nachlasse Brühls. Frühere Wohnräume der Königin Carola: Roter Salon. Blauer Salon und Gelber Salon (Wasazimmer).

Weiterhin folgen *Großer Ballsaal, 1840 von Wolframmsdorf, unten mit rotem Marmor verkleidet, in Creme mit Gold, mit Wandgemälden von Eduard Bendemann 1845, in den 6 Feldern der Fensterseiten auf goldenem Grunde die Gestalten der Malerei, der Baukunst, der Bildhauerei, der Tanzkunst, der Musik und der Schauspielkunst. Über den Fenstern auf 8 friesartigen Feldern Darstellungen des griechischen Lebens, weiß auf blauem Grunde: Kinderzeit, Gymnastische Übungen, Musische Übungen und Spiele, Hochzeit, Opfer, Weinfest, Jagd, Alter und Tod. Über der Tür zum Turmzimmer: Homer und die drei Stämme der Griechen, rechts die Hochzeit des Peleus und der Thetis; darüber der feuerbringende Prometheus; links die Hochzeit Alexanders, darüber das Gastmahl des Plato; gegenüber links Apollons Zug zum Parnaß, darüber das Orakel zu Delphi; rechts der Zug des Dionysos, darüber die eleusinischen Mysterien; vergoldete schmiedeeiserne Arbeiten an den Bogenleitungen von Kühnscherf & Söhne, große Kristallüster; das *Turmzimmer, der Mittelpunkt der ganzen Anlage, mit prächtiger Aufstellung des alten Porzellans, Elstern, Papageien, Haubentaucher, Fasane, prachtvolle Vasen mit Blattwerk, 16 chinesische Vasen u. a., Wandverkleidung und Konsolen Anfang des 18. Jahrhunderts, Gewölbedekoration 17. Jahrhundert, Genueser Stil; *Bankettsaal, 1800 erneuert, Wand und Decke aus Eichenholz. die Decke in wuchtigen Formen, mit Fresken von Eduard Bendemann: Gesetzgeber und Könige alter und neuer Zeit (Moses, David, Salomo u. s. w. bis auf Kaiser Maximilian I. und Albrecht den Beherzten von Sachsen); auf den Wandflächen der anderen Saalhälfte die vier Stände: Bürger-, Bauern-, geistlicher und Ritterstand, im Fries das menschliche Leben: Geburt, Kindesalter, Jugend, Mannesalter; Gerechtigkeit, Weisheit, Tapferkeit, Mäßigung; Gewerbe, Handel, Wissenschaften, der Tod.

Weiter kommt man durch eine wuchtige Portalöffnung mit dem Allianzwappen König Alberts und Königin Carola in den *Thronsaal, die Wände sind mit altem purpurroten Samt ausgeschlagen, darauf silbervergoldete Schildleuchter in Muschelform, alte Öfen in Pyramidenform aus der Zeit des Prinzen Xaver, Bild Augusts II., Supraporten. Es folgen zwei Gesellschafts- und Kaffeezimmer mit alter Einrichtung, namentlich mit schönen Standuhren und wuchtigen Marmor-Prunktischen; dann der *Thronsaal August des Starken nach dem Zwinger zu, Deckengemälde von Louis de Silvestre, 1891 erneuert, geblasene äußerst dünne venetianische Spiegel, franz. Bronzestanduhren; das *Schlafzimmer August des Starken nach dem Schloßhofe zu, dekoriert mit grünen Sammeten (genau den alten nachgewirkt), Deckengemälde von Silvestre; Wettinzimmer, 1892, Stammbaum der Wettiner und der wettinische Schlösser: Wettin, Moritzburg, Albrechtsburg, Pillnitz von Donadini; Decke vom Tischler Georg Fleischer, 1560, mit 28 Wappen Wettinischer Lande. Die Festräume und Fürstenquartiere ziehen sich dann weiter am südlichen Ende des großen Schloßhofes hin; hier die Räume, die der Kaiser bei seinen Besuchen in Dresden zu bewohnen pflegt; das Dantezimmer (Arbeitszimmer König Johanns); in der sog. Reitschule Gobelins der sächsischen Gobelinmanufaktur Augusts des St.; Gobelinzimmer mit französischen Gobelins und Bildern Canalettos.

Das **Ständehaus,** an der Ostseite des Schloßplatzes gelegen, erbaut 1901—1907 nach dem Plane von Paul Wallot, dem Schöpfer des Reichstagsgebäudes. Um den Bauplatz zu gewinnen, mußte der Häuserblock zwischen dem Schloßplatz und der Brühlschen Gasse, der Augustusstr. und der Brühlschen Terrasse niedergerissen werden. An der Augustusstr. stand bis dahin das Brühlsche Palais, ein Werk Johann Christoph Knöffels, ein durch sein stattliches Treppenhaus, seinen Festsaal und seinen mit geschmackvoller Feinheit dekorierten Bibliotheksaal ausgezeichneter Barockbau. Das Palais wurde 1900 niedergerissen. Das Deckengemälde von Silvestre im Festsaale des alten

Palais ist nebst der Holztäfelung sorgfältig abgelöst und in der Aula der neuen Kgl. Kunstgewerbeschule angebracht worden. „Das Wallotsche Ständehaus kennzeichnet sich als ein ernsthafter, vornehmer Bau, durchweg in gediegenem Material, streng gegliedert, mit wirksamem Gegensatz zwischen scharfer Linienführung und vollsaftiger Ornamentik." Über dem Hauptportal, an der Schauseite nach dem Schloßplatz, vier weibliche Figuren; es sind, vom Beschauer aus von links nach rechts, die Wahrheit, die Geschichte, die Gerechtigkeit und die Weisheit. Darüber, oben am Sims, stellt links eine Frau mit Kind den Nährstand, rechts eine männliche Figur den Wehrstand dar, und dazwischen ist das Majestätswappen angebracht. Das Ganze wird gekrönt durch eine Gruppe von drei Jünglingen, die einen Baldachin halten, auf dem die Krone ruht. An der Seite nach der Brühlschen Terrasse zu steht der Turm mit Sandsteinfiguren, oben in Kupfer getrieben und vergoldet die Saxonia. Das Dach ist mit 70 000 kg Kupferblech gedeckt. Im Winter 1907/08 tagte der Landtag zum ersten Male in dem neuen Ständehaus.

In der monumentalen dreischiffigen Eingangshalle sind an den Seitenwänden zwei Brunnenfiguren, Poseidon und Aphrodite von Mattielli angebracht, die einst im Hofe des ehemaligen Palais standen. Die Grundrißanordnung des Gebäudes ist überaus klar. Von den Räumen sind namentlich hervorzuheben: die beiden Sitzungssäle (der Saal der I. Kammer in dunkelrot, der Saal der II. Kammer in dunkelgelb), die schöne Wandelhalle mit sächsischen Stadt- und Landschaftsbildern, die in die Wandvertäfelung eingelassen sind, die Deputationszimmer nach Entwürfen von Riemerschmid, Kreis, u. a. Die Räume sind mit Kleinplastik und Bildern aus der Kgl. Gemäldegalerie geschmückt.

· Das **König-Albert-Denkmal** vor dem Ständehause wurde von Prof. Baumbach entworfen und 1906 enthüllt. Das Denkmal stellt den König ungemein ähnlich dar. In Paradeausrüstung, angetan mit der großen Generaluniform, mit Helm und Mantel, sitzt er ruhig auf seinem Leibroß „Operette", dem er besonders zugetan war. Wie ein Heerführer erscheint er, der ein militärisches Schauspiel mit prüfendem Blick an sich vorüberziehen läßt. Der Unterbau des Denkmals ist aus karrarischem Marmor gefertigt und in strengen Formen gehalten.

Die ***Katholische Hofkirche,** 1739—49 von Gaetano Chiaveri unter König August III. erbaut. „Die Katholische Hofkirche ist eins der letzten, wenn nicht schlechthin das letzte große architektonische Werk des römischen Barockstils, das merkwürdigerweise auf deutschem Boden entstanden ist." „Mit dem Turm des Kgl. Residenzschlosses, mit der Kuppel der Frauenkirche und dem Turme der Kreuzkirche zusammen beherrscht der schlanke, durchbrochene Turm der Katholischen Hofkirche die Silhouette von Dresden, und die ganze Kirche bestimmt in ihrer so feinfühlig ausgesuchten Stellung das berühmte Stadtbild, das man von den Elbbrücken, besonders von der Augustusbrücke her genießt." Der Turm wurde 1751—54 nach Chiaveris Plänen vollendet.

Eine echt katholische Prozessionskirche, mit vollem Umgang um das oblonge, an beiden Seiten im Halbkreis geschlossene Mittelschiff (36 m), zwei niedrige Seitenschiffe; hinter dem Hauptaltar die eirunde Sakristei, in vier Ecken ebenfalls jenseit des Umgangs vier Kapellen (Kreuz-, Sakraments-, Benno- und Nepomuk-Kapelle), vorn der Turm. Als Hofkirche gekennzeichnet durch die Logen über dem Altar. Der erhöhte Altarplatz und der Altartisch sind aus Maxener (sächsischem) Marmor, das Hauptaltarbild, die Himmelfahrt Christi, von Raffael

Mengs. Die Kirche besitzt kostbaren Silberschmuck, manneshohe Leuchter, Geräte, Sakramentshäuschen und ein hohes Kruzifix, dessen Wert auf 72 000 Mk. geschätzt wird. In der Sakristei goldene Meßkelche, ausgezeichnete Werke des 18. Jahrhunderts. Marmorstatuen in den Seitenschiffen: Johannes der Täufer von Bernini, Heilige Magdalena von Baratta. Unter dem Chor die Königsgruft mit dem Herzen von August dem Starken und den Sarkophagen der Königsfamilie von August III. bis König Georg. Als charakteristische Beispiele barocker Deckenmalerei beachtenswert die Plafondbilder in der Sakramentskapelle von Torelli (Altarbild von Louis Silvestre), der Kreuzkapelle von Thiele (Altarbild von Charles Hutin), der Nepomukkapelle von Karl Palko und der Bennokapelle von Torelli. — Prachtvolle Orgel von Silbermann (sein letztes Werk); Sonntags von 11—12 Uhr Hochamt mit Kirchenmusik, ausgeführt von dem vorzüglichen Kirchenchor. Während des Hochamtes haben die Herren rechts, die Damen links Platz zu nehmen; es herrscht strenge Kirchenpolizei.

Die künstlerisch hochbedeutende Außenarchitektur der Kirche zeigt kräftig schöne Fenster zwischen Pilasterbündeln,

Palais im Königl. Großen Garten

ein überhöhtes Mittelschiff mit Kupferdach, auf der Balustrade beider Dächer 59 in ihren Größenverhältnissen vorzüglich berechnete Heiligenfiguren, nach Torellis Zeichnungen von Mattielli ausgeführt, und einen prächtigen, geistreich und keck erfundenen Turm mit vier Säulengeschossen (91 m). Von welcher Seite man den Turm auch betrachtet, stets sieht man ihn durchbrochen und von Luft durchflossen. In den Nischen neben dem Hauptportal die vier Evangelisten, oberhalb des Portals der Glaube und die Gerechtigkeit. Die ganze Kirche ist nach Grundriß, Aufbau und Einzelheiten ein Meisterwerk, wie aus einem Guß und mit feinstem Verständnis an den geeigneten Platz gestellt.

Am König-Albert-Denkmal und dem Georgentor vorbei in die Augustusstraße. Links das Ständehaus, rechts die Stallgalerie, d. i. das schmale, 100 m lange Gebäude, das den nordöstlichen Teil des Schlosses, den Georgenbau, mit dem

Johanneum verbindet. An der Wand der Stallgalerie der **Säch-sische Fürstenzug,** 1874 von Wilhelm' Walther ursprünglich in Sgraffito-Malerei hergestellt; durch das Wetter hatte der Fürsten-zug jedoch sehr gelitten. Die Sgrafittomalerei würde daher 1906 entfernt und durch Malereien auf Meißner Porzellan-fliesen ersetzt. Größtes Porzellangemälde der Welt. Die säch-sischen Fürsten sind dargestellt, wie sie in die Burg ihrer Ahnen einziehen. Voran ein Schranze zu Pferd, dann blasende Musiker, hierauf die einzelnen Fürsten, paarweise oder allein, in volks-tümlich kräftiger Charakteristik. Soldaten aus dem Krieg 1870/71 und Vertreter aller Stände schließen den Zug.

Das **Johanneum** (Front nach dem Neumarkt) wurde ur-sprünglich als Stallgebäude unter Kurfürst Christian I. (1586 bis 1591) von Paul Buchner errichtet und 1729 durch Longuelune am Jüdenhof mit einer Freitreppe versehen. König August II., der Starke, ließ 1722 in den für diesen Zweck hergerichteten Räumen des Obergeschosses die zahlreichen Gemälde, die er teils von seinen Vorfahren ererbt, teils selbst gesammelt hatte, unterbringen. So entstand die Gemäldegalerie, die nach der Vollendung von Gottfried Sempers prachtvollem Neubau des Museums am Zwinger 1855 dort ihre Stätte fand. Das Stall-gebäude wurde 1872—75 zum Museum Johanneum umgebaut. Im Untergeschoß stehen die Kgl. Wagen, darunter einige alte, interessante, reich vergoldete Prunkwagen. Im ersten Ober-geschoß befindet sich seit 1875 das Historische Museum mit der Gewehrgalerie. Sehenswert ist der vom Johanneum und dem Kgl. Schloß gebildete *Stallhof. Er bietet mit der breiten Auffahrt zum Johanneum, den Ecktürmen und dem uralten, hoch empor gewachsenen Efeu und wilden Wein ein köstlich-stimmungsvolles Bild dar. Die beiden korinthischen Säulen in Bronze sind Reste der einstigen Einrichtungen für Ringelrennen und Palliumstechen. Der Stallhof ist am schönsten im Herbst, wenn sich der wilde Wein rot färbt.

Der Theaterplatz und der Zwingerbau

Vom Schloßplatz wenden wir uns an der Katholischen Hof-kirche vorbei nach dem Theaterplatz. Uns gegenüber erblicken wir den breit hingelagerten Bau der Kgl. H o f o p e r von Manfred Semper; links erhebt sich in harmonisch gegliederter italienischer Renaissance die Kgl. G e m ä l d e g a l e r i e von Gottfried Semper; in der Mitte steht das K ö n i g - J o h a n n - D e n k m a l von Schilling; rechts schließt Hotel Bellevue den Theaterplatz ab. An der Elbseite stand bis 1909 das sog. Italienische Dörfchen (Helbigs Etablissement), so genannt nach einer Reihe ungleichmäßig gebauter Häuschen, die während des Baues der katholischen Hofkirche als Wohnungen der italienischen Bauleute eingerichtet worden waren. Jetzt hat man die Gebäude niedergelegt, die Uferstraße unter den Bogen der Augustusbrücke durchgeführt und sodann an Stelle von Helbigs ein neues, in schlichten Formen und wohlabgewogenen Verhältnissen gehaltenes vornehmes Café und Gesellschaftshaus im Jahre 1910 aufzuführen begonnen. Der Architekt (Stadt-baurat Erlwein) sagt in einer Ratsdrucksache über die Ab-sichten der U m g e s t a l t u n g etwa folgendes:

Die rhythmische Aufteilung des Uferabschlusses wurde durch Verteilung von Gebäuden und Treppen so versucht, daß die monumentale Wirkung der Umgebung, insbesondere der Kirche, Brücke und des Theaterplatzes gesteigert wurde. Das vom Brückenkopf in der Richtung gegen das Hotel Bellevue abfallende Terrain wurde mit seiner Brüstungsmauer terrassenförmig abgetreppt. Die erste kleine Terrasse soll als Aussichtspunkt neben dem Brückenkopf für jedermann zugänglich sein. Die große, 20 m breite Freitreppe vom Theaterplatz auf die Niederuferstraße soll gewissermaßen die Fortsetzung der Brühlschen Terrassentreppe bilden, den Theaterplatz mit dem Flusse verbinden und ihn gewaltig öffnen. Das aus dieser Treppe herauswachsende Denkmal des Königs Georg, das von Professor Georg Wrba auf mächtigem, mit Bronzeplatten verkleideten Sockel (vermutlich erst 1913 vollendet) ausgeführt wird, soll die Silhouette des Ufergeländes stimmungsvoll beleben. Zwischen der Treppe und dem Gebäude des Italienischen Dörfchens soll eine Art Forum als Garten für das Gesellschaftshaus entstehen. Dieses Forum soll sich auch vor dem Restaurant in dessen ganzer Längenausdehnung in einer gewissen Breite fortsetzen, um als Terrasse über dem Fluß für das Italienische Dörfchen zu dienen.

Das neue Gesellschaftshaus ist in seiner Silhouettenerscheinung eine Erinnerung an das reizende, zufällig entstandene Italienische Dörfchen, das für den Theaterplatz einen so hübschen Abschluß gebildet hat; es ist in seiner Höhen- und Längenentwicklung zierlich und bescheiden, um für die monumentale Umgebung den Maßstab zu erhalten. Mit Absicht ist das Gebäude gegen das Hotel Bellevue zu noch kleiner gemacht, um auch diesem Gebäude seine maßstäbliche Wirkung in der Ufer-Silhouettierung zu lassen.

Das Gesellschaftshaus umfaßt einen Festsaal und Café, ein Wein- und ein Bierrestaurant sowie eine Restaurationsterrasse. In unmittelbarer Nähe, aber davon getrennt, befindet sich ein kleineres Restaurationsgebäude (Basteischlößchen) mit einem Restaurationsgärtchen. Eröffnung: Herbst 1911.

Die *Kgl. Hofoper, von 1871—78 von Manfred Semper an Stelle des 1869 abgebrannten Theaters nach Plänen Gottfried Sempers im italienischen Renaissancestil errichtet (84: 77 m). Jeder Teil der inneren Anordnung bekundet sich sichtbar nach außen (Eingangshalle, Zuschauerraum, Foyer, Schnürboden). Äußeres: Über dem früheren Haupteingange Nische (Exedra), in deren Halbkuppel drei Medaillons von Paul Kießling, darüber eine schöne Bronzegruppe: Dionysos und Ariadne auf dem Pantherwagen von Johannes Schilling; auf den Säulen neben der Nische die Musen Thalia, Melpomene, Polyhymnia und Terpsichore. Unten am früheren Mitteleingange Schiller und Goethe von Rietschel, mit Sockelreliefs von Johannes Schilling (Schillers Teilung der Erde und Goethes Zueignung); seitlich in den Nischen Molière und Shakespeare, darüber Sophokles und Euripides von Ernst Hähnel. Auf den Treppenhäusern Gestalten aus den klassischen Dramen.

Inneres: Die plastische Dekoration von Manfred Semper, Dekorationsmalerei von Schaberschul, in den Treppenhäusern Landschaften mit Staffage aus Dramen, z. B. Prometheus von Preller, Götz von Berlichingen von Thomas, Macbeth und Faust von Paul Mohn usw. Die Wände der Treppenhäuser aus Stuckmarmor, Brüstungen aus Serpentin. Im Foyer Bilder aus dem antiken Götterleben von Theodor Große, in den Vestibülen Helden des antiken Dramas (Agamemnon, Ödipus usw.) von Heinrich Hofmann, Hauptgestalten der modernen dramatischen Dichtung von Friedrich Gonne. Prächtiger Blick auf die Säulenstellungen. Im Zuschauerraum (1800 Personen) fünf Ränge. Die Königl. Mittelloge (Festloge), mit Purpursamt und Goldstickerei dekoriert, geteilt durch zwei Ränge. Rechts und links am Proszenium kleinere Hoflogen. Ein im Makartschen Stil gemalter prachtvoller Vorhang von Ferdinand Keller: Allegorische Gestalt (die Phantasie auf dem Throne, eine Fackel tragend), umgeben von Geschichte, Poesie, Musik, Tanzkunst usw. Über dem Hauptbild Profilbildnisse von Dichtern: Sophokles, Shakespeare, Molière, Lessing, Schiller und Goethe; unten von Komponisten: Gluck, Mozart, Beethoven, Weber, Rossini, Meyerbeer, Wagner. An den Brüstungen des ersten Ranges Medaillon-Bildnisse früherer Mitglieder der Hofbühne. An der Decke die Musen des griechischen, englischen, deutschen und französischen Dramas, dann vier Bildnis-Medaillons: Goethe und Schiller, Molière und Goldoni, Shakespeare und Calderon, Sophokles und Euripides. Über dem Proszenium ein längliches und schmales Deckengemälde von Marshall. Das Bühnenhaus wird gegenwärtig mit einem Aufwand von 2 Millionen ℳ modern umgebaut. Besichtigung siehe S. 64.

7*

Zwischen Opernhaus und Zwingerwall steht das Standbild des Freischütz-Komponisten K a r l M a r i a v o n W e b e r (1786—1826) von Ernst Rietschel, errichtet 1860.

Inmitten des Theaterplatzes steht das **König-Johann-Denkmal** von Johannes Schilling, 1889 errichtet, aus Bronze, Unterbau Syenit; der König als Friedensfürst, barhaupt, mit Krönungsmantel und Szepter. Am Sockel zahlreiche Reliefs.

Links erhebt sich das ***Museum (Bildergalerie),** 1847 von Gottfried Semper im Renaissancestil begonnen und, nachdem er 1849 Dresden verlassen hatte, nach seinem Plane von Hähnel und Krüger bis 1855 vollendet; dreigeschossig, das zweite Obergeschoß mit Oberlicht, von außen nicht zu sehen. Die Grundform des Gebäudes ist ein langgestrecktes Rechteck, Länge 127 m, Breite 24 m, an den nur wenig vorspringenden Eckflügeln 29 m, Höhe bis zur Kuppel 32 m. Unten kräftiger Rustikabau, im Obergeschoß kunstvolle Umrahmung der Bogenfenster, reicher plastischer Schmuck von Hähnel und Rietschel. Die Statuen und Reliefs nach dem Theater zu stellen den Entwicklungsgang der antiken Welt dar.

Titian: Der Zinsgroschen

Die Eingangshalle teilt das Erdgeschoß in zwei Hälften; sie ist in der Mitte zu einem achteckigen, mit einer Flachkuppel abgeschlossenen Raum erweitert. „Semper hat das Museum als Prachtbau hingestellt, sein Museumsbau hat Jahrzehnte als musterhaft gegolten; er ist so klar gegliedert, so einheitlich und harmonisch im Aufbau wie kein anderer gleichzeitiger Bau in Deutschland." Indem wir die Eingangshalle des Museums durchschreiten, gelangen wir in den Zwinger.

Der ***Zwinger,** von Matthäus Daniel Pöppelmann (1662 bis 1736) in den Jahren 1711—22 nach den Angaben Augusts des Starken errichtet, ist ein durchaus selbständiges, also nicht an französische Vorbilder angelehntes Werk des deutschen Meisters. Durch seinen nach malerischen Gesichtspunkten angeordneten Schmuck, der nicht ohne Einfluß auf die Formengebung des Meißner Porzellans gewesen ist, gehört er zu den glänzendsten Schöpfungen des deutschen Barockstils. Der Zwinger ist ein Rechteck (117 : 107 m) mit halbkreisförmigen Ansätzen, vier länglichen Eckbauten und schmalen Galerien in Renaissancestil nebst drei Pavillons in üppigem Barockstil. Der ganze Bau ist nicht als Vorhof eines großen Schloßbaues gedacht, wie früher angenommen wurde, sondern als Schauplatz für allerhand Festlichkeiten des Hofes im Freien, wie Prachtaufzüge, Jahrmärkte, ritterliche Übungen zu Fuß, zu Pferde und zu Wagen. Für diese war der Z w i n g e r h o f bestimmt, während auf den Plattformen die Zuschauer standen und zusahen. Die Pavillons dienten als Spiel-, Tanz- und Gesellschafts-räume; in den Galerien sollten Sammlungen aufgestellt werden. ,,Denken wir uns den ganzen weiten Raum belebt von Karossen und Reitern, denken wir uns ein munteres Ringelrennen oder einen großen Götteraufzug im Gange und die Galerien besetzt von schaulustigen Herren und Damen in der reichen farbigen Tracht der Zeit, so erscheint uns der Zwinger nicht mehr als der versteinerte Rausch von gestern, sondern als der selbstverständliche Hintergrund jener in Dauer erklärten Lebens- und Festlust." Wegen anderer Pläne Augusts blieb der Zwinger-bau unvollendet; die vierte nach dem heutigen Theaterplatz gelegene Seite blieb offen und wurde erst 1847—54 durch das Neue Museum von Gottfried Semper geschlossen. Der süd-östliche Pavillon wurde während der Revolution 1849 zerstört, aber nach dem alten Vorbilde wieder errichtet (Figuren hier von Ernst Hähnel). Schönster Ü b e r b l i c k über den Zwinger von der Plattform, die man durch die Treppen im Wallpavillon (obenauf Permosers Herkules mit der Weltkugel) erreicht. Von da auch rechts Blick in das heute verfallene N y m p h e n b a d und geradeaus auf den Zwingerteich. In köstlicher Leichtigkeit und Eleganz steigt der T o r p a v i l l o n empor; das Meister-stück der Architektur des Zwingers aber ist der *W a l l -p a v i l l o n , dessen überquellender Reichtum die größte Bewunderung verdient.

,,Nicht möglich ist es, die zahlreichen geistvollen Einzelheiten aufzuzählen, mit denen Pöppelmann seine Architektur belebt und bereichert hat. Jemehr man schaut, um so mehr entdeckt man neue Motive und umso bewundernswürdiger erscheint seine Kunst. Welch ein Reichtum der Phantasie, welch eine Fülle der Erfindung und welch eine Kraft, diesen Überschwang einer naturalistischen, bald graziösen, bald grotesken Schmuckplastik in den Bann der Architektur zu zwingen!"

Inmitten des Zwingerhofes D e n k m a l des Königs F r i e d r i c h A u g u s t d e s G e r e c h t e n , 1843 errichtet von Ernst Rietschel, Sockel von Gottfried Semper. Nach Süd-westen schließt den Zwinger die R ü c k s e i t e d e r B i l d e r -g a l e r i e ab. Die Hauptschwierigkeit für den Architekten war, die Schauseite des Museums mit dem Pöppelmannschen Bau in Einklang zu setzen. Die Lösung ist Gottfried Semper so gut gelungen, daß es naiven Beschauern gar nicht zum Bewußtsein kommt, daß das Sempersche Museum und der Zwinger-bau durch einen Zeitraum von mehr als 120 Jahren voneinander getrennt sind.

Brühlsche Terrasse

Wir schreiten auf dem Schloßplatz am König-Albert-Denk-mal vorbei zur *Brühlschen Terrasse, einst als Garten des all-

mächtigen Ministers Grafen Brühl auf dem alten Festungswall
erbaut; durch die Treppe (41 Stufen, 15 m breit) machte 1814
der russische Gouverneur Repnin die Terrasse der Allgemein-
heit zugänglich. Sie ist geschmückt mit *v i e r B r o n z e -
G r u p p e n von Johannes Schilling, darstellend Morgen, Mittag,
Abend und Nacht. Die früheren Sandsteingruppen Schillings
sind nach Chemnitz gekommen.

Oben bietet sich uns die herrlichste Aussicht von diesem „Balkon Europas",
wie Friedrich der Große die Terrasse genannt hat, namentlich auf Georgentor,
Schloßturm, Hofkirche, die ein wundervolles Bild ergeben. Im Hintergrund sieht
man das Opernhaus; vor uns liegen der Schloßplatz und die Augustusbrücke mit
ihrem regen Verkehr; stromab erweitert sich der Spiegel der Elbe fast seeartig
bis zur Marienbrücke, dahinter die freundlichen Dächer des Schlachthofes und die
Lößnitzberge, zwischen den beiden Brücken das Japanische Palais (mit dem grünen
Dach), an der Augustusbrücke das Blockhaus (Neustädter Hauptwache), Türme
des Rathauses und der Dreikönigskirche, dann gerade gegenüber das Finanzministerium mit einem bunten Bild im Giebel. Weiter rechts die prächtige, schön-
geschwungene Königin-Carola-Brücke und oberhalb derselben ein zweites Ministerialgebäude, in dem vier Ministerien (des Innern, der Auswärtigen Angelegenheiten,
des Kultus und öffentlichen Unterrichts und der Justiz) untergebracht sind. Die
mannigfaltigen, mit Ziegeln gedeckten Dächer der Neustadt bilden einen freundlichen Gegensatz zu dem schiefergedeckten, dunkeln, an den beiden Längsseiten
gewölbten, in ruhigen, gleichmäßigen Formen gehaltenen Dache des Finanzmini-
steriums. Zwischen den beiden Ministerialgebäuden hindurch sieht man die den
Königin-Carola-Platz im Nordosten begrenzenden Häuser und die von diesem Platz
ausstrahlenden Straßen, über die im Nordosten der Turm der Martin-Luther-Kirche
emporragt. Draußen, jenseit der Albertbrücke, schließt die ruhige Höhenlinie der
Heide, aus deren dunkelm Walde der Wolfshügel nur wenig heraustritt, das an-
mutige Landschaftsbild ab. Aus dem untern Rande des Waldes leuchten das
Waldschlößchen, links von ihm dunkel und rechts neben ihm eine freund-
liche Kolonie von Einfamilienhäusern, ferner das erste Dresdner Wasserwerk und
zu Loschwitz gehörige Villen hervor. Weiter rechts verdecken die Häuser am
Terrassenufer, insbesondere die Jägerkaserne (gleich oberhalb des Altstädter Endes
der Albertbrücke) und die sich immer weiter hinausschiebenden Häuser des
Johannstädter Ufers die Aussicht; doch sind noch mehr nach rechts jenseit der
Häusermassen in der Höhe immerhin noch der Weiße Hirsch und Oberloschwitz
nebst den Rochwitzer Höhen wahrzunehmen. Man kann die ganze Aussicht nicht
auf einmal erfassen, sondern muß, am Geländer bis zur Umbiegung des Weges
beim Belvedere hinwandelnd, sich ihre einzelnen Teile zu einem Ganzen zusammen-
fügen. Dabei beachte man auch am Fuß der Terrasse den Dampfschifflandeplatz
und den vielgestaltigen Verkehr an und auf dem Strome.

Begrenzt wird die Terrasse auf der rechten Seite durch das
neue Ständehaus, dann durch das 1896—97 im Dresdner Barockstil umgebaute Bibliotheksgebäude für die Kupferstichsammlung der Prinzlichen Sekundogenitur. Gegenüber das D e n k -
m a l für den berühmten Bildhauer E r n s t R i e t s c h e l
(1804—61) von Schilling, auf der Stätte seines Ateliers errichtet,
1875. Am Sockel drei sitzende Jünglinge, einer entwerfend
einer an Rietschels Lessing-Denkmal modellierend, einer an der
Büste Rauchs meißelnd.

An das Bibliotheksgebäude schließen sich die Akademie
der bildenden Künste und das Akademische Kunstausstellungs-
gebäude, in dem sich die dauernde Ausstellung des Sächsischen
Kunstvereins befindet. Beide Gebäude wurden von Konstantin
Lipsius 1890—94 in neufranzösischer Renaissance erbaut. Die
Kunstakademie ist kenntlich durch die großen Atelierfenster
und den reichen ornamentalen und plastischen Schmuck. Zu
beiden Seiten des Portals zwei stehende Figuren im Hochrelief,
klassische Kunst und christliche Kunst, und im Portalschluß-
stein ein den Genius der Kunst darstellender Kopf. Der Gegensatz zwischen beiden Kunstrichtungen beherrscht den plastischen
Schmuck der Schauseite des Akademiegebäudes. Das **Kunst-**

ausstellungsgebäude schließt sich an den östlichen Anbau der Akademie an.

Auf der gläsernen Kuppel die geflügelte Fama mit der Posaune von Robert Henze. Auf dem Dachfirst Athene als Schützerin der Künste, mit Prometheus, Menschen bildend, und einer Psyche mit Schmetterlingsflügeln (schöpferische und beseelende Tätigkeit des Künstlers). Im Giebelfeld (von Schilling): Mitte Saxonia, zu ihrer Rechten Dresda mit der Elbnymphe; Bildhauerei, Plastik, Architektur und Griffelkunst bringen ihre Werke dar. Zwischen den gewaltigen, aus einem Stück gefertigten Säulen zu beiden Seiten des Portals Standbilder des Bildhauers Rauch von Hultzsch) und des Malers Peter Cornelius (von Kietz), darüber flach erhabene Bildnisse Winckelmanns und Schinkels.

Zwischen dem Ende der Terrassenschauseite des Kunstausstellungsgebäudes und dem Albertinum führt eine zweiarmige Treppe hinab zu dem Schmuckplatze zwischen beiden Gebäuden, wo man die Ostseite des Ausstellungsgebäudes vor sich hat. Diese Schauseite präsentiert sich sehr malerisch; man sieht die Rückseite des Coselschen Palais und die Kuppel der Frauenkirche. In den Nischen des Ausstellungsgebäudes befinden sich 3 Figuren: Religion, Poesie und Geschichte, über diesen Figuren 3 Reliefs: Glaube, Liebe, Hoffnung, die drei Grazien, die drei Parzen. Im Untergeschosse zu beiden Seiten der Einfahrt zwei die Wappen Sachsens und Dresdens haltende Kolossalfiguren. Die Gartenanlagen vor dem Gebäude sind im Sommer mit Teppichbeeten geziert.

Vor der Treppe zu dem Schmuckplatz das bronzene D e n k - m a l   G o t t f r i e d   S e m p e r s , des Erbauers des alten, abgebrannten Hoftheaters und der Gemäldegalerie, von Johannes Schilling, gegenüber das L u d w i g - R i c h t e r - D e n k m a l von Kircheisen unter einer gewaltigen Platane. Das malerischste Bild aber gewährt ein reizvoller kleiner Brunnen aus der Rokokozeit, an die ehemalige Jungfernbastion angebaut, mit zwei flankierenden Treppen.

Von altersher ist als Glanzpunkt Dresdens das *Belvedere bekannt (vornehmes Speisehaus, Café, zwei Säle), mehrmals wöchentlich Konzerte, herrliche Aussicht, an der Stelle des früheren Knöffelschen Gebäudes 1842 vom Hofbaumeister von Wolframmsdorf erbaut.

. Gehen wir um das Belvedere herum (vorn Aussicht), so kommen wir zum **Albertinum,** dessen erstes Obergeschoß wir hier vor uns haben; 1885—88 aus dem alten Zeughaus umgebaut vom Oberlandbaumeister Canzler; es enthält die Skulp-. turensammlung und das Hauptstaatsarchiv. Auf dem Albertinum drei plastische Gruppen: die Kunst mit der Plastik und dem Erzguß, die Saxonia mit wappenhaltenden Kindern und der Herrscherruhm mit Krieg und Staatskunst. An der Front nach dem Belvedere zu in runden Nischen aus Sandstein gearbeitete K o l o s s a l b ü s t e n der wichtigsten Kunstländer (von links nach rechts: Ägypten, Hellas und Rom; Deutschland, Italien und Frankreich), und große 1909 eingefügte F r i e s e aus getriebenem Kupfer, von Robert Diez. Die Friese stellen von links nach rechts dar: Bacchanal des Dionysos, Tanzende Grazien und die Geburt der Aphrodite; Maria mit dem Jesusknaben, die christlichen Tugenden, Austreibung aus dem Paradies. Das T r e p p e n h a u s ist nach den Entwürfen von Hermann Prell ausgeschmückt. Die Decke stellt in leidenschaftlicher Bewegung eine Titanenschlacht dar; die rechte Wand zeigt das S c h i c k s a l (Kronos und Parzen), die linke die S c h ö n h e i t (Europa und die Grazien). Die Skulpturen des Treppenhauses sind ebenfalls von Prell (Prometheus, Aphrodite, Perseus, Ikarus).

Vom Albertinum zum Ende der Brühlschen Terrasse und links die Treppe hinab in den ehemaligen Gondelhafen (Anlagen mit prächtigen Teppichbeeten). Zur Rechten oben steht die Synagoge, 1838—40 von Gottfried Semper in byzantinischem Stile errichtet. Links an der Ecke der Terrassenmauer das *Moritz-Denkmal, das älteste Denkmal Dresdens, von einem unbekannten Meister 1591 errichtet für Kurfürst Moritz von Sachsen, der die Kurwürde an die albertinische Linie der Wettiner brachte, von seinem Bruder und Nachfolger Kurfürst August errichtet, darstellend, wie Moritz, dem der Tod das abgelaufene Stundenglas hinhält, seinem Nachfolger das Kurschwert übergibt, darüber die Dreieinigkeit, hinter den beiden Fürsten ihre Gemahlinnen. Früher war das Denkmal umfänglicher, reich mit Gold und Farben verziert und stand an der Ecke der Festungswerke, etwa dort, wo Zeughausstr. und Moritzring zusammentreffen.

G. Kuehl: Kreuzkirche

Am Moritz-Denkmal ist man zum Terrassenufer gelangt. An der Ecke des Terrassenufers und Elbbergs das Venetianische Haus, eine Nachbildung der Cà d'oro in Venedig; am Elbberg das in jeder Beziehung trefflich eingerichtete, der Stadt Dresden gehörige Güntz-Bad. Das Terrassenufer weiter bis zum Sachsenplatz. An ihm die 1882 von Hänel und Adam erbaute Jägerkaserne, die mit ihren pyramidenförmigen Türmen an den vier Ecken und mit ihrer kräftigen Rustika im Erd- und Kellergeschoß einen beinahe festungsartigen Eindruck macht.

Die Dresdner Elbbrücken

Fünf Brücken führen in Dresden über die Elbe. Es sind nach der Reihenfolge stromabwärts: die Albertbrücke, die Königin-Carola-Brücke, die Augustusbrücke, die Marienbrücke und die Eisenbahnbrücke. Nach der Zeit der Entstehung sind sie so zu ordnen: Augustus-, Marien-, Albert-, Carola- und Eisenbahnbrücke. Außerdem hat die Elbe oberhalb Dresdens bei Loschwitz, unterhalb bei Niederwartha eine Brücke.

Die *Augustusbrücke, zu Ehren Augusts des Starken benannt, ist die Hauptader des Verkehrs zwischen Altstadt und Neustadt.

Ehemalige Augustusbrücke

Die Zeit der Gründung der Brücke ist nicht genau zu bestimmen; nach Otto Richter, dem Geschichtsschreiber Dresdens, kann eine feste Elbbrücke nicht eher als die Stadt entstanden sein, es mag aber auch nicht viel später geschehen sein. Gewöhnlich wird angenommen, daß sie um 1170 erbaut wurde, und zwar aus Holz; 1287 wird sie die „steinerne" genannt, was wohl nur von den Pfeilern gilt, nicht vom Oberbau. Durch eine Hochflut 1342 und den Eisgang 1343 gänzlich zerstört, wurde sie aus Steinquadern wieder aufgebaut (24 Pfeiler, 23 Bogen). Wegen der Schloßbauten wurden auf Altstädter Seite 5 Pfeiler und 4 Bogen zugeschüttet. 1727—31 wurde die Brücke von dem Baumeister des Zwingers, Pöppelmann, umgebaut. Mannigfach waren ihre späteren Schicksale; 1813 sprengten die Franzosen einen Pfeiler, 1845 sank bei einer Hochflut der Mittelpfeiler mit dem nicht wieder aufgefundenen Kruzifix ins Wasser. Die starke Verengerung der freien Stromfläche durch die nahe beieinander stehenden Pfeiler machte die alte Augustusbrücke zu einem gefährlichen Schiffahrtshindernis; daher wurde sie in den Jahren 1907—10 durch einen Neubau ersetzt.

Die neue Augustusbrücke überspannt den Strom mit neun Bogen, die eine Spannweite von 17 bis 39 m haben. Die gesamte Länge der Brücke beträgt 328 m, die Breite 18 m. Um den massigen Charakter der alten Brücke auch bei dem Neubau zu erzielen, sind die Geländer nicht aus Eisen, sondern aus Sandstein aufgeführt. Gleich der alten Brücke erscheint sie in einfachem und schlichtem Gewande. Die wuchtigen Konsole, welche die Gangbahnen tragen, die den Pfeilern vorgelegten Wulste, sowie die Austritte mit den Bankanlagen, von denen aus man das rege Treiben auf dem Strome ungestört betrachten kann, erinnern an die alte Brücke. Bogen und Pfeiler sind aus Stampfbeton hergestellt und an den Schauseiten mit Sandsteinwerkstücken bekleidet, die Leibungsflächen der Bogen haben ein Kassettenmuster in bearbeitetem Beton. Die Pfeiler sind auf versenkte Caissons gegründet. Die Leitung der technischen Arbeiten beim Brückenbau lag in den Händen des Oberbaurates Klette (gest. 1909) und denen des Stadtbaumeisters Preßprich. Die künstlerische Gestaltung der Brücke rührt von Prof. Wilhelm Kreis her, dessen kraftvolle, einfache Formensprache an dem Bau unverkennbar ist. Auf Altstädter Seite erheben sich auf dem Schloßplatz zwei künstlerische Brückenhäuschen. Der Vorplatz der Brücke hat eine Breite von 30 m. Den Hauptschmuck erhält der Mittelpfeiler, auf dem eine K r e u z g r u p p e , ähnlich derjenigen in früheren Jahrhunderten, von Robert Diez geschaffen wird. Weiter sind der Brückenkörper selbst und die Schlußsteine der einzelnen Bogen mit kleineren figürlichen Darstellungen geschmückt. Der untere Schaft des Mittelpfeilers zeigt als Schmuck die Figur eines eidechsenartigen Wasserungetüms. Weiterer plastischer Schmuck ist vorgesehen (auf Altstädter Seite 2 Löwen als Brückenwächter, auf Neustädter Seite 2 Markgrafenstandbilder und am Widerlager zwei große Gruppen). Der Vorplatz der Brücke auf N e u s t ä d t e r Ufer wird ebenfalls in architektonisch würdiger Weise umgestaltet und die Hochuferstraße durchgeführt. Die gesamten Baukosten der Brücke belaufen sich auf etwa 4¼ Millionen Mark, ungerechnet den Landerwerb und die Uferbauten.

Die *Königin-Carola-Brücke, 326 m lang, 16 m breit, nur zwei Strompfeiler, daher große Spannweite (bis 55,3 m) und Oberbau aus Eisen. Sie verbindet den Amalienplatz (Ringstr.) in Altstadt mit dem Königin-Carola-Platz (König-Albert-Str.) in Neustadt. Sie ist nach dem Plane von Reinhold Klette 1893 bis 95 erbaut. Zwei Sandsteingruppen, die bewegte Elbe und die ruhige Elbe darstellend, von Friedrich Offermann modelliert, stehen am Brückenkopf auf Altstädter Seite. Auf Neustädter Seite befinden sich zwei Bronzegruppen: Dresden mit dem Reliefbildnis der Königin Carola und der Flußgott der Elbe mit dem Stadtwappen.

Die Albertbrücke, 316 m lang, 18 m breit, mit 15 Pfeilern und 14 Bogen, von 12—31 m Spannweite führt vom Sachsenplatz nach dem Kurfürstenplatz; 1875—77 erbaut nach dem Plan von Manck. Am Mittelpfeiler das Reliefporträt König Alberts von Donndorf.

Die Marienbrücke, von der Ostra-Allee in Altstadt nach dem Neustädter Bahnhof, 1846—51 als Straßen- und Eisenbahnbrücke erbaut, dient seit der Eröffnung der neuen Eisenbahnbrücke in ihrer ganzen Breite als Straßenbrücke. 468 m lang, 17 m breit, 12 Bogen von 28 m Spannung.

Die neue Eisenbahnbrücke, ein Eisenbau, nur wenig unterhalb der Marienbrücke, 1901 dem Verkehr übergeben, 461 m lang, verbindet Hauptbahnhof und Neustädter Bahnhof.

Altmarkt, Kreuzkirche und Neues Rathaus

Durch das Georgentor gehen wir vom Schloßplatz in die Schloßstr. Links die Hofapotheke (1581 gegründet), dann die höchst sehenswerte Niederlage der Kgl. P o r z e l l a n m a n u - f a k t u r in Meißen, weiterhin die G a l e r i e A r n o l d, gegenüber das Schloßtor mit wappentragenden Löwen als Bekrönung. Die Häuser der Schloßstr. zeigen vereinzelt noch reich geschmückte Schauseiten und Erker.

Der *Altmarkt, schöner saalartig geschlossener Platz im Mittelpunkt der Stadt, mit prächtigem Blick auf die Kreuzkirche und den Turm des neuen Rathauses. In der Mitte das S i e g e s d e n k m a l, 1880 von Henze, Germania mit den allegorischen Gestalten der Weisheit, Wehrkraft, Kunst und Frieden. Rechts und links zwei Lichtmasten. An der Westseite des Marktes das f r ü h e r e R a t h a u s, 1741—45 im Barockstil von Knöffel erbaut, mit einfachem Dachreiter; daneben das B a n k h a u s von Günther & Rudolph (A l l g e m e i n e d e u t s c h e K r e d i t a n s t a l t), errichtet 1899 von Sommerschuh und Rumpel im Renaissancestil. Die übrigen Seiten des Altmarktes werden durch große W a r e n h ä u s e r (Renner, Eberstein, Goldmann, Herzfeld), C a f é s (Kreutzkamm, Café Central, Residenz-Café) und andere Geschäftshäuser eingenommen. Im Eckhaus nach der Kreuzkirche hat Ludwig Tieck viele Jahre gewohnt und die literarischen Kreise Dresdens um sich versammelt. Nun zur Kreuzkirche.

Die **Kreuzkirche,** die älteste Kirche Dresdens (1539 dem lutherischen Gottesdienst übergeben), 1760 bei der Belagerung durch Friedrich den Großen völlig zerstört, 1764—92 vom Ratszimmermeister Johann Georg Schmid u. a. neu erbaut; der kraftvolle Turm (96 m) beherrscht die Silhouette Dresdens mit. Schöner Blick auf Dresden und Umgegend vom Turm aus. Das Innere 1897 ausgebrannt, von Schilling und Gräbner erneuert, der erste große Versuch, eine Kirche im I n n e r n im modernen Stil auszubauen. Altarbild von Dietrich; prachtvolle holzgeschnitzte Kanzel, herrliche Beleuchtungskörper, Glasgemälde von Prof. Ludwig Otto. Das Hauptportal ist gewöhnlich geöffnet von 9—4 Uhr.

Zwischen dem Platze vor der Kreuzkirche und dem Friedrichsring, zum Teil an der Stelle der alten Kreuzschule, befindet sich ein Block von drei Gebäuden, bestehend aus der Kgl. Superintendentur (nach der Kreuzkirche zu), der Städtischen Sparkasse (in der Mitte) und der Landständischen Bank des Markgraftums Oberlausitz (am Friedrichsring). Geschlossen wird dieser Platz um die Kreuzkirche durch die Rückseite des neuen Rathauses. Die S u p e r i n t e n d e n t u r, von Schilling und Gräbner, 1907 vollendet, ein charaktervoller, wohlgegliederter, reich ornamentierter Bau in mannigfaltiger Formengebung und zahlreichen reizvollen Einzelheiten. Die Hauptschauseite, nach der Kreuzkirche zu, dreiteilig: links ein turmartiger Eckbau mit wuchtiger Architektur als Symbol der festen und sicheren Grundlage der evangelischen Kirche; an der Fassade Reliefs. Die Mitte der Gruppe bildet die S t ä d t i s c h e S p a r - k a s s e von Erlwein. Hauptschauseite an der Schulgasse in vornehmer und gediegener architektonischer Ausgestaltung,

Portal aus Muschelkalk. Das Geschäftshaus der L a n d s t ä n -
d i s c h e n B a n k des Markgraftums Oberlausitz, von Lossow
und Viehweger durchaus in Sandstein, Schauseite nach der Ringstraße mit Säulen, die durch mehrere Geschosse gehen, und
wuchtigem Hauptgesims; sonst kraftvoll zusammengehaltene
Massen mit geringer Gliederung.

Westlich von der Landständischen Bank, von dieser durch
die Pfarrgasse getrennt, steht die 1893—94 in Backstein mit
Sandsteinblendung erbaute Reformierte Kirche.

Das *neue Rathaus, erbaut von Karl Roth und Franz Ed-
mund Bräter, ein umfangreicher Gruppenbau von 9000 qm
bebauter Fläche, verkörpert den großen Aufschwung Dresdens in den letzten Jahren. Es liegt zwischen Ringstr., Gewand-hausstr., Kreuzstr. und Schulgasse. 6 Höfe, zusammen 4000 qm groß. Der Grundstein wurde am 29. September 1905 gelegt; Vollendung des Baues 1909. Die ersten städtischen Ämter zogen am 1. Januar 1910 ein; Einweihung im Herbst 1910. Der Grunderwerb kostete 5¼ Millionen Mark, die Baukosten beliefen sich auf 7½ Millionen, die Ausstattungskosten auf rund 2 Millionen Mark. Die Länge

Amerikanische Kirche

der Straßen- und Hoffronten des Rathauses beträgt zusammen
1 km. Das neue Rathaus ist einerseits Repräsentations-, anderer-
seits Geschäftshaus. Es fügt sich in das Stadtbild und die
historischen Dresdner Barockbauten gut ein und nimmt sich
namentlich vom Georgplatz (1. Bürgerschule) und von der
Marienstr. sehr malerisch aus.

Die Hauptfront kehrt das neue Rathaus dem Moritzring
zu. Vor der breiten Rampe an jeder der beiden Hauptfronten
halten zwei Löwen aus Bronze von Wrba Wache. Über den
wuchtigen Arkaden der Hauptfront erhebt sich ein Mezzanin,
über diesem eine große Säulenordnung, die durch 2 Geschosse
geht und dadurch bekundet, daß hier die Hauptrepräsentations-
räume liegen (Empfangssaal, großer Festsaal, Stadtverordnetensaal, Sitzungssäle des Rates). Auf dem Balkon sitzende Figuren
aus Sandstein, die Hauptgeschäftszweige der Stadtverwaltung

symbolisierend; auf der Dachbalustrade stehende Figuren, Dresdner Gewerbe und Handel darstellend. Die zweite langgestreckte, mehrfach durch Risalite, Säulenordnungen und Statuen gegliederte Front kehrt das Rathaus dem Friedrichsring zu. Vor beiden Hauptfronten Terrassen, Tore mit kunstvollem schmiedeeisernen, vergoldeten Gitter. Die Front nach der Schulgasse und der Kreuzkirche zeigt eine einspringende Ecke mit einem Ladenhäuschen. Ganz schlicht ist die Front nach der Kreuzstr.

Beherrscht wird die gewaltige Baumasse durch den R a t - h a u s t u r m (100 m), der mit sicherem Verständnis für die Wirkung nahe der Ostfront gestellt ist, stark und wuchtig emporwächst und sich in seinen oberen Geschossen immer zierlicher und reizvoller gliedert. Hier findet sich auch reicher plastischer Schmuck. Der Kupferhelm des Daches wird von einer Kolossalfigur (Dresdens Schutzgott von Guhr, aus Kupfer getrieben und vergoldet) gekrönt. Schöne Aussicht vom Turm auf Dresden und seine Umgebung. Bis 70 m geht ein Fahrstuhl.

Das *Innere des Rathauses zeigt einen klaren Grundriß. Durch die Arkaden der Hauptfronten betritt man je eine geräumige, von Pfeilern gestützte Vorhalle. Von der Vorhalle am freien Platz vor dem Rathaus gelangt man in ein P r u n k - T r e p p e n h a u s im Turm, dem Zugang zu den Festräumen. Die dreiarmig gewundene Treppe ist aus rotem Meißner Granit, die mit Bronze-Putten geschmückte Balustrade aus grünem ungarischen Marmor, ebenso die Treppenpfeiler, Bögen und Brüstungen, auch die Wände des Treppenhauses sind aus getäfeltem Marmor. Die Decke wird von Prof. Gußmann mit einem Gemälde geschmückt werden. Im Hauptgeschoß gelangt man durch eine Vorhalle in den E m p f a n g s - s a a l , dessen Ausstattung in schwarz poliertem Hartholz die großen Schränke für das Ratssilber enthält und dessen Decke mit Gemälden von Popp geschmückt ist. Von ihm tritt man links in den S t a d t v e r o r d n e t e n s a a l , der in dunkel gebeizter Eiche reich vergoldet und getäfelt ist, mit Dresdener Landschaften von Gotthard Kuehl. Rechts vom Empfangssaal liegt der g r o ß e F e s t s a a l , der von der Hand Hermann Prells ausgeschmückt wird. Das Deckengemälde behandelt das Thema: Dresden als Kunststadt. Die über 420 qm enthaltende Decke ist in reicher, gemalter Architektur gegliedert, die 3 große Hauptfelder — gewissermaßen als Durchblick in eine ideale Welt — frei läßt. Im Deckenspiegel der Mitte thront auf Wolken die Personifikation der Königstadt selbst, die ihrem von den Wappenlöwen gezogenen Wagen entsteigt. Die Bilder der Giebelseiten erinnern an den die Stadt durchflutenden Elbstrom; über der goldenen Estrade seine Jugend: eine Nixe verbirgt sich vor den Mannen des Markgrafen Dieterich von Meißen, die das Weichbild der zu gründenden Stadt mit weißen S ieren umpflügen. Gegenüber die Vereinigung der Elbe mit dem Meer. In der reichen Architektur der Route öffnen sich 4 Nischen mit den kolossalen Personifikationen der Bürgertugenden: Justitia, Caritas, Prudentia, Industria. Die Mittelfelder der Längswände sind August dem Starken, begleitet von Sinnenfreude und Schönheit, und König Albert, flankiert von Sieg und Überfluß, gewidmet. Weitere Goldreliefs zeigen Albrecht den Beherzten, Kurfürst Moritz, Friedrich August den Gerechten und König Johann. Goldene Festons und Kartuschen, dunkelbronze Flußgötter in den Mitten und Saalenden wechseln mit gemalten Reliefs, spielenden Puttengruppen und gewaltigen, das Hauptgesims tragenden Atlanten. Fußboden des Saales in geschliffenem Marmor getäfelt, die Architektur der Wände in farbenprächtigem italienischen und belgischen Marmor; ein besonderer Schmuck derselben sind die die beiden Hauptportale krönenden Marmorreliefs von der Hand desselben Künstlers, die Musik und Tanz verherrlichen. Von diesem der Repräsentation der Stadt dienenden Mittelbau ziehen sich nach links die Räume der Stadtverordneten, nach rechts verschiedene E m p f a n g s r ä u m e in künstlerischer Ausstattung; an sie schließen sich Sitzungssäle für die Ratsabteilungen, die Mitte nimmt der große R a t s s i t z u n g s s a a l ein, weiter folgen die Zimmer für die Bürgermeister, den Stadtschreiber, den Oberbürgermeister usw. Alle übrigen Räume dienen städtischen Geschäftsstellen.

Durch die Vorhalle am Friedrichsring gelangt man in das *S t a d t m u s e u m . Dieses gruppiert sich um einen großen Lichthof von 600 qm Grundfläche, wo sich plastische Werke alter und neuer Zeit befinden. Um diesen Hof führen Korridore

zu den eigentlichen Sammlungsräumen. Im Untergeschoß unter
ihnen befindet sich das Ratsarchiv. Stadtmuseum vergl. S. 57.
Der *Ratsweinkeller (Eröffnung 1. Oktober 1910)
zieht sich am Friedrichs- und Moritzring hin. Für die Mitglieder des Rates ist eine Ratstrinkstube eingerichtet. In dem
einen Teile des für das Publikum bestimmten Ratskellers sollen
nur Flaschenweine, in dem großen Restaurationskeller offene
Faßweine verschänkt werden. Reizender plastischer Schmuck
an Pfeilern und Wänden von Ullrich, Malereien von Rößler u. a.
Der Ratskeller faßt über 600 Personen, die sehenswerten Kelle-
reien haben etwa 2500 qm Fläche. Ausgeschmückt ist das
Rathaus durch zahlreiche Stiftungen von Gemälden, Plastiken
und Kunstwerken aller Art.

Neumarkt

Ein typisches Bild des alten Dresden. Beherrscht wird der
Neumarkt von der *Frauenkirche, dem weltbekannten protestantischen Gegenstück der Katholischen Hofkirche mit der großartigen, die Silhouette Dresdens in so hervorragender Weise be-
stimmenden Kuppel (95 m), die der Erbauer, Ratszimmermeister
George Bähr (1726—43), trotz des heftigen Widerstandes seiner
Gegner durchweg aus Stein errichtete. Der schönste Blick auf
die Kirche bietet sich zwischen Frauenstr. und Jüdenhof.
Die Kirche ist ein Zentralbau auf quadratischem Grundriß
(38 m), mit vier quergestellten Treppentürmen an den Ecken,
innerer und äußerer Kuppel auf acht Pfeilern, drei Eingängen
an den Seiten zwischen den Türmen und halbkreisförmigem
Chor an der vierten Seite. Bähr starb am 16. März 1738 an
einer Krankheit, ist aber keineswegs, wie die Sage erzählt,
vom Gerüst gestürzt. Die Laterne setzte Maurermeister Fehre
nach Bährs Tode auf.

Im *Innern vorzügliche Silbermannsche Orgel mit 44 Registern und 2667
Pfeifen. Zu dem großartigen Altarraume führt eine doppelte Freitreppe empor;
auf dem reich barocken Altar ein Relief: Christus betend im Garten Gethsemane,
links Paulus und Moses, rechts Philippus und Aaron, Werk von Johann Christian
Feige (1739). Die Frauenkirche faßt 5000 Personen. Sie gilt als das Ideal einer
evangelischen Predigtkirche des 18. Jahrhunderts. Die Kuppel trotzte beim Bom-
bardement im Jahre 1760 den Kanonenkugeln. Die Kuppel besteht aus zwei
steinernen Schalen, zwischen denen ein spiralförmiger Aufstieg in die Laterne
führt. Unter der Kirche Grabgewölbe mit zahlreichen Särgen. Besichtigung S. 65.

Vor der Frauenkirche steht das *Martin-Luther-
Denkmal nach Ernst Rietschels Modell 1885 errichtet, und
zwar mit dem echten Kopfe, der bei dem Wormser Denkmal
durch einen Kopf von Donndorf ersetzt ist. Auf dem südöst-
lichen Teile des Platzes, bei der Salomonis-Apotheke, steht das
bronzene Denkmal König Friedrich Augusts II. (der
1854 in Tirol infolge eines Sturzes mit dem Wagen starb) von
Ernst Hähnel mit den allegorischen Figuren der Gerechtigkeit,
Stärke, Weisheit und Frömmigkeit.

Auf dem Jüdenhof neben der Freitreppe zum Johanneum
das herrliche *Portal der einstigen Schloßkapelle, 1556 vollendet, 1732 aus dem großen Schloßhofe an die Sophienkirche,
1875 hierher gebracht, das schönste Renaissancewerk Dresdens,
nach Art eines römischen Triumphbogens mit doppelter korin-
thischer Säulenstellung, Konsolengebälk darüber und Lisenen-
Attika mit einem wirksamen lebendigen Relief: die verwun-

derten Krieger am Grabe des auferstandenen Christus. Obenauf Johannes der Täufer, der Glaube und die Stärke, in den Nischen Apostel und Propheten; in der Füllung der rundbogig abgeschlossenen, in Eichenholz geschnitzten Tür ein perspektivisch fein berechnetes Relief. Ein reiches Werk der Frührenaissance von herrlichster Vollendung, Feinheit und Harmonie.

Auf dem Jüdenhof steht ein kleiner B r u n n e n mit einer Siegesgöttin; die Inschrift feiert den sächsischen Kurfürsten Johann Georg III. als den Besieger der Türken vor Wien 1683. Der Brunnen war aber ursprünglich zur Feier des Westfälischen Friedens bereits 1650 errichtet.

Hinter der Frauenkirche das C o s e l s c h e P a l a i s , ein Barockbau Knöffels. „Mit seinen Vorbauten und seinem hübschen Hof wirkt es malerisch und vornehm zugleich." Im ersten Obergeschoß ist eine Abteilung der Kgl. Skulpturensammlung, die Abgüsse neuerer französischer Bildwerke enthaltend, untergebracht; im übrigen ist das Gebäude der Sitz von Behörden.

Treten wir vom Neumarkt in die Frauenstr. ein, so bemerken wir am Eckhaus links (Nr. 14) zwei hübsche Erker mit Reliefs. Im Hofe von Nr. 9 (Drogerie Klepperbein) ein prächtiger alter *B r u n n e n aus dem 18. Jahrhundert. Das Haus ließ sich Joh. Melchior Dinglinger, der Goldschmied Augusts des Starken, errichten.

Pylonen im Großen Garten

Zwei sehr stattliche Gebäude aus dem 18. Jahrhundert sind das P a l a i s d e S a x e auf der Moritzstr. (Nr. 1, Löwenbräu) und das mit ihm zusammenhängende ehemalige B r i t i s h H o t e l an der Landhausstr. (Nr. 6), zwei vornehme Adelspaläste, Werke Bährs, zwischen 1713 und 1720 errichtet. Das Palais de Saxe ist durch die mächtigen Pilaster und Halbsäulen der beiden Hauptgeschosse mit den riesigen korinthischen Kapitellen ausgezeichnet. Auf der Landhausstr. stehen ferner das Harmoniegebäude (Nr. 11, darin das Kgl. Konservatorium) und das L a n d h a u s (Nr. 16, altes Ständehaus), 1770—76 von Krubsacius, einem Schüler Longuelunes, erbaut. Sein schönes Treppenhaus ist leider im obersten Teile durch Einbauten verdeckt; gute schmiedeeiserne Gitter im Rokokostil.

Zwischen dem Ende der Landhaus- und Rampischen Str. an der Schießgasse das Kgl. P o l i z e i g e b ä u d e , 1897—1900 errichtet. Die reich ausgestatteten Schauseiten, die mit Zinnen gekrönten mächtigen runden Ecktürme und der oben ähnlich endende Aufbau der Vorlage in der Mitte der Schauseite an der Schießgasse, sowie die kräftige Gliederung des Baues überhaupt deuten seine Bestimmung an, über die Sicherheit der Stadt zu wachen. Als Schlußsteine über den drei Eingängen des Portals drei Büsten, darstellend die Gerechtigkeit (in der Mitte), einen Schutzmann (links) und einen mit Ketten gefesselten Verbrecher (rechts), darüber das aufgeschlagene Gesetzbuch und die Gesetzestafeln des Moses. Am Zeughausplatz Nr. 3 das K u r l ä n d e r P a l a i s , nahe dem Ende der Rampischen Straße, erbaut 1729 von Knöffel für Graf Wackerbarth, benannt nach dem Herzog von Kurland, dem natürlichen Sohne Friedrich Augusts II., in dessen Besitz es später kam, mit stattlicher Treppenanlage und zwei wohlerhaltenen Sälen im besten Rokokostil. Im ersten Obergeschoß ist seit 1906 die Gehesche Sammlung (Chemikalien und Drogen) untergebracht.

Vom Altmarkt zum Postplatz und Umgebung

Von der Nordwestecke des Altmarktes, bei der Löwenapotheke, gelangt man durch die **Wilsdruffer Str.,** eine enge, aber von pulsierendem Leben erfüllte Verkehrsstraße, nach dem Postplatz. Auf der Wilsdruffer Str. sind einige alte Häuser bemerkenswert; am ersten Stock des Hotels zum goldenen Engel befindet sich eine Erinnerungstafel an Schillers ersten Aufenthalt; Nr. 14, Schönrocks Weinstube, Renaissancefassade.

Auf dem **Postplatz,** einem der bedeutendsten Knotenpunkte der Stadt, steht der 18 m hohe C h o l e r a b r u n n e n , Stiftung des Freiherrn Eugen von Gutschmid, als 1841—42 die Cholera Dresden verschont hatte, 1843 von Gottfried Semper erbaut; gotische, durchbrochene Spitzsäule, 1891 erneuert, das einzige rein gotische Denkmal Dresdens, an den Schönen Brunnen in Nürnberg erinnernd.

Am Postplatz die beiden **Hauptpostgebäude.** Das erste, an der Südseite des Platzes gelegene Gebäude enthält im Erdgeschoß Telegrammannahme und -Abfertigung nebst öffentlicher Fernsprechstelle, im 1. Obergeschoß das Haupttelegraphenamt (Eingang Marienstr.) und im 2. Obergeschoß das Haupttelephonamt (Eingang Wallstr.). Das zweite, an der Ecke Marien- und Annenstr. befindliche, an der Kaiserkrone kenntliche Gebäude enthält die Kaiserl. Postämter 1 und 2 und die Kaiserl. Oberpostdirektion. Letzteres Gebäude von 1881 an von C. Zopff in italienischer Renaissance erbaut.

Hinter dem Hauptpostgebäude auf dem Antonsplatz eine städtische M a r k t h a l l e , die erste in Dresden errichtete (1891—93), nach den Plänen Rettichs. Sie ist eins der ersten Bauwerke der Stadt, bei dessen Planung man wieder an die Schönheiten des alten Dresdner Barockstils anknüpfte. Am Ende des Antonsplatzes die frühere Kunstgewerbeschule, jetzt das Oberverwaltungsgericht und die Sächsische Altersrentenbank enthaltend.

Vom Postplatz die Annenstraße aufwärts gehend, gelangt man zur A n n e n k i r c h e , die, nachdem sie im Siebenjährigen Kriege abgebrannt war, 1769 neu aufgebaut wurde. Im Äußeren

ein ziemlich nüchternes Gebäude, im Innern 1909 von Richard
Schleinitz umgebaut. Turm aus dem 19. Jahrhundert. Hinter
der Annenkirche das Bronzestandbild ihrer Gründerin M u t t e r
A n n a , der Gemahlin des Kurfürsten August, von Henze.
In der Nähe, an der Humboldtstr., die Annenschule, ein Realgymnasium; in der Aula Fresken von Diethe.
Vom Postplatz nach WNW. durchbricht die Wettiner Str.
den alten, eng und winklig gebauten Kern der Wilsdruffer Vorstadt bis zum Wettiner Platz mit der J a k o b i - K i r c h e ,
einem malerischen Zentralbau im romanischen Stil 1898—1901
von Jürgen Kröger in Berlin erbaut. Rechts das Wettiner Gymnasium. Unter dem Eisenbahnviadukt hinweg die Wettiner Str.
weiter verfolgend, kommt man rechts zu der H a u p t m a r k t -
h a l l e (schon zu Friedrichstadt gehörig). Zurück zum Postplatz.
Wandern wir vom Postplatz an Webers Hotel vorbei nach
der Ostra-Allee, so stehen wir zunächst vor dem Platze, wo
sich 1912 das N e u e K g l . S c h a u s p i e l h a u s erheben soll.
Der Raum wird begrenzt von der Ostra-Allee, Zwingerstr.,
Gerbergasse und Malergäßchen. Die Front kommt nach der
Ostra-Allee. Den Baugrund gab die Stadt zu billigem Preis.
Das Theater wird vom Theaterverein errichtet und an die
Krone verpachtet. Die Kosten sollen 1¼ Million Mark betragen.
An der linken Seite der Ostra-Allee folgen die Handelslehranstalt
der Dresdner Kaufmannschaft (Nr. 9), das Gewerbehaus (Nr. 13)
mit einem der größten Konzertsäle der Stadt, das Logengebäude
(Nr. 15) und der Herzogin Garten mit kunstvollem Gitter und
einem im Freien stehenden, im Winter überbauten Feigenbaum,
der über 400 Jahre alt sein soll. (Herzog Albrecht der Beherzte,
gestorben 1500, brachte ihn mit aus Palästina.)
Durch die Stallstr., am Kgl. Marstall vorbei, zum Kgl.
F e r n h e i z - u n d E l e k t r i z i t ä t s w e r k , das Heizung
und Licht für kgl. Gebäude (Schloß, Katholische Hofkirche,
Opernhaus, Museum, Zwinger, Akademie, Polizeigebäude) liefert.
Die hohe Esse ist durch Umbauung mit einem äußeren Aufstieg
turmartig gestaltet. In der Nähe führt die Devrientstr. zum
Anfang der Marienbrücke; an ihr die Zoll- und Steuerdirektion
und die neuen Hoftheater-Requisitengebäude. Jenseits der Bahn
die im maurischen Stil errichtete Zigarettenfabrik J e n i d z e ,
deren bunte Glaskuppel am Abend erleuchtet ist und weithin strahlt.
Zurück zum Postplatz und zur **Sophienkirche,** zugleich
Evangelische Hofkirche, Zweihallenkirche gotischen Stils von
1351, 1864—68 im Äußeren, 1875 im Innern von Prof. Arnold
nicht stilgerecht erneuert und mit zwei Türmen versehen.
Im Innern Silbermannsche Orgel, ein Altar mit Relief der Grab-
legung Christi von Nosseni, in der Beichtstube ein Altar mit
Säulen aus grünem Marmor — aus einem Block, den 1476
Albrecht der Beherzte aus Jerusalem mitbrachte —, Bildnisse
evangelischer Hofprediger, Denkmal der Herzogin Sophie Hed-
wig, erster Gemahlin von Kurfürst Moritz. Beachtenswert die
Taufkapelle am Südchor (Bußmannskapelle) mit feingliedrigem
Netzwerk.
Neben der Kirche, nach der Großen Brüdergasse zu, ein
reizvoller kleiner g o t i s c h e r B r u n n e n , der trefflich auf
den kleinen Platz paßt, mit der Figur des Drachentöters St. Georg
von Ernst Hähnel.

8

Der Pirnaische Platz und die Pirnaische Vorstadt

Von der Nordseite des Altmarktes führt in östlicher Richtung die **König-Johann-Str.** weiter (1886 angelegt an Stelle eines Gewirres von Gäßchen, jetzt eine der wichtigsten Verkehrsadern von Dresden). An dieser links das Gebäude der **D r e s d n e r   B a n k** (1897), von Sommerschuh und Rumpel in Gemeinschaft mit Kurt Diestel im Stil der Bramanteschen Hochrenaissance besonders großartig und vornehm entworfen. Jenseits der schräg durchschneidenden Moritzstr. links die Rückseite des alten **L a n d - h a u s e s**. 1774—75 von Krubsacius erbaut, mit Vorgarten.

Wir gelangen nunmehr zum Pirnaischen Platz. Hier links der **K a i s e r p a l a s t** (Restaurant), ein architektonisch reiches und prächtiges Gebäude von Schilling und Gräbner im Dresdner Barockstil. Gegenüber die Mohren-Apotheke. Durch die belebte Grunaer Str. Rechts an der Ecke der Albrechtstr. das **K ü n s t l e r h a u s** (Kunstgenossenschaft) von Schleinitz, mit schönem Konzertsaal; in den Klubräumen der Kunstgenossenschaft viele Bilder und Werke der Kleinplastik; im Erdgeschoß Restauration. Auf der Albrechtstraße der Neubau der Dresdner **H a n d e l s k a m m e r** von Lossow und Kühne 1910.

Balestra: Das Alter raubt die Schönheit. Großer Garten

Städtische Ausstellungshalle, 1894—95 für die Stadt Dresden erbaut vom Stadtbauamt, bestimmt für Ausstellungen, Musikfeste und Vergnügungen in großem Stil, umgeben von hübschen Gartenanlagen. Gegenüber auf dem Stübel-Platz der **S t ü b e l - b r u n n e n** (Säulenbrunnen im Barockstil, 1901 errichtet vom Architekten Hauschild, die Bildwerke vom Bildhauer Hartmann-Maclean). Nahe dem Stübelbrunnen liegt das **E h r l i c h - s c h e   G e s t i f t**, eine Armen- und Schulstiftung, mit kleinen Backsteinkirche mit kupfernem Turm. Vom Stübel-Platz aus führt die breite, mit schönen Bäumen bestandene *S t ü b e l - A l l e e am Großen Garten entlang nach Gruna; links schöne Villen.

Vom Stübel-Platz gelangt man nach links durch die Eliasstr. auf die Pillnitzer Str. Wo sich diese Straßen kreuzen, steht die **J o h a n n e s k i r c h e**, 1874—78 von Möckel errichtet, eine dreischiffige Anlage im gotischen Stil, sehr malerisch im Aufbau und von schönen Gartenanlagen umgeben. Weiter durch die Eliasstr. zur Kgl. **K u n s t g e w e r b e s c h u l e**. Reizvoller Gruppenbau mit vier Höfen, erbaut von 1901—07 vom Landbauamt I (Oberbaurat Schmidt) und den Architekten

Lossow und Viehweger. Der Barockstil des Baues richtete sich nach den Resten des alten Brühlschen Palais, die in das neue Haus übernommen wurden, darunter das Portal, verschiedene Treppengeländer und der prachtvolle F e s t s a a l im Rokokostil mit Deckengemälde von Louis Silvestre (der Sieg der Tugend über das Laster). Der Saal ist als Teil des Museums öffentlich zugänglich. Das Museum (vom Haupteingange an der Eliasstr. nach links bis zur Gerokstr. und längs der letzteren) umschließt zahlreiche Säle und Zimmer, einen großen Schmuckhof, eine Kirche, einen Friedhof mit Kreuzgang und alten Grabdenkmälern usw. Von der Kunstgewerbeschule zum Eliasplatz und nach der Lothringer Str. An dieser die Hauptschauseite des Kgl. A m t s - g e r i c h t s , das von Arwed Roßbach in Leipzig in Florentiner Renaissance erbaut wurde (vollendet 1892) und durch Gediegenheit der Ausführung und die wohlberechnete, kulissenartig wirkende Verschiebung der Fenster ausgezeichnet ist. In der Pillnitzer Str. das L a n d g e r i c h t s g e b ä u d e in italienischer Renaissance von Canzler (1876—79). Weiter durch die Pillnitzer Str. bis zur Zirkusstr. Hier befinden sich, in ein Häuserviereck eingebaut, die umfangreichen Baulichkeiten der Kgl. T i e r ä r z t l i c h e n H o c h s c h u l e. Dann durch die Grunaer Str. zurück zum Pirnaischen Platz.

Der Georgplatz und seine Umgebung

Vom Pirnaischen Platz durch die Johannesstr. zum Georgplatz. Links geht von der Johannesstr. die J o h a n n - G e - o r g e n - A l l e e nach dem Großen Garten zu. Auf dem Georgplatz links die 9. Bezirksschule und die 1. Bürgerschule, vom Stadtbaurat Erlwein, beide in dem modernen Stil, der, ohne zu prunken, einen so würdigen und freundlichen Eindruck macht und die neueren städtischen Bauten, insbesondere die Schulgebäude, auszeichnet. Daran schließt sich die **Kreuz- schule,** die älteste Schule Dresdens, seit 1539 städtisches Gymnasium, 1865 in gotischem Stile von Arnold erbaut (in der sehenswerten A u l a geschichtliche Wandbilder von Anton Dietrich). Vor der Kreuzschule links das Denkmal für den Komponisten J u l i u s O t t o von Theodor Kietz (Büste mit vier Knaben am Sockel, die den vierstimmigen Gesang veranschaulichen), in der Mitte das bronzene Standbild T h e o d o r K ö r n e r s von Ernst Hähnel, 1871, rechts die bronzene Büste K a r l G u t z k o w s von Emmerich Andresen. Vom Georgplatz ziehen sich die prächtigen Anlagen der **Bürgerwiese** bis zu dem Zoologischen Garten hin. Namentlich im äußeren Teil ist die Bürgerwiese durch den Teich mit dem hoch aufschießenden Wasserstrahl, durch die charaktervollen Einzelbäume und Baumgruppen, sowie durch den reizenden Wechsel von Gebüschen, Strauchwerk und teilweise sanft ansteigenden Wiesenflächen ein wahres Juwel der Dresdner Anlagen. Im inneren Teile, der beiderseits von geschlossener Häuserreihe begrenzt ist, stehen viele Statuen und Vasen aus dem 18. Jahrhundert. Bemerkenswert ist das Haus Bürgerwiese 9/11, früher das Oppenheimische, jetzt Baron Kaskelsche Palais, von Gottfried Semper 1845—48 im Stil der Hochrenaissance nach dem Motiv des

Palast Pandolfini zu Florenz ausgeführt. Zwischen Zinzendorf-
und Lüttichaustr. das M o z a r t d e n k m a l, 1907 vom
Mozartverein errichtet, eine originelle bronzene Gruppe von
3 tanzenden Gestalten von Hermann Hosäus. Am Anfange
des äußeren Teiles der Bürgerwiese, in der Nähe des Teiches,
eine hübsche Marmorgruppe, ,,V e n u s beschneidet Amor die
Flügel" von Heinrich Bäumer, und die äußerst lebendige Bronzegruppe ,,Z w e i   M ü t t e r " von Epler. Sehr gefällig wirkt
auch die ins Bad steigende Nymphe von Bruno Fischer, Architektur von Kreis.

Weiter links der städtische **Sportplatz** (Rad- und Automobil-
fahrbahn, Lawn-Tennis-Platz). Inmitten der sehenswerten Anlage eine nackte Kolossalstatue, ein K u g e l w e r f e r von
Fabricius. Im Winter Eisbahn.

Zwischen der Bürgerwiese (Parkstr.) und der Sächsisch-
Böhmischen Staatseisenbahn ein Villengebiet, zum Teil mit
sehr stattlichen Bauten. Zu ihnen gehören zwei Werke Hermann
Nicolais. Es sind dies die Villa Johann Meyer, an der Ecke der
Beust- und Parkstr. (Beuststr. 1) und sein reifstes Werk, die
Villa Struve (Wiener Str. 33), wohin sie von der Prager Str.,
wo sie ursprünglich stand, versetzt wurde. Derselben Zeit gehören an das Palais Parkstr. 7 (Preuß. Gesandtschaft), entworfen
von B. Schreiber, und das Wohnhaus Parkstr. 9 von A. Hauschild.

Von der inneren Bürgerwiese geht nach links die Zinzendorfstr. ab. Hier rechts das Palais der Sekundogenitur des
Kgl. Hauses (P r i n z e n p a l a i s) mit großem Garten. Wohnsitz des Prinzen Johann Georg. Schrägüber das H o s p i z m i t
V e r e i n s h a u s des Dresdner Stadtvereins für innere Mission
mit großem Konzertsaal und kleineren Sälen für Vereine (Architekt
Schleinitz). Neubau der ersten städtischen höheren T ö c h t e r -
s c h u l e. Weiterhin (Nr. 34) das S e e a q u a r i u m von Skell.

Vom Ende der äußeren Bürgerwiese links der Zoologische
Garten, rechts die Residenzstr. Sie führt nach V o r s t a d t
S t r e h l e n, wo an ihr die Villa der verstorbenen Königin-
Witwe Carola mit großem Garten liegt, ehedem Lieblingsauf-
enthalt König Alberts, ihres Gemahls. An der Teplitzer Str.
das Lehrerseminar, 1910 eingeweiht. Der alte Kern Strehlens
(beim Friedrich-August-Platz) erinnert noch an die slawische
Dorfanlage. Von hier durch die Reicker Str. zu der 1905 errichteten **Christuskirche** von Schilling und Gräbner, die mit
ihrem Doppelturm eine im Elbtalkessel weithin sichtbares Wahrzeichen ist. Von vorn gesehen schaut sie mit ihrer mächtigen
Mauermasse wehrhaft und trotzig in die Lande hinaus. Kommt
man dagegen von der alten Strehlener Dorfstr., so sieht man
die Kirche vom Haupteingang her sich malerisch aufbauen.
Im I n n e r n zeigt sich die Kirche als ein frei wirkender Zentralbau ohne Emporen. Decken- und Fenstergemälde von Otto
Gußmann, plastische Altargruppe von Hudler, ornamentale
Formen von Karl Groß.

Die Neustadt

Kommen wir über die Augustusbrücke, so sehen wir links
das **Blockhaus** (Neustädter Hauptwache), 1732—52 errichtet
von Longuelune, 1890 zu seiner jetzigen Gestalt umgebaut.

Die Lisenenarchitektur Longuelunes mit den viereckig umrahmten Rundbogenfenstern blieb dabei erhalten. In dem Gebäude befindet sich auch das Kriegsministerium. In der Großen Klostergasse (rechts) und in der Großen Meißner Gasse (links) Wohnhäuser im Dresdner Barockstil aus dem 1. Drittel des 18. Jahrhunderts. Gerade vor uns öffnet sich der Neustädter Markt. In der Mitte desselben das Reiterbild **Augusts des Starken,** 1715 von Longuelune entworfen, 1735—36 vom Kupferschmied Ludwig Wiedemann aus Augsburg in Kupfer getrieben und vergoldet. Der König ist in römischer Tracht dargestellt, barhaupt, auf steigendem Roß, in den Zügen sehr ähnlich. Das Gesicht ist nach Polen gekehrt. Vor dem Eingang zur Hauptstr. stehen die monumentalen ***Fahnenmasten,** 1893 errichtet (Architekt Schubert und Bildhauer Epler) zum Andenken an den festlichen Einzug Kaiser Wilhelms I. in Dresden 14. September 1882 mit Medaillonreliefbildern des Kaisers und des Königs Albert von Sachsen. Die **Hauptstraße,** vom Neustädter Markt zum Albertplatz führend, ist ein imposanter Straßenzug. Rechts und links Fahrbahnen, in der Mitte eine schöne Allee von schattigen Platanen. Die Hauptstr. verjüngt sich nach dem Albertplatz zu, wodurch die perspektivische Wirkung erhöht wird. Links am Anfang der Hauptstr. das schlichte N e u s t ä d t e r   R a t - h a u s mit Dachreiter;

Kirche in Loschwitz

weiterhin die evangelische **Dreikönigskirche,** 1732 von Pöppelmann erbaut. Auch George Bähr wurde beim Bau zugezogen, aber erst, als die Umfassungen schon festlagen, so daß er seine Idee von der Gestaltung des Innenraumes einer protestantischen Predigtkirche nicht ganz durchführen konnte. Der Turm (91 m) erst 1854—57 von Hähnel und Marx hinzugefügt, das Innere 1890 von Fischer und Reuter im Sinne einer evangelischen Predigtkirche einfach und vornehm umgebaut. Am Ende der Hauptstr. steht auf der rechten Seite die **Neustädter Katholische Kirche,** 1852—53 von Bothen erbaut, mit zwei Türmen, außen romanisch, innen (farbig) an den altchristlichen und den sizilisch-normannischen Stil anknüpfend; an der Kanzel die vier Evangelisten und Apostel Paulus, Kopien nach Peter Vischer. In den Anlagen gegenüber findet das S c h i l l e r - d e n k m a l (Prof. Selmar Werner) seinen Platz.

Wir gelangen nunmehr auf den **Albert-Platz,** von dem sternförmig elf Straßen ausgehen, davon vier nach den vier Elbbrücken (die Glacisstr. nach der Albertbrücke, die König-Albert-Str. nach der Königin-Carola-Brücke, die Hauptstr. nach der Augustusbrücke, die Antonstr. nach der Marienbrücke). Rechts ist das Kgl. S c h a u s p i e l h a u s in der Neustadt, 1871—73 erbaut von Bernhard Schreiber. Auf dem Platze selber befinden sich zwei großartige, phantasiereiche *M o n u m e n - t a l b r u n n e n von Robert Diez, stilles Wasser und stürmische Wogen darstellend. Je vier Gruppen: einerseits Wassernymphe mit Leyer, die Perle des Meeres Geschenk, Nix und Wasserfrau, schlafende Nymphe mit Schmetterling und Libelle; anderseits der Sturm mit Schlangenpeitsche und Muschelhelm auf dem Wasserpferd, ein Gefallener, ein Knabe im Kampfe mit einem Tintenfisch, die aufschäumende tosende Welle (Mann mit Seetangbart), Triton im Kampf mit einem Wels, Kampf um den Seestern (einen schönen, zarten Jüngling). Nach zehnjähriger Arbeit des Künstlers 1894 enthüllt. Rechts vor dem Anfang der Königsbrücker Str. der A r t e s i s c h e B r u n n e n. Seit 1906 ist der Wasserstrahl von einem kleinen offenen, von acht ionichen Säulen getragenen Rundtempel, entworfen von Erlwein, überbaut.

Wir wenden uns vom Albert-Platz nach links und gehen durch die Königstr. nach dem K a i s e r - W i l h e l m - P l a t z auf das **Japanische Palais** zu, einem stattlichen Bau in maßvollem Barockstil, 1715—17 von Pöppelmann für den Grafen Flemming erbaut, von dem es August der Starke kaufte, der es 1729—41 durch Pöppelmann und Zacharias Longuelune umbauen ließ. Während die Gartenschauseite und der Hof mit seinen luftigen Arkaden und den lustigen Chinesenkaryatiden noch Pöppelmanns Hand aufweisen, tritt in der Hauptschauseite Longuelunes Kunstanschauung deutlich zutage; sie ist das Hauptwerk des Dresdner Barockstils. Ursprünglich war das Haus zur Aufnahme der japanischen usw. Porzellane Augusts des Starken bestimmt, daher der Name (ursprünglich Holländisches, dann Japanisches Palais); seit 1890 ist in allen Räumen die Kgl. Öffentliche Bibliothek untergebracht. Das grüne, gebrochene Kupferdach des Palais ist mit andern derartigen grünen Dächern eine Art Wahrzeichen Dresdens. Man beachte die Eingangshalle und den Hof mit den eigenartigen Chinesenfiguren. Das Palais ist umgeben von dem P a l a i s g a r t e n, im 18. Jahrhundert halb im englischen, halb im Rokokostil angelegt; von dem Hügel rechts schöner Blick über die Elbe auf Dresden.

Links vom Japanischen Palais ist in der Körnerstr. 7 das K ö r n e r h a u s , das Geburtshaus Theodor Körners, des Freiheitskämpfers und Dichters von Leyer und Schwert, und darin das Körnermuseum. Durch die Große Meißner Gasse gelangen wir wieder auf den Neustädter Markt; wir gehen in derselben Richtung weiter und gelangen durch die Klostergasse auf den Königin-Carola-Platz, den die K ö n i g - A l b e r t - S t r., von der Carola-Brücke kommend, durchschneidet. Die König-Albert-Str., unterbrochen vom St. Privat-Platz, führt als ebenbürtiges Gegenstück der Hauptstr. zum Albert-Platz. Zu beiden Seiten dieses Straßenzuges entsteht an Stelle der niedergelegten ehemaligen Kasernen- und anderer militärischer Bauten ein neuer Stadtteil. Das neue **Zirkusgebäude** von Stosch-Sarrasani kehrt seine Front der König Albertstr. zu.

Rechts und links vom Carola-Platz liegen Ministerien. Rechts (westlich) das von Wanckel erbaute **Finanzministerium,** ein im Innern praktisch angeordneter Renaissancebau (vollendet 1896), der in seinem überdeckten Hofe durch Landbaumeitser Reichelt eine prächtige Zierde erhalten hat. Am Giebel nach der Elbe zu befindet sich ein von Villeroy & Boch in wetterfester Steingutmalerei ausgeführtes Bild, das die Saxonia, von allegorischen Figuren umgeben, darstellt. Das **Ministerialgebäude** an der östlichen Seite des Königin-Carola-Platzes enthält das Ministerium des Innern und des Äußern (Eingang vom Königsufer), das Kultusministerium (Eingang vom Carola-Platz) und das Justizministerium (Eingang von der Düppelstr.). Das Gebäude, 1905 vollendet und im Dresdner Barockstil errichtet, wirkt mit seinen in klarer Weise gegliederten Schauseiten und seinen kräftig aufgebauten, mit Ziegeln gedeckten Dachmassen sehr eindrucksvoll. Beachtenswert der große Konferenzsaal. Das Treppenhaus des

Hosterwitz an der Elbe

Justizministeriums ist mit einem großen, 1907 vollendeten Wandgemälde von Walter Illner geschmückt, das das Walten der Gerechtigkeit schildert. Auch das entgegengesetzte Treppenhaus des Kultusministeriums ist mit einem Wandgemälde (von Georg Lührig) geschmückt.

In der Nähe des Ministerialgebäudes befinden sich die D r e i k ö n i g s s c h u l e (Realgymnasium) an der Arminstr.; die Realschule an der Düppel- und Craushaarstr., die durch ihre gebrochene Schauseite einen stattlichen Eindruck macht;

das Neustädter Amtsgerichtsgebäude an der Hospitalstr. und die Kgl. Baugewerkenschule.

An der Westgrenze des zu beiden Seiten der König-Albert-Straße gelegenen neuen Stadtteils finden wir noch zwei alte Bauwerke. An der Wiesentorstr. steht noch der letzte Rest des im 17. Jahrhundert erbauten Jägerhofes, der in jener Zeit fast den vierten Teil der Neustadt einnahm. Einige ärmliche Giebel und Ecktürme geben noch einen Begriff von der Spätrenaissance-Architektur dieses ehemals so stattlichen Bauwerkes. Am Ende der Ritterstr., links zwischen der Kasernen- und Wiesentorstr., steht die ehemalige Ritterakademie, die lange Zeit das Kadettenkorps innehatte. Der ganze Stadtteil ist gegenwärtig in der Umbildung begriffen.

An den Ministerien vorbei wird von der Albertbrücke bis zur neuen Augustusbrücke und von da bis zum Garten des Japanischen Palais ein neuer g r o ß e r   S t r a ß e n z u g , d a s   K ö n i g s u f e r , entstehen, so daß man alsdann auf Neustädter Seite von der Marienbrücke bis zur Albertbrücke in einem zusammenhängenden Straßenzug mit Blick auf die Altstadt wandeln kann.

Zur *Albertstadt, der großen, in Deutschland einzigartigen Zentralanlage für die Dresdner Garnison, gelangt man am besten durch die Königsbrücker Str. (Straßenbahn Nr. 7).

Die Gebäude liegen an der Königsbrücker Straße, König-Georg-Allee, Carola-Brücke (gleich daneben an der Ecke der Marien-Allee das Denkmal und M a u s o l e u m des Gründers der Albertstadt, Generals der Kavallerie, Ministers G r a f e n   F a b r i c e [† 1891] errichtet von der sächsischen Armee 1893). An und nahe der Königsbrücker Straße liegen r e c h t s : die Schützenkaserne am Alaunplatz, die Kaserne der Maschinengewehr-Abteilung, die Pionierkaserne, das Arsenal nebst dem Verwaltungsgebäude, Bekleidungsamt, Wagenschuppen, Traindepot, Laboratorium usw.; l i n k s : die Kavallerie-, Train- und Artillerie-Kasernen längs der König-Georg-Allee, weiter draußen die Reitanstalt, Arrest- und Gerichtsgebäude, Proviantamt, Garnisonmühle und Magazine; an der M a r i e n - A l l e e links das Kadettenhaus und das Lazarett, rechts Infanteriekaserne (Regiment Nr. 177); an der C a r o l a - A l l e e : rechts die Garnisonkirche, links die beiden Grenadierkasernen. Bei der Wache zwischen ihnen zwei Löwenfiguren von J. Schilling. Die G a r n i s o n k i r c h e von Lossow und Viehweger ist ein von außen sehr stattlicher und innen sehr ansprechender Bau, und im ganzen dadurch höchst eigenartig, 'daß ein gemeinsamer Turm zugleich ein evangelisches und ein katholisches Gotteshaus überragt. Ferner befinden sich in Albertstadt zwei Sammlungen, die Armee-Sammlung und die Arsenal-Sammlung.

Am Ende der Schillerstr. befindet sich das **Waldschlößchen-Restaurant** mit prächtigem *Blick auf die Elbgelände und Dresden. An Stelle der abgetragenen Schanze beim Waldschlößchen entsteht jetzt ein kleines Viertel von reizenden E i n f a m i l i e n h ä u s e r n mit hübschen Vorgärten (Angelika-, Klara-, Bettina- und Charlottenstr.). Auf der Schillerstr. stadtwärts, wo sie als Fortsetzung der Bautzner Str. beginnt, befindet sich links, in einem großen, bis an das Elbufer sich erstreckenden Garten das Restaurant, Konzert- und Ballokal „Z u m   L i n c k e s c h e n   B a d e". Durch sein Theater, seine Konzerte und Festlichkeiten war das Linckesche Bad in der ersten Hälfte des 19. Jahrhunderts der Mittelpunkt des gesellschaftlichen Verkehrs der feinen Welt Dresdens. An der Grenze zwischen der Schiller- und Bautzner Str. nach links zu den fiskalischen Ausschiffungsplätzen an der Mündung der P r i e ß n i t z in die Elbe. Hier im Winkel zwischen den Ausschiffungsplätzen und dem Ende der Holzhofgasse   V i l l a

R o s a , ein Werk Gottfried Sempers, in dem die italienische
Renaissance, die in seinen späteren Werken kräftiger hervor-
tritt, noch in anmutiger Jugendform erscheint. Durch die
Holzhofgasse und die Martin-Luther-Str. zum Martin-Luther-
Platz, auf dem sich die akustisch vortreffliche, in den Formen
des gotischen Übergangsstiles gehaltene M a r t i n - L u t h e r -
K i r c h e erhebt, ein Bau von Giese und Weidner aus dem
Jahre 1885. Mit der Straßenbahn zurück nach Altstadt.

Vom Altmarkt zum Bismarckplatz
und Münchner Platz

Vom Altmarkt durch die verkehrsreiche Seestr. — in der
rechts abgehenden Breitestr. das Gebäude des D r e s d n e r
A n z e i g e r s — rechts in der Seestr. das M i n i s t e r h o t e l ,
ein einfacher, aber stattlicher Bau aus dem 18. Jahrhundert,
in dessen Räumen im ersten Obergeschoß seit der Zeit des
Ministers von Beust die Repräsentationsfestlichkeiten der sächsischen Staatsminister stattfinden. Das Erdgeschoß ist auf der
Ringstraßenseite und an der Seestr. in Geschäftsläden modernen
Stils umgebaut worden. Die im Stile des 18. Jahrhunderts gehaltenen Repräsentationsräume sind 1906 unter Wahrung ihres
vornehmen Charakters erneuert worden. Zwischen C a f é
K ö n i g und dem Ministerhotel steht auf der Ringstr. das
1903 errichtete *Bismarck-Denkmal von Robert Diez. Vom
niedrigen Sockel aus schwedischem Granit scheint Bismarck
mitten unter das seiner Tagesarbeit nachgehende oder feier-
tägigem Treiben sich hingebende Volk treten zu wollen. Flankiert wird das Denkmal durch zwei Greife, die den Kampf und
den Aufschwung des Helden versinnbildlichen. Gegenüber vom
Bismarck-Denkmal ein säulengetragenes Häuschen, mit Kupfer
gedeckt, darin ein Blumenladen, Zeitungsverkauf, Fernsprecher,
Toiletten für Damen und Herren. An der Ringstr. nach links
die 1875 vollendete Börse. Nach rechts an der Ringstr. das
Haus Zum Guttenberg (Nr. 14, Café König) und zwei Bank-
gebäude (Nr. 12 und 10), beide der Dresdner Filiale der Deutschen Bank gehörig. An der Ecke der Ring- und Prager Str.
das *V i k t o r i a h a u s , 1892 erbaut von Lossow und Viehweger, ein prächtiges Bürgerhaus in deutscher Renaissance nach
dem Braunschweiger Gewandhaus, durchweg in echtem Material;
großes Restaurant; Juweliergeschäft von Mau.

Die **Prager Str.,** eine Hauptverkehrsader der Stadt, hat
sich ungefähr in den letzten 30 Jahren aus einer Wohnstraße
in eine bevorzugte Geschäftsstraße verwandelt. Auf der rechten
Seite große Geschäftshäuser (Nr. 6, Zentraltheaterpassage, 1900
von Lossow und Viehweger erbaut). Glänzende Läden. Der
in der Nähe des Hauptbahnhofes gelegene neue Teil der Prager
Straße trägt einen durchaus modernen Charakter; links Hotel
E u r o p ä i s c h e r H o f , die Landwirtschaftliche Kredit-
anstalt im Königreich Sachsen (Nr. 43) mit Skulpturen, die den
Geschäftszweig des Institutes versinnbildlichen, weiterhin das
Kaiser-Café mit seinem turmartigen Aufbau an der Ecke des
Wiener Platzes und der Prager Str.

Auf dem W i e n e r P l a t z rechts der mächtige Bau des **Hauptbahnhofs** mit dem hallenartigen hohen Vestibül. Namentlich die mächtige Einfahrtshalle in Glas- und Eisenkonstruktion wirkt im Innern sehr imposant. Im Wartesaal erster und zweiter Klasse auf Porzellanfliesen Bilder hervorragender Landschaften, Bauwerke und Städte. Links auf dem Wiener Platz an der Wiener Str. das stattlich sich darstellende Gebäude der G e n e r a l d i r e k t i o n der Sächs. Staatseisenbahnen. Im III. Obergeschoß des Mittelbaues die Kgl. Sächs. Eisenbahn-Sammlung. Man beachte nach dem Eintritt durch das Portal das prächtige Treppenhaus.

Geht man auf der Wiener Str., einer vornehmen, schönen Villenstraße, weiter, so kommt man zur E n g l i s c h e n (A n g -

Schloßgarten Groß-Sedlitz

l i k a n i s c h e n) K i r c h e. Im Vorgarten ein Kruzifix zur Erinnerung an den verstorbenen Rev. Gilderdale. Die Gegend zwischen Ferdinandstr., Bürgerwiese und Wiener Str. heißt das Englische Viertel.

Zurück zum Wiener Platz, unter den Hochgleisen durch auf den mit Baumanlagen und einem Brunnen von Georg Wrba (nackte Frauengestalt auf einer Muschel) 1910 geschmückten B i s m a r c k - P l a t z.

Geradeaus liegt die **Techn. Hochschule,** erbaut von Rudolf Heyn 1872—75, ein stattliches Gebäude, das heute jedoch nur einen kleinen Teil der wissenschaftlichen Anstalten der Hochschule umfaßt. Durch ein großes, mit Reliefbildern von Professoren geschmücktes Treppenhaus gelangt man in die sehenswerte Aula (Wandbilder von Anton Dietrich, die Prometheussage in ihrer Anwendung auf die verschiedenen Zweige der Technik).

Mit der räumlichen Ausdehnung der Hochschule und der inneren Entwickelung ihrer Abteilungen hielt auch der Ausbau der an der Hochschule vertretenen Sammlungen, Institute und Laboratorien gleichen Schritt. Außer der Bibliothek, die sich mehr und mehr zu einer technischen Landesbibliothek entwickelt, sind noch folgende Institute und Laboratorien mit der Hochschule verbunden: das Fluß-Laboratorium nebst einer staatlichen Prüfungsanstalt in Dresden-Übigau, das Geodätische Institut, die Mechanisch-technische Versuchsanstalt, die neben ihren Lehrzwecken auch Versuchen im allgemein wissenschaftlichen und öffentlichen Interesse dient, die Maschinen-Laboratorien (eine Schöpfung des verstorbenen Geheimrats Lewicki), das Mechanisch-technologische Institut, die vom Prof. Hundhausen neugeschaffene Maschinen-Lehr-Ausstellung, das Elektrotechnische Institut, das Elektrizitäts- und Heizwerk, das Institut für Telegraphie und Signalwesen, Laboratorien für Chemie (anorganische und organische, für Farben und Färbereitechnik, für Elektro- und physikalische Chemie), das Hygienische Institut, das Mineralogische und Geologische Institut, das Physikalische Institut, das Botanische Institut und das Wissenschaftlich-photographische Institut.

Außer einer Reihe mit den genannten Instituten und Laboratorien verbundenen Sammlungen bestehen noch 36 selbständige Sammlungen (einschließlich der Seminare), die auch, wie z. B. die Sammlung für Baukunst, allgemeinen, öffentlichen Zwecken dienen.

Wie durch vorbildliche Institute gehört die Technische Hochschule auch durch die Zusammensetzung ihres Lehrkörpers und die große Zahl ihrer Studenten und Hörer mit zu den ersten Technischen Hochschulen des Reiches Es lehren an ihr 64 Dozenten, denen zur Unterstützung ihrer Lehrtätigkeit 64 Assistenten beigegeben sind. Die Zahl der Studenten und Zuhörer betrug im Jahre 1910: 1380 (1030 Studenten, 350 Hospitanten), darunter 4 studierende Damen und 204 Damen, die als Hospitantinnen eingeschrieben waren. Ihrer Staatsangehörigkeit nach verteilen sich die 1030 Studenten auf 557 Sachsen, 230 aus anderen deutschen Bundesstaaten, 232 aus außerdeutschen Staaten und 11 aus außereuropäischen Staaten.

Von der Technischen Hochschule führt die Reichsstr. zur **Russischen Kirche**, im russischen Stil 1872—74 erbaut nach Plänen des Staatsrats von Bosse, ein malerischer Bau mit Kuppeln; weiter zum Reichsplatz, Anlagen, hier ein meteorologisches Häuschen; dann zur A m e r i k a n i s c h e n K i r c h e St. J o h n , 1883 erbaut von Dögel. Die Gegend zn beiden Seiten der Reichsstr., zwischen der Winckelmannstr. im Westen und der Franklinstr. im Osten, nach außen bis zur Reichenbachstr., heißt im Volksmunde das A m e r i k a n i s c h e V i e r t e l. Vom Reichsplatz nach links durch die Lukasstr. zum Lukasplatz mit der L u k a s k i r c h e von Georg Weidenbach, ausgezeichnet durch die schöne Gestaltung und die farbige Ausstattung des Innern.

Vom Reichsplatz geht die breite, nach der Vorstadt Plauen führende **Münchner Str.** ab. Zu beiden Seiten derselben das B a y r i s c h e V i e r t e l (Namen der Hauptstraßen nach bayrischen Städten). Die Charakterzüge des Viertels sind die bedeutende Breite der Straßen, der Gruppenbau (Wohnhäuser), die Echtheit des Materials der Schauseiten (reine Sandsteinarbeit) und der einheitlich neuartige Baustil, in dem sich Kraft und Mannigfaltigkeit der Formen mit Einfachheit vereinigen. Erker, Türme, Balkone, breite Austritte und Veranden gliedern die Massen und bieten nebst den in die Gruppen eingefügten kleinen Gärten den Genuß der Luft bei gleichzeitigem Schutz vor den Unbilden der Witterung. An der George-Bähr- und Helmholtzstr. liegen links N e u b a u t e n d e r T e c h n i s c h e n H o c h s c h u l e , und zwar das Maschinenlaboratorium, die Mechanische Abteilung, die Mechanisch-Technische Versuchsanstalt und das Elektrotechnische Institut. Es ist genügendes Bauland gesichert, um die Anlage zu einem akademischen Viertel zu erweitern. Ebenfalls auf der linken Seite, nahe dem Münchner Platz, liegt ein mächtiger Baublock, das neue K g l. L a n d g e r i c h t mit der neuen Kgl. Gefangenanstalt errichtet, 1902—07. Die Gebäude sind im Baustil gleich (tiefgrauer Spitzmörtelbewurf, wuchtige Sandsteinarchitektur, hohes rotes Ziegeldach). Von den freundlichen Gruppengebäuden stechen sie wesentlich ab; sie machen einen zwar düsteren, aber ihrem Zwecke entsprechenden ernsten und würdigen Eindruck. Landgericht mit Turm und imposantem Vestibül. Der Turmvorbau am Münchner Platz und der Erker links von ihm an der George-Bähr-Str. zeigen bildnerischen Schmuck. Auch das Innere ist sehenswert.

Das Bayrische Viertel wird im Norden durch die Nürnberger Str. gegen das S c h w e i z e r   V i e r t e l (zwischen der Bergstr. im Osten, der Chemnitzer Str. im Westen und dem Westende des Hauptbahnhofes im Norden) begrenzt, ein freund-

Schloß Moritzburg

liches Villengebiet, das seine schönsten Reize im Frühling zur Zeit der Baumblüte („Baumblut" sagt der Dresdner) entfaltet. (Mischung von Schmuck- und Obstbäumen in den Gärten.)

An der ausgerundeten Ecke der Hohe- und Nürnberger Str. die Z i o n s k i r c h e, 1910 von Schilling und Gräbner gebaut.

Die Kirche gehört den sogen. Winkelhakenkirchen an, d. h. der Altar steht im Schnittpunkt eines rechten Winkels; an die Enden der großen rechteckigen Seiten legen sich kurze, senkrecht daraufstehende Flächen an, die dann durch eine große Rundung, die von außen der Kirche das Hauptmotiv geben, geschlossen werden. Der Kirchenraum ist durch seitliche Emporen sechseckig. Der Chor ist flach, der Altarraum ragt weit in das Schiff hinein. Eine flache Kuppel spannt sich über den Raum. Aus der Mitte des Daches wächst ein eiserner, kupferbekleideter Turm 58 m hoch empor, eine neue Lösung für Kirchtürme. (Die Zionskirche ist die billigste Kirche Dresdens.)

Die Vorstädte

Vorstadt Plauen (zu erreichen mit der gelben Straßenbahn Nr. 1). Sehr empfehlenswert ist zur Zeit der Baumblüte ein Spaziergang durch den Villenteil der Vorstadt Plauen. Auf der Hohen Str. oder der Kaitzer Str. aufwärts bis zum Plauenschen Ring, auf diesem nach links zur Bernhardstr. und auf dieser vollends aufwärts bis zur Höhe. Hier links auf der Ter-

rasse im Garten der Parkschenke schöner Blick auf Dresden
und die Dresdner Heide. Nahebei am Südostende des Westend-
Parks ragt der B i s m a r c k t u r m empor, der eine noch weiter
reichende Aussicht darbietet, besonders auch nach der Sächsischen Schweiz. Von der Höhe der Bernhardstr. nach rechts
zum Hohen Stein. Daneben ein Felsvorsprung, die F e l s e n -
ke l̈l e r b a s t e i , von der man in den tiefen Plauenschen
Grund hinabblickt, ferner auf Dresden und hinüber nach der
Lößnitz. Das Felsenplateau, das sich hoch oben über dem rechten
Ufer der Weißeritz vom Hohen Stein stadtwärts ausdehnt,
dabei allmählich niedriger werdend, ist in neuerer Zeit von dem

Fütterung der Wildschweine im Moritzburger Tiergarten

Kommerzienrat Theodor Bienert und dem Fabrikbesitzer
Erwin Bienert in einen sehr abwechslungsreichen Volkspark
umgewandelt worden. Vom Hohen Stein die Coschützer Str.
hinab, beim Kgl. Lehrerseminar (links) vorbei zur Straßenbahn
nach dem Postplatz.

Vom Hohen Stein kann man oben am Felsenhange nach
links wandern und nach kurzer Strecke entweder gleich rechts
hinabsteigen zur F e l s e n k e l l e r b r a u e r e i oder oben
weiter am Abhange hingehen bis zum Coschützer Grunde.
(Blick rück- und aufwärts zu den von Obstbäumen fast ver-
deckten Häusern von Altcoschütz.) Vom Coschützer Grunde
nach rechts zur Gastwirtschaft des Felsenkellers. Links kann
man entweder über Coschütz und seine Höhe oder unten im
Tale (Plauenscher Grund, das Tal der Weißeritz) nach Pot-
schappel wandern. Straßenbahn nach dem Postplatz in Dresden.

Vorstadt Räcknitz. Vom Reichsplatz die Bergstr. empor.
Ehe wir an den alten Kern des ehemaligen Dorfes gelangen,
erblicken wir rechts an der Berg-, Mommsen- und Friedrich-
Wilhelm-Str. Reihen neu entstandener freundlicher Einfamilien-

häuser. Am Anfange des alten Räcknitz nach links zur Stadt-
gutstr., vorbei an der Gastwirtschaft „Zum Stadtgut" zu dem
von der Reichenbachstr. heraufführenden Fußweg, diesen
nach rechts aufwärts (links der städtische Volkspark mit zwei
Hochbehältern des zweiten Dresdner Wasserwerkes) bis zu dem
Moreau-Denkmal, der Bismarcksäule und der Franzenshöhe.
Das M o r e a u - D e n k m a l ist ein behauener Syenitblock,
auf dem Helm, Schwert und ein Eichenkranz ruhen, zwischen
drei Eichen. Hier fiel Moreau als Generaladjutant des russischen
Kaisers Alexander I. am 27. August 1813 in der Schlacht bei
Dresden gegen Napoleon. Den Hügel, an dessen Abhang das
Moreau-Denkmal steht, krönt die von der Dresdner Studenten-
schaft errichtete, von Wilhelm Kreis geschaffene B i s m a r c k -
s ä u l e , eine Stätte für nationale Freudenfeuer, ein Symbol
markiger Kraft, eingeweiht am 23. Juni 1906. Nahe dabei
die F r a n z e n s h ö h e (steinerne Bänke auf niedrigem Stein-
sockel zwischen zwei Bäumen, 187 m). Von allen drei Stellen
herrlicher Blick auf Dresden und das Elbtal, von der oberen
Stufe am Fuße der Bismarcksäule und von der Franzenshöhe
auf das Gesamtgebiet der Dresdner Landschaft.

Vorstadt Strehlen siehe S. 116.

Johannstadt. Mit der Linie Nr. 1 der gelben Straßenbahn
bis zum Trinitatisplatz. Hier die T r i n i t a t i s k i r c h e ,
im Renaissancestil von Karl Barth, 1894 nach dessen Tode
von Richard Eck vollendet. Nahe dabei links am Beginn der
Trinitatisstr. der Haupteingang des T r i n i t a t i s k i r c h -
h o f e s , siehe S. 67. Daran schließt sich die Israelitische
Begräbnisstätte. An dem nahe dabei von der Trinitatisstr.
nach links abgehenden Teile der Fürstenstr. das J o h a n n -
s t ä d t e r K r a n k e n h a u s , das zweite städtische Krankenhaus, 1901 vollendet, in jeder Beziehung mustergültig eingerichtet. In der Nähe, zwischen Fürstenstr. und Fiedlerplatz,
die Kgl. F r a u e n k l i n i k , 1903 vollendet. In der Nähe das
K ö n i g - G e o r g - G y m n a s i u m , von Erlwein erbaut, in der
Aula Deckenbilder von Gußmann. An der Elbe der Platz,
auf dem alljährlich in der ersten Woche des August die „Privi-
legierte Bogenschützen-Gesellschaft der Kgl. Haupt- und Resi-
denzstadt Dresden" eine Woche lang ihr Vogelschießen abhält,
mit dem das altbekannte und altbeliebte Volksfest der „Vogelwiese" verbunden ist.

Auf der Borsbergstr., Ecke Krenkelstr., an der Straßenbahnlinie Nr. 19, erhebt sich ein neues katholisches Gotteshaus,
die 1906 vollendete H e r z - J e s u - K i r c h e , nach roma-
nischem Stil in einfachen, ansprechenden Formen ausgeführt.

Vorstadt Striesen-Neugruna (zu erreichen vom Altmarkt
mit der roten Straßenbahn Nr. 2 oder mit der gelben Nr. 19)
liegt zwischen dem Großen Garten, der Fürstenstr. und Blasewitz. Diese Vorstadt zeichnet sich aus durch hübsche Vorgärten,
durch ein wohlausgebautes Straßennetz und durch die Bepflan-
zung der Straßen mit Bäumen. Das schönste Gebäude Striesens
ist das stattliche F r e i m a u r e r - I n s t i t u t (Realschule
mit Pensionat), in der Zeit des Wiederauflebens des Dresdner
Barockstiles in Sandstein gebaut von Kickelhayn, zwischen
Dornblüth-, Eisenacher- und Ermelstr. Der Hauptplatz ist der

Barbarossaplatz mit hübschen Anlagen; hier das Hotel Sachsen-Hof. Außerdem befinden sich in Vorstadt Striesen noch das Hotel Hammer, Augsburger Str. 7 und das Hotel zum Reichsadler, Schandauer Str. 33. — Außer der schon bei der Johannstadt erwähnten katholischen Herz-Jesu-Kirche befinden sich in Striesen noch die E r l ö s e r k i r c h e an der Ecke der Wittenberger und Paul-Gerhardt-Str., und ziemlich am Ende dieser Vorstadt, an der Schandauer Str. zwischen Dornblüth- und Glasewaldtstr., die 1906 errichtete V e r s ö h n u n g s - k i r c h e, von Rumpel und Krutzsch.

Friedrichstadt (zu erreichen vom Postplatz mit der Linie Nr. 2 der roten Straßenbahn oder mit der Linie Nr. 19 der gelben Straßenbahn). Mit der ersteren Linie gelangt man zuerst an die Weißeritzstr. An dieser links Anlagen, darin das einfache Denkmal König Antons des Gütigen (gest. 1836). An der Friedrichstr. Nr. 41 das M a r c o l i n i s c h e P a l a i s, jetzt Stadtkrankenhaus. Das Hauptgebäude (325 m Frontlänge) erhielt sein jetziges Gepräge 1774 durch Graf Camillo Marcolini. Napoleon I. wohnte während seines Besuches in Dresden hier. In dem Marcolinischen Palais trug sich die weltgeschichtliche Szene zu, daß Napoleon während der Unterhandlung über das Bündnis mit Österreich im Zorne seinen Hut zu Boden warf, ohne daß Metternich es für der Mühe wert hielt, ihn aufzuheben (26. Juni 1813). Das Napoleon-Zimmer ist noch vorhanden und dient als ärztliches Konferenzzimmer. An das Palais schließt sich ein Garten, der durch die zahlreichen Bauten für die Zwecke des Krankenhauses allerdings sehr beschränkt worden ist. In ihm befindet sich ein großartiger *B r u n n e n (N e p t u n - b r u n n e n) von Longuelune, ausgeführt von Mattielli, ein mächtiges Becken mit Felsengruppen, von Wasser umspült; hufeisenförmig eingeschlossen von zwei nach der Mitte aufsteigenden Rampen, Mittelgruppe Neptun und Amphitrite auf einem von Wasserpferden gezogenen Muschelwagen; eine Nymphe und ein Zephir lenken an zierlichen Muschelketten die ungestümen Seepferde; zu beiden Seiten der Hauptgruppe lagern die Stromgötter des Nils und des Tibers. Vom Mai bis September Sonntags 11—1 Uhr und Donnerstags 3—5 Uhr Wasserkunst im Gange (Eingang von der Wachsbleichgasse).

Gegenüber dem Stadtkrankenhaus befindet sich der alte *K a t h o l i s c h e F r i e d h o f, siehe S. 67. Im Norden und Westen von Friedrichstadt liegt das G r o ß e O s t r a - G e h e g e mit schönen alten Linden-Alleen, umschlossen von dem nördlichen Bogen der Elbe zwischen der Marienbrücke und der jetzigen Weißeritzmündung nahe bei Cotta. Ehedem nahmen Wiesen, die zu dem von Kurfürst August in der zweiten Hälfte des 16. Jahrhunderts angelegten Ostravorwerke gehörten, den ganzen Raum ein. Ein Teil im Süden ist zur Anlage des K ö n i g - A l b e r t - H a f e n s und der zu ihm gehörigen Güter-Lagerplätze und Schuppen verwendet worden. Den größten Teil im Norden hat man durch Aufschüttung in ein hochwasserfreies Gebiet, die „Schlachthof-Insel", verwandelt.

Verbunden ist die Schlachthofinsel mit dem „Festland" durch eine Brücke. Rings um den Haupteingang des Schlachthofes sind eine Reihe mehrstöckiger Häuser für die Schlacht- und Viehhofverwaltung, das städtische Schauamt, Börse, Viehversicherungsanstalt, Bankstelle, Lokomotivenschuppen der Betriebsbahn, sowie

Dienstwohnungen errichtet. Von der Entladung bis zur Schlachtung bleiben die Tiersorten gänzlich getrennt voneinander in besonderen Gebäuden, die je in einer geraden Längsachse hintereinander angeordnet sind. Aus den Schlachthäusern, die für Rinder und Schafe getrennt, für Schweine und Kälber gemeinschaftlich errichtet sind, wird das geschlachtete Tier über ein System von Schwebebahnen durch eine riesenhafte Vorhalle, die alle Schlachthäuser verbindet, in die Kühlräume gebracht. Welche Bodenflächen zu überbauen waren, mag man daraus entnehmen, daß die Rinderschlachthalle ebenso wie die Schweineschlachthalle die Größe des Altmarktes besitzt. Die Gebäude sind aus Eisenbeton errichtet. Es war das Bestreben des Stadtbaumeisters Erlwein, von dem hergebrachten Barackenstil anderer Städte gründlich abzuweichen. Die Häuser haben schräge Ziegeldächer und einen hellen farbigen Anstrich, so daß die weitausgedehnte Anlage, deren Mittelpunkt ein sechsstöckiges Maschinengebäude mit hohem steilen Dach und umbauter Esse bildet, mit seinen Häusern und Hallen den Eindruck eines freundlichen Dorfes macht. Die Anlage (Baukosten 16 Mill. Mark) ist in einem solchen Umfang geplant, daß sie noch ausreichen wird, auch wenn Dresden 1 Mill. Einwohner zählen wird (jetzt $^1/_2$ Mill.). Eröffnung: 1. Juli 1910.

Gegenüber liegt **Vorstadt Übigau** mit einem Schlößchen (gegenwärtig Gastwirtschaft), 1725 erbaut von Eosander v. Goethe für den Feldmarschall v. Flemming, 1726 von August dem Starken gekauft, der den Garten und die Gartenterrasse (Brüstung mit barocken Statuetten) anlegen ließ. In Übigau eine große sehenswerte S c h i f f s w e r f t. An Vorstadt Übigau schließen sich M i c k t e n und K a d i t z an. Auf Kaditzer Flur liegen die großen K l ä r a n l a g e n der Stadt Dresden. Die Abfallwässer der Altstadt werden unter der Elbe in einem mächtigen Dückerrohr nach den Kläranlagen gepumpt. Das D o r f K a d i t z gewährt mit seinen alten Häusern ein sehr charakteristisches Bild. Auf dem Friedhof eine uralte L i n d e.

Die westlichen Vorstädte Löbtau und Cotta. Löbtau ist von der inneren Stadt aus zu erreichen mittels der Linie 7 der gelben Straßenbahn. Mit dieser Linie gelangt man am Ende der Freiberger Str. zu dem dort links liegenden Crispi-Platz mit dem C r i s p i - D e n k m a l von Mario Putelli, enthüllt 1906, einem Geschenk von Bürgern der Stadt Palermo zur Erinnerung an ihren Mitbürger, den italienischen Staatsmann Crispi, der an dem von Bismarck geschaffenen Dreibund festhielt, und dessen Namen jener Platz erhalten hatte. Von der Freiberger Str. über die Weißeritzbrücke, die genannte Straße mit der Kesselsdorfer Str. verbindet, nach links zur Tharandter Straße, an deren Anfang links das R a t h a u s von Löbtau liegt, in deutscher Renaissance von Schilling und Gräbner ausgeführt. Der Kesselsdorfer Str. nach außen folgend, gelangt man zum N e u e n A n n e n f r i e d h o f mit einem schön gegliederten Bau von R. Wimmer, den Skulpturen von Engelke schmücken. Die die Mitte einnehmende, an der Kuppel kenntliche Parentationshalle enthält ein Gemälde von Schnorr v. Carolsfeld. — An der Wernerstr. befindet sich die F r i e d e n s - k i r c h e.

Cotta (zu erreichen mit der Linie Nr. 19 der gelben Straßenbahn vom Postplatz bis zur Hamburger Str.). In Cotta von der Hamburger Str. nach links durch die Cossebauder Str. nach Altcotta. Hier am Anfange der Lübecker Str. rechts das R a t - h a u s von Cotta, ein Bau in deutscher Renaissance von Bauinspektor Seitz und Architekt Voretzsch. An der Hebbelstr. die evangelische H e i l a n d s k i r c h e und an der Gottfried-Keller-Str. die katholische M a r i e n k i r c h e. Letztere, nach dem Entwurf von Heino Otto in frühromanischem Stil mit einem 40 m hohen Turm erbaut, wurde 1906 geweiht.

Vorstadt Pieschen und Leipziger Vorstadt, durch die gelbe Straßenbahn Nr. 15 (Postplatz—Mickten) erreichbar, sowie durch die roten Linien 6 und 12, heben sich unter den Westvorstädten durch ihre mächtig aufstrebende I n d u s t r i e heraus: Chemische Fabrik von Gehe & Co., Steingutfabrik Villeroy & Boch, Vereinigte Eschebachsche Werke, Grumbts Dampfsägewerk, Gummiwarenfabrik Schwieder u. a. Pieschen hat lebhaften Personen- und Durchgangsverkehr. Hauptstraßen: Leipziger Str. und Großenhainer Str. Von der Leipziger Str. interessanter Blick auf den P i e -s c h e n e r H a f e n (im Winter mit Schiffen voll bestanden), auf den belebten Elbstrom, das gegenüberliegende Gehege und die dorfähnliche Gebäudeanlage des neuen Städtisch. Schlacht- u. Viehhofes, im SO auf Elbbrücken und Türme der Stadt, im W auf Berge der Lößnitz und oberhalb Meißens. Von der auf die Leipziger Straße

Eckturm vom Schlosse Moritzburg

mündenden Rehefelder Str. (nahe dieser Straßenmündung der Konzertgarten Deutscher Kaiser nebst Variété und Ball-Etablissement) geht rechts die Bürgerstr. ab nach dem P i e s c h e n e r R a t h a u s , in deutscher Renaissance von Schilling und Gräbner geschaffen, in der Nähe die M a r k u s -k i r c h e , entworfen vom Architekten Christian Schramm. Vor der Kirche ein Kriegerdenkmal. Im nördlichen Teile der Rehefelder Str. die katholische S t . J o s e f s - K i r c h e , im Basilikenstil von Alexander Tandler. Zurück zur Rehefelder Straße und weiter mit der Straßenbahn zum Erfurter Platz, links durch die Erfurter Str. zum Großenhainer Platz, auf diesem die S t . P e t r i - K i r c h e , von Zeisig in Leipzig 1890 in deutscher Renaissance errichtet.

9

Von der St. Petri-Kirche auf der Großenhainer Str. stadtwärts bis zu der links abgehenden Conradstr., auf dieser bis
zur Friedensstr.; an der Ecke beider der I n n e r e N e u -
s t ä d t e r F r i e d h o f : T o t e n t a n z , Relief vom Kgl.
Schloß 1534 (Sandstein, sehr im Verfall, nur im Sommer sichtbar, 27 Gestalten, die dem Tode folgen). Auf dem Königsbrücker Platz die St. P a u l i - K i r c h e . Von da durch die
Königsbrücker Str. zum Albertplatz und zur Altstadt zurück.

Dauernder Aufenthalt

Gottesdienst

P r o t e s t a n t i s c h e r G o t t e s d i e n s t . Die Mitteilungen über den p r o t e s t a n t i s c h e n G o t t e s d i e n s t
und andere kirchliche Veranstaltungen (,,Kirchenachrichten")
in sämtlichen Kirchen, Kapellen und Betsälen Dresdens und
der Nachbarorte für jeden einzelnen Sonntag sind in der Frei-
tagsnummer des Dresdner Anzeigers zu finden.

K a t h o l i s c h e r G o t t e s d i e n s t : Hofkirche, Kirchen in Neustadt, Friedrichstadt, Johannstadt, Cotta und Löbtau,
Garnisonkirche, Kapellen in der Gr. Plauenschestr., sowie in
Striesen. In der Hofkirche und in den Pfarrkirchen täglich
hl. Messen, Sonntags Amt; in der Hofkirche Sonn- und Feiertags 11 Uhr musikalisches Hochamt, desgl. 4 Uhr musikalische
Vesper. Die katholischen Kirchennachrichten befinden sich in
der Sächs. Volkszeitung. Näheres im Bennokalender.

I s r a e l i t i s c h e r G o t t e s d i e n s t . Freitag abends
und Sonnabend früh in der Synagoge am Amalienplatz.

Gottesdienst in den Fremdenkirchen

1. A n g l i k a n i s c h e (E n g l i s c h e) K i r c h e — All
Saints' Church — Wiener Str., 1868/69 im frühgotischen eng-
lischen Dorfkirchen-Stil erbaut, 1869 geweiht. Den Grund und
Boden stellte die Stadt zur Verfügung, ohne ihn zu schenken;
das Gebäude stiftete Frau Goschen. Im Chor Glasbilder.
Services: Holy Communion 8⁰ a. m., some Sundays also at 10⁰
a. m., and 12⁰ m. d., Matins 11⁰ a. m., Evensong 6⁰ p. m. Holy
Days: Holy Communion 8⁰ a. m., Matins 11⁰ a. m., Evensong
4,30 p. m. Week days: Daily Matins, hour according to notice.
Prediger: Rev. C. A. Moore, Strehlener Str. 21, II.

2. A m e r i k a n i s c h e J o h a n n i s k i r c h e — Ame-
rican Church of St. John — Reichsplatz am Ende der Reichsstr.,
erbaut im gotischen Stile vom Architekten Dögel, 1884 geweiht.
Gottesdienst mit Predigt: Sonntag vormittags 11 Uhr; Abend-
gebet mit Ansprache um 5½ Uhr; Freitag vormittags 10 Uhr
Gottesdienst; Abendmahlsfeier an jedem ersten Sonntag im
Monat um 11 Uhr und an allen Sonntagen früh 8 Uhr. Prediger:
Rev. John F. Butterworth, Rektor, Reichsplatz 5.

3. Schottische Kirche — Presbyterian Service —
Bernhardstr. 2. Gottesdienst Sonntags um 11 Uhr und um 6 Uhr.
Prediger: Rev. T. H. Wright, Minister.

4. Orthodoxe Russisch-Griechische Kirche,
Reichsstr. 19. Sonnabend abends 6 Uhr Gottesdienst; Sonntags vormittags ³/₄11 Uhr heilige Liturgie. Vom Pfingstfest
bis zum 1. September fällt der Gottesdienst am Sonnabend
aus; er findet am
Sonntag vormittags 10 Uhr statt,
darauf 11 Uhr die
Liturgie. Priester:
Probst Pissarewsky
Helmholtzstr. 3 b.

Schulwesen

Russische Kirche

Kaum minder
bedeutend denn als
Stadt der Kunst
ist Dresden als
Stadt der Schulen.
Sein vielgestaltiges
Unterrichts- und
Erziehungswesen,
von der mit allen
erdenklichen Hilfsmitteln der Technik, Wissenschaft
und Kunst ausgestatteten Hochschule bis herab zu
der Bezirksschule,
ist weit über die
Grenzen des Reichs,
ja, Europas hinaus
rühmlich bekannt.
Hochschulen, Gymnasien und Realgymnasien (darunter 2 Reformgymnasien und
1 Reformrealgymnasium), neuerdings auch Realgymnasialkurse für Mädchen, Oberrealschulen, Realschulen, Privatrealschulen, höhere Privatknabenschulen, höhere Töchterschulen und höhere Privat-Mädchenschulen, 17 Bürger- und 46 Bezirksschulen, 2 Nachhilfeschulen,
5 Fortbildungsschulen, obligatorische und fakultative Koch- und
Haushaltungskurse, mehrere unter den Begriff der Volksschule
fallende Staats-, Stiftungs- und Vereinsschulen dienen der allgemeinen Bildung. An diese reiht sich dann eine große Anzahl
von Fach- und Berufsschulen, so die Seminarien (drei für Lehrer,
eins für Lehrerinnen), die Kgl. Turnlehrer-Bildungsanstalt, das
Kadettenkorps, die Militärvorbereitungs-Anstalten, die Kgl. Baugewerkenschule, das Kgl. Stenographische Institut, die Kgl. Aka-

9*

demie der bildenden Künste und die Kgl. Kunstgewerbeschule mit
Kunstgewerbemuseum. Eine große Anzahl privater Mal- und
Kunstschulen und kunstgewerblicher Lehranstalten schließt
sich an letztgenannte Schulen an, dazu kommen zahlreiche
Musikschulen (die älteste das Kgl. Konservatorium) und
einige Schauspielschulen. Für die handelswissenschaftliche und
die gewerbliche Ausbildung der Jugend sorgen die Öffentliche
Handelslehranstalt der Dresdner Kaufmannschaft, die Städtische
Gewerbeschule, private Sprachschulen und rein gewerbliche
Schulen, die ausschließlich Fachzwecken dienen. Aber Schulen
verschiedenster Art, darunter auch die Schülerinnenabteilungen
der Städtischen Gewerbeschule und der Kgl. Kunstgewerbeschule, die Mutter-Anna-Schule, zahlreiche Pensionate, wollen
das weibliche Geschlecht für den Lebenskampf ausrüsten, sowohl für den natürlichen Beruf als Hausfrau und Mutter, als
auch für Erwerb und Beruf. Das ist in wenigen Umrissen ein
Bild des Dresdner Unterrichts- und Bildungswesens.

Hunderte von Besuchern kommen alljährlich aus aller
Herren Ländern, um das Dresdner Schulwesen eingehend zu
studieren und reiche Erfahrungen mit nach Hause zu nehmen.
Wenn auf den Namen einer Großstadt nur diejenige vollen An-
spruch erheben darf, die zur wirtschaftlichen Blüte den Aufschwung des geistigen Lebens gesellt, und wenn das sicherste
Zeichen hochstehender Kultur eine lebendige Kunstpflege, ein
reichentwickeltes, vielgestaltiges Unterrichtswesen ist, so hat
kaum eine deutsche Stadt höhere Ansprüche auf diesen Namen;
denn keine hat eifriger und erfolgreicher nach diesem großstädtischen Ziele gestrebt als Dresden, eine Folge der hohen, ver-
ständnisvollen Auffassung der Aufgaben des Schulwesens in der
Gegenwart durch die zuständigen Behörden. Ausführlicheres
über das Unterrichtswesen Dresdens gibt der vom Verein zur
Förderung Dresdens und des Fremdenverkehrs herausgegebene
F ü h r e r d u r c h d a s U n t e r r i c h t s w e s e n d e r
S t a d t D r e s d e n , der auf Verlangen von der Geschäftsstelle des Vereins unentgeltlich zugesendet wird.

Steuern und Abgaben

I. Staatssteuern

Im Königreich Sachsen wird 1. eine allgemeine Einkommen-
steuer, 2. eine Ergänzungs(Vermögens-)steuer erhoben. Beitragspflichtig zur E i n k o m m e n s t e u e r sind Reichs-Ausländer: a) wenn sie in Sachsen ihren Wohnsitz haben oder
sich dauernd, d. h. mindestens e i n J a h r l a n g u n u n t e r -
b r o c h e n oder drei Jahre mit Unterbrechungen aufhalten,
mit ihrem gesamten Einkommen; b) wenn sie in Sachsen ein
Grundstück besitzen oder eine Erwerbstätigkeit ausüben (ohne
Unterschied, ob sie sich in Sachsen aufhalten oder nicht), mit
dem aus diesen Quellen herrührenden Einkommen.

Ausländer, welche in Sachsen unter Umständen Wohnung
nehmen, die auf die sofortige Begründung eines Wohnsitzes
schließen lassen, z. B. durch Ermietung einer eigenen Wohnung
auf unbestimmte Dauer, werden bereits mit dem ersten Steuer-
termine nach der Wohnungsnahme zur Staatseinkommensteuer

beitragspflichtig. — Das Ermieten einer eigenen Wohnung auf die Dauer bis zu einem Jahre o h n e d i e A b s i c h t d a u - e r n d e r B e i b e h a l t u n g e i n e r s o l c h e n gilt nicht als Wohnsitznahme.

Das Einkommen aus Grundbesitz, welcher außerhalb Sachsens bez. im Auslande liegt, und Einkommen aus einem Gewerbe, welches außerhalb Sachsens bez. im Auslande betrieben wird, wird nur in Ausnahmefällen (bei der Besteuerung nach dem Verbrauche) herangezogen. Somit können Ausländer, die ihr Einkommen ganz oder vorwiegend aus im Auslande gelegenem Grundbesitze oder Gewerbebetriebe beziehen, nur nach Höhe ihres V e r b r a u c h s a u f w a n d e s zur Steuer herangezogen werden.

Beitragspflichtig zur E r g ä n z u n g s(V e r m ö g e n s -) s t e u e r sind Reichs-Ausländer: a) wenn sie mindestens seit zwei Jahren in Sachsen ihren Wohnsitz haben, nach dem Gesamtwerte ihres ergänzungssteuerpflichtigen Vermögens; b) in allen anderen Fällen nach dem Werte ihres dem Betriebe der Land- und Forstwirtschaft und eines Gewerbes in Sachsen dienenden, nicht von der Grundsteuer betroffenen Anlage- und Betriebskapitals. Während eines v o r ü b e r g e h e n d e n Aufenthaltes in Sachsen ist ein Ausländer überhaupt nicht ergänzungssteuerpflichtig, ausgenommen er betreibt in Sachsen ein Gewerbe.

II. S t ä d t i s c h e S t e u e r n

In Dresden werden Reichs-Ausländer nur dann zu städtischen Abgaben beitragspflichtig, wenn die Voraussetzungen für die Heranziehung derselben zur Staatseinkommensteuer gegeben sind. (Siehe Staatsabgaben.) Im übrigen wird in Dresden das Einkommen der Reichsausländer bei der Veranlagung zu den städtischen Steuern mit wenigen Ausnahmen n u r z u v i e r F ü n f t e i l e n herangezogen.

NB. In allen mit einem längeren Aufenthalt zusammenhängenden Fragen wende man sich an den V e r e i n z u r F ö r d e r u n g D r e s d e n s u n d d e s F r e m d e n v e r - k e h r s (Hauptbahnhof, Wiener Platz).

Bibliotheken und Lesehallen

*Kgl. Öffentl. Bibliothek im Japanischen Palais, Neustadt, Kaiser-Wilhelm-Platz. Montags bis Freitags 9—2 und 4—6 Uhr, Sonnabends nur 9—2 Uhr. Im Erdgeschoß: L e s e s a a l. Gefordert wird schriftliche Vorausbestellung der für den Lesesaal gewünschten oder in die Wohnung zu entleihenden Bücher. Zur Aufnahme schriftlicher Bücherbestellungen befinden sich in der Altstadt Briefkasten in der Arnoldischen Buchhandlung am Altmarkt und in der Hofbuchhandlung H. Burdach auf der Schloßstr. Die Benutzung der Bibliothek ist unentgeltlich. Führungen durch die Bibliothek nach Anmeldung im Expeditionszimmer um 12 Uhr; 50 Pf. für die Person.

Die Kgl. Bibliothek (Direktor: Geh. Regierungsrat Dr. Ermisch) enthält 520 000 gedruckte Bücher nebst Kapseln für 320 000 kleinere Schriften, 6000 Handschriften, 182 000 Dissertationen, 2000 Inkunabeln (Erstdrucke nach Erfindung der Buchdruckerkunst), 30 000 Landkarten und 20 000 Notenbände; besonders reich an geschichtlichen Büchern, namentlich deutsche, sächsische, polnische und französische, dann neuere Literatur und Kunstwissenschaft, Theologie und altklassische

Literatur, namentlich ältere Werke. Die berühmtesten Handschriften sind: Albrecht Dürers Proportionen des menschlichen Körpers, Chroniken Thietmars von Merseburg und Widukinds, die Maya-Handschriften.

Stadtbibliothek, im Neuen Rathaus, Friedrichsring, 1. Obergeschoß. Ratsarchivar, Bibliothekar und Museumsverwalter: Prof. Dr. Otto Richter. Besonders reich an Werken zur Geschichte Dresdens und Sachsens, zur Verfassungs- und Verwaltungsgeschichte und zum Städtewesen (rund 30 000 Bände). Damit verbunden die Bibliotheken der Ökonomischen Gesellschaft im Königreich Sachsen (etwa 10 000 Bände) und der Deutschen Kolonialgesellschaft (Abteilung Dresden). Geöffnet wochentags von 9—½2 und (außer Sonnabend) 4—7 Uhr.

Städtische Zentralbibliothek im Lesehallenhaus, Waisenhausstr. 9, vereint die gesichteten und planmäßig ergänzten

Meißen

Bestände der früheren 18 Volksbibliotheken des Gemeinnützigen Vereins. Das Ganze ist gedacht als Bildungsbibliothek für alle Stände. Die Benutzung ist kostenlos. Die Stadt unterhält die Bibliothek mit einem Aufwand von etwa 40 000 Mk. jährlich. Oberbibliothekar: Brunn. Die Zentralbibliothek besitzt außerdem 3 Filialen in Striesen (Haydnstr. 49), in Neustadt (Königsbrücker Str. 28) und in Löbtau (Rathaus).

Bibliothek der Gehe-Stiftung, Kleine Brüdergasse 21, I. Vorstand: Prof. Dr. jur. h. c. Th. Petermann. Staatswissenschaftliche Bibliothek mit Lesezimmer. Über 600 Zeitschriften und Periodica, betreffend Staats- und Rechtswissenschaft, Volkswirtschaft und Verwaltung. (Keine Tagesblätter, keine Belletristik).

Die Bibliothek enthält rund 70 000 Werke über **politische Hilfswissenschaften** (Geschichte, Geographie und Statistik, Bevölkerungslehre, Kolonialpolitik, Philosophie, über 8000 Bände), über **Staats- und Rechtswissenschaft** (theoretische und praktische Politik, Öffentliches und Privatrecht, Kirchen-Recht und Politik, Sozialpolitik, etaw 28 000 Bände), über **Verwaltung** (Staats- und Gemeindeverwaltung, Bau-, Armen-, Gesundheits-, Bildungs-, Kriegswesen, Polizei, etwa

14 000 Bde.), über **Volkswirtschaft** aller Zweige (za. 20 000 Bde.). Benutzung von Bibliothek und Lesezimmern (stiftungsgemäß nur für männliche Personen) unentgeltlich. Geöffnet wochentags von 10—2 und (außer Sonnabend) nachmittags von 5—9 Uhr. Geschlossen Sonn- und Feiertags, sowie in der Kar- und Osterwoche und in der 2. und 3. Septemberwoche.

Die Bibliothek ist ein Teil der **Gehestiftung**. Diese wurde von dem Dresdner Großkaufmann Franz Ludwig Gehe (geb. 1810, gest. 1882) begründet und mit einem Kapital von 2 Millionen Mark ausgestattet; im Jahre 1883 trat sie ins Leben. „Ihre Aufgabe als Bildungsanstalt ist, Bildung zu verbreiten in bezug auf die Gegenstände, deren gründliches Verständnis zu gedeihlichem öffentlichen Wirken erforderlich ist." Zu diesem Zwecke unterhält die Gehestiftung, wie erwähnt, eine Bibliothek und ein Lesezimmer und veranstaltet im Winterhalbjahre staatswissenschaftliche Vorträge und Lehrkurse. Die Einzelvorträge, 5—6 in jedem Winterhalbjahre, meist von auswärtigen Gelehrten gehalten, finden im Vereinshause statt. Die Lehrkurse bestehen in Vortragsfolgen, deren in jedem Winter durchschnittlich 8, jede in der Regel aus 10 Vorträgen bestehend, gehalten werden.

Bibliothek der Kgl. Technischen Hochschule, Bismarckplatz.
Wochentags 8—1 und 3—7 Uhr, Sonnabends nur 8—1 Uhr.

Kgl. Kunstgewerbe-Bibliothek, verbunden mit der Kgl.
Kunstgewerbeschule, Eliasstr. 34. Wochentags i. S. 8—6, i. W. 8—8; Sonntags 11—1 Uhr. Enthält etwa 1200 kunstgewerbliche und kunstgeschichtliche Werke, eine Vorbildersammlung von 172 000 Blatt, 25 000 Reproduktionen aus allen Gebieten der Kunst.

Bibliothek des Kgl. Sächs. Statistischen Landesamts, Dresden-
Neustadt, Ritterstr. 14, I. Eine Fachbibliothek von rund 130 000 Bänden, beschränkt öffentlich. Wochentags von 10 bis 1 Uhr.

Prinzliche Sekundogenitur-Bibliothek, Brühlscher Garten 3,
Erdg. Für Studienzwecke mit besonderer Erlaubnis zugänglich.

Bibliothek des Kgl. Stenographischen Instituts (Stenographie,
Paläographie und Geschichte der Schrift). Größte stenographische Fachbibliothek der Welt, viele Originalhandschriften. Im neuen Ständehaus 1. Treppe. Geöffnet von 11—1 Uhr.

*Dresdner Lesehalle, Waisenhausstr. 9 und Ringstr. 3. Ein
vom Geh. Kommerzienrat Lingner 1902 begründeter, von der Stadt Dresden aus Stiftungsmitteln unterstützter Verein, der für alle Schichten der Bevölkerung durch Beschaffung belehrenden und unterhaltenden Lesestoffs die Mittel zur Weiterbildung und zu höherem geistigen Genusse bieten will. Leseräume mit künstlerischer Innendekoration. Zwei Abteilungen, eine entgeltliche und eine unentgeltliche. Geöffnet wochentags von vormittags 10 bis abends 10 Uhr, an Sonn- und Festtagen von vormittags 11 bis abends 8 Uhr. Entgeltliche Haupt-Abteilung (Dresdner Lesehalle), im 1. Obergeschoß: Karte für 1 Tag 30 Pf., für 1 Monat 3 Mk., vierteljährlich 7,50 M., halbjährlich 12 Mk., jährlich 20 M. 800 in- und ausländische Zeitungen und Zeitschriften, Bibliothek 3000 Bände. Adreßbücher, Nachschlagewerke, Wörterbücher, Konversationslexika. Schriften für einzelne Berufskreise, zeitgemäße Broschüren und Bücher, Schreibgelegenheit. Unentgeltliche Abteilung (Volkslesehalle) im Erdgeschoß: Deutsche Tageszeitungen, Fachzeitschriften, Literatur der verschiedensten Art.

Privatleihbibliotheken. (Neuheiten sofort nach Erscheinen,
auch fremdländische Literatur): P o c h m a n n , Seestr. 12, I.;

(40 000 Bände); P i e t z s c h , Waisenhausstr. 28, I. (etwa
80 000 Bände); P a u l i g , Moritzstr. 9. (etwa 80 000 Bände).
Volksbibliothek des Gemeinnützigen Vereins in Plauen,
Nöthnitzer Str. 2, II. Sehr gut eingerichtete Bücherei.

Öffentliche Vorträge

An Gelegenheit, solche zu hören, ist namentlich im Winter
in Dresden kein Mangel. Näheres ergeben die Ankündigungen
in den Tagesblättern. Es seien nur einige der wichtigsten an-
geführt.

Die Basteibrücke, Sächsische Schweiz

V o r t r a g s a b e n d e a l l g e m e i n e r A r t : Öffentliche Vorträge des Gemeinnützigen Vereins im Winterhalbjahr
Mittwoch abends 8 Uhr im alten Stadtverordnetensaal, Landhausstr. 7. Unentgeltlich für jedermann. Vorträge im Gewerbe-
verein, im Deutsch-Österreichischen Alpenverein, in der Gesellschaft zur Förderung der Amateurphotographie, im Deutschen
Schulverein, im Alldeutschen Verband.
V o r t r a g s a b e n d e w i s s e n s c h a f t l i c h e r A r t :
In der Kgl. Technischen Hochschule und in der Tierärztlichen Hochschule können Damen und Herren als Hörer unter
gewissen Bedingungen an einzelnen Vorlesungen (namentlich
über Literatur, Philosophie und Kunstgeschichte) teilnehmen.
Näheres im Sekretariat der Hochschulen. — Unter dem Namen:
,,Verein für v o l k s t ü m l i c h e H o c h s c h u l k u r s e ''
besteht eine Vereinigung, die den Zweck verfolgt, die Ergeb-
nisse wissenschaftlicher Forschung in volkstümlicher Darstellung
weiteren Volkskreisen näher zu bringen. Zur Erreichung dieses
Zweckes veranstaltet der Verein während des Wintersemesters

Reihen von volkstümlichen Vortragskursen. Gegenstand dieser Kurse sind alle Wissensgebiete, die sich zur volkstümlichen Darstellung eignen; jedes Eintreten für politische, soziale oder kirchliche Parteiideale wird dabei streng vermieden. Mitglieder dieses Vereins sind die Professoren und Lehrer der Technischen Hochschule und der Tierärztlichen Hochschule zu Dresden, der Bergakademie in Freiberg und der Forstakademie in Tharandt. — Sozialwissenschaftliche Kurse für Frauen im Studienheim von Frl. Marie Held, Ammonstr. 9. Zweck: Wissenschaftliche Einführung gebildeter Frauen in die Fragen des modernen öffentlichen Lebens. — Unentgeltliche staatswissenschaftliche Vorträge und Lehrkurse der Gehestiftung (kleine Brüdergasse 21). — Der Verein für Erdkunde (kl. Brüdergasse 21) und die Deutsche Kolonialgesellschaft, Abt. Dresden, veranstalten im Winterhalbjahre erweiterte Sitzungen, an denen von Mitgliedern eingeführte Gäste unentgeltlich teilnehmen können. — Vorträge im Verein für Geschichte Dresdens und im Kgl. Sächs. Altertumsverein, im Protestantverein, in der Isis, im Keplerbund, Gesellschaft für Christentum und Wissenschaft, im Verein für Sächsische Volkskunde u. a. m.

Vortragsabende literarischer Art: Regelmäßige Vortragsabende der Literarischen Gesellschaft, des Literarischen Vereins, der Gesellschaft für Literatur und Kunst, der Gesellschaft für neuere Philologie, des deutschen Sprachvereins (sämtlich für Mitglieder, bisweilen auch für deren Gäste), literarische Veranstaltungen der Tittmannschen Buchhandlung und zahlreiche besondere Vortragsabende.

Vorträge über Kunstgeschichte. Vorlesungen von Prof. Gurlitt und Bruck an der Techn. Hochschule. Der Frauenerwerbsverein (Ferdinandstr. 13) veranstaltet im Winter kunstgeschichtliche Vorträge für Damen im Albertinum (Prof. Hänel).

Vereine und Klubs

Landsmannschaftliche Vereinigungen. Preußischer Hilfsverein: Dr. Ehlermann, Mosczinskystr. 21. — Verein der Bayern in Dresden: Münchner Kindl, Maxstr. 12. Sonnabends ½9 Uhr. — Verein der Württemberger in Sachsen. Vorst.: Prof. Dr. Karl Vollmöller. — Verein der Badenser: Viktoriahaus. Dienstag abends 9 Uhr. — Unterstützungs- und Geselligkeitsverein Deutsch-Österreicher: Pirnaischer Hof, Schreibergasse 13. Jeden 1. und 3. Donnerstag im Monat. — Allgemeiner Schweizerverein: Moritzkeller, Ringstr. 72. Sonnabends.

Fremdenvereinigungen: Anglo-American-Club, Mosczinskystraße 1. Vornehmes Institut. Mitglieder zu jeder Tageszeit anwesend. Direktor: Mr. J. H. Harjes, Sekretär: Dr. Kretzschmar, Reichsstr. 15. — Skandinavischer Verein, Klub-Lokal Lindenaustr. 17. Vorstand: Ingenieur Hallschöm, Helmholtzstraße 2. — Polnischer Verein. Sitz: Kronprinz Rudolf, Schreibergasse 12. Vorstand: J. F. J. Kamendzinski, Schumannstr. 41. Versammlung jeden Sonntag nachmittags und abends. — Circolo Dante Alighieri, Kaisercafé, Wiener Platz, einmal wöchentlich. — Griechisch-Orthodoxer Verein. Vorstand: Konstantin Tissis. —

Russische Bibliothek und Lesehalle zum ehrenden Gedächtnis an Prof. A. J. Tschuproff. Ringstr. 18, III. Geöffnet von 9 Uhr früh bis ½11 Uhr abends.

Literarische Vereine. Literarische Gesellschaft. Vors.: Major Nicolai, Hettnerstr. 6. — Literarischer Verein. Vors.: Prof. Zschalig, Sedanstr. 3. — Gesellschaft für Literatur und Kunst. Vors.: Dr. Örtel, Tiergartenstr. 6.

Gesellige Vereine und Klubs. Über die überaus zahlreichen

Die Barbarine am Pfaffenstein, Sächsische Schweiz

geselligen Vereine, die im Adreßbuch (II. Teil) aufgeführt sind, erteilt die Geschäftsleitung des Vereins zur Förderung Dresdens und des Fremdenverkehrs, Hauptbahnhof, Eingang II (Wiener Platz), bereitwillig Auskunft. Hier seien nur folgende genannt: H a r m o n i e , gegr. 1786, im eigenen Grundstück Landhausstraße 11, besteht aus 275 Mitgliedern (höhere Staatsbeamte, Gelehrte, Kaufleute u. a.). — H o f f n u n g , gegr. 1873, besteht aus Kaufleuten, Fabrikanten, Gelehrten, Rentiers usw. N e u s t ä d t e r K a s i n o , im eigenen Hause, Königstr. 15. R e s s o u r c e der Dresdner Kaufmannschaft, Moritzstr. 1 b. — A l b i n a , gegr. 1828, Herrengesellschaft aus gebildeten Ständen, Zinzendorfstr. 47. — Dresdner K l u b. Vorstand: Dr. med. Louis Klotz. — Dresdner F r a u e n k l u b , Sidonienstr. 2.

Künstler- und Schriftstellervereinigungen. Dresdner K u n s t g e n o s s e n s c h a f t , eigenes Haus Albrechtstr. 6. — Dresdner K u n s t g e w e r b e v e r e i n , Eliasstr. 34. — Dresdner Schriftstellerklub S y m p o s i o n. — Verein Dresdner P r e s s e. — Münchner P e n s i o n s a n s t a l t deutscher Schriftsteller und Journalisten (Ortsgruppe Dresden). — Die Z u n f t (Vereinigung Dresdner Künstler), Tucherbräu.

Zeitungen

Größere Tageszeitungen: Dresdner Anzeiger, gegr. 1730, Amtsblatt verschiedener Kgl. Behörden und des Rates zu Dresden. Redaktion und Expedition: Breitestr. 7 und 9. Erscheint früh. — Dresdner Nachrichten, gegr. 1856, erscheinen früh und abends, Marienstr. 38 und 40. — Dresdner Neueste Nachrichten, erscheinen abends, Ferdinandstr. 4. — Dresdner Journal (Kgl. Sächs. Staatsanzeiger), Redaktion und Expedition Zwingerstr.

W ö c h e n t l i c h erscheint das Dresdner Salonblatt, moderne illustrierte Wochenschrift für Gesellschaft, Theater, Kunst und Sport. Expedition: Räcknitzstr. 12.

Englische Zeitungen: The Stranger's Guide to Dresden (Dresden Advertiser). Anzeige- und Unterhaltungsblatt für die englisch-amerik. Kolonie erscheint Sonnabends. Exp.: Walpurgisstraße 7. — The Daily Record, erscheint täglich außer Montag. Expedition: Struvestr. 5.

Heilanstalten

a) S t ä d t i s c h e. Krankenhaus Friedrichstadt, Friedrichstr., Krankenhaus Johannstadt, Fürstenstr., dazu Säuglingsheim, Wormser Str. 4; Städt. Heil- und Pflegeanstalt, Löbtauer Str. 31, mit Louisenhaus. — Außerhalb von Dresden: Genesungsanstalt, Fiedlerhaus (für besserungsfähige Lungenkranke); Genesungsanstalt Augustenhaus, Oberlößnitz (für Frauen und Mädchen); Heilanstalt in Klingenberg.

b) S t a a t l i c h e. Kgl. Frauenklinik, Pfotenhauerstr.; Kgl. Krankenstift, Friedrichstr. 50 (katholisch).

c) V e r e i n s a n s t a l t e n. Diakonissenanstalt, Bautzner Straße 60; Carolahaus, Gerokstr. 65.; Kinderheilanstalt, Chemnitzer Str. 14; Maria-Anna-Kinderhospital, Carolahöhe, Trachenberge, Weinbergstr.; St. Josefsstift, Wintergartenstr.

d) P o l i k l i n i k e n (nur für Unbemittelte). 1. F ü r E r w a c h s e n e: Diakonissenanstalt, Holzhofgasse 29; Carolahaus, Gerokstr., für Frauen und Augenkranke; Poliklinik des Albertvereins, Kaiser Wilhelm-Platz, für alle Krankheiten. 2. F ü r K i n d e r: Heilanstalt, Chemnitzer Str. 14; Kinderheilanstalt, Zeughausplatz 3; |Kinderheilstätte, Hechtstr. 67; Kinderpoliklinik in Johannstadt, Wormser Str. 4.

e) I n s t i t u t e f ü r O r t h o p ä d i e u n d M a s s a g e. Kgl. Mechano-therapeutisches Zander-Institut, früher Dr. von Reyher, jetzt Dr. Linow, Wiener Str. 18.; Dr. Beyer und Dr. Löwe, Institut für Massage, Heilgymnastik und Orthopädie, Zinzendorfstr. 49.; Oldevig, Geh Hofrat, Schwedisches heilgymnastisches Institut, Johann-Georgen-Allee 39.

S a n a t o r i e n u n d H e i l a n s t a l t e n
in der Nähe Dresdens

B l a s e w i t z : Waldparksanatorium (Magen-, Darm- und Stoffwechselstörung, Nervenleiden, Erholungsbad). Dr. H. Hänel und Dr. Steiner, Dr. Görner.

W e i ß e r H i r s c h — O b e r l o s c h w i t z — B ü h l a u: Dr. Lahmanns Sanatorium. — Sanatorium Dr. Dr. Teuscher. —

Sanatorium Bühlau, Oberstabsarzt a. D. Dr. von Hahn, Bach-
mannstr.

L o s c h w i t z : Heilanstalt „Rotes Kreuz". —- Sanatorium
Dr. Möller und Dr. Lehmann (diät. Kuren nach Schroth).

K r e i s c h a : San.-Rat Dr. Bartels Sanatorium. Arzt:
Dr. Krapf. (Nerven-, Herz-, Stoffwechselkranke und Erholungsbedürftige).

T h a r a n d t : Sanatorium San.-Rat Dr. Haupt (Nerven-,
innere, Stoffwechselkranke und Erholungsbedürftige).

C o s w i g : Lindenhof, Sanatorium für Nerven- und Ge-
mütskranke (früher Dr. Pierson).

N e u - C o s w i g :   Sanatorium   für   Lungenkranke.
Dr. Nöhring.

N i e d e r - L ö ß n i t z :   Dr.   Kadners   Sanatorium   für
Stoffwechselstörung. Dr. Oeder.

S c h l o ß   N i e d e r - L ö ß n i t z :   (Station   Kötzschenbroda). Arzt: Dr. Fichtner.

In Dresden praktizieren ungefähr 400 Ärzte, darunter eine
große Anzahl von Spezial-Ärzten für die verschiedensten Fächer;
außerdem befinden sich in Dresden eine Menge sehr günstig
gelegener und allen Anforderungen der Neuzeit entsprechender
Privatkliniken und Institute für Chirurgie, Frauenkrankheiten,
für Augen-, Hals-, Nasen- und Ohrenkranke, sowie für Haut-
leidende und Krankheiten der Nieren, Blase, für Röntgen- und
Lichtbehandlung usw. Nähere Angaben hierüber sind im Adreßbuch (II. Teil, 3. und 5. Abschnitt, und IV. Teil unter „Ärzte")
zu finden.

Ausflüge in Dresdens Umgebung

Spezialführer: Th. Schäfer, Dresdens Umgebung. 128 Ausflüge. Nebst Karte.
Dresden, C. C. Meinhold & Söhne. — B. Schlegel, 150 Ausflüge in die Umgebung
Dresdens. Dresden, Alexander Köhler. — Köhlers Touristenkarte der Umgebung
Dresdens und Köhlers Touristenkarte der Dresdner Heide.

Elbdampfschiffahrt stromaufwärts

Sie ist allen denen zu empfehlen, welche die herrlichen
landschaftlichen Schönheiten des Elbtals in Muße kennen lernen
wollen, da sich vom Deck der Dampfer ein weit freierer und
schönerer Blick auf die Ufer bietet, als aus den engen Abteil-
fenstern der schnell dahinjagenden Eisenbahnwagen. Die Fahrt
bietet mannigfach wechselnde Blicke auf die Ufer der Elbe.
Phantastische Felsgebilde, teils zierlich, teils grotesk, schauen
hernieder auf die vorbeiziehenden Schiffe; prächtige Buchen-
und Nadelwälder treten bis an den Strom heran, grüne Matten
und Weingelände, schmucke Dörfer, steile Felsen und oft bis
zur Höhe reichende gesegnete Fluren wechseln unablässig. Die
oberen Strecken Dresden—Pillnitz—Pirna—Königstein—Schandau bieten geradezu entzückende Bilder, auf der Strecke von
Dresden talwärts bis Meißen ist die landschaftliche Schönheit
von feinerem poetischen Reiz.

1. Dampfschiffahrt nach L o s c h w i t z und B l a s e w i t z
vom Terrassenufer aus. Fahrt durch die Carola-, dann Albert-

brücke, links Waldschlößchen, Saloppe (Restauration), unterhalb derselben das erste Dresdner Wasserwerk. Darauf folgen drei schloßartige Villen: Schloß Albrechtsberg (kenntlich an der Kolonnade vor dem Schlosse nach der Elbe zu), Villa Lingner und Schloß Eckberg (kenntlich an seinem gotischen Stil). Die beiden ersten, zusammen gewöhnlich A l b r e c h t s c h l ö s s e r genannt, wurden 1850—54 vom preußischen Landbaumeister Lohse für den Prinzen Albrecht von Preußen und seinen Hofmarschall Baron von Stockhausen im Stile Schinkels erbaut. Schloß Eckberg, 1860 gotisch erbaut, ist ein Hauptwerk Friedrich Arnolds und eine hervorragende Zierde der Landschaft.

Stadt Königstein und der Lilienstein

Villa Albrechtsberg gehört zurzeit dem Geh. Kommerzienrat Lingner, Eckberg früher dem Generalkonsul Wunderlich. Es folgen: **Loschwitz** mit Gasthof Demnitz, Garten an der Elbe, Burgberg auf halber Höhe, weiter oben: Schöne Aussicht, Luisenhof, Loschwitzhöhe (alle mit weiter Fernsicht). Hübsche Kirche von George Bähr, dem Erbauer der Frauenkirche, Herrmanndenkmal, Ludwig Richterdenkmal, Rote Amsel (Fachwerkhaus mit Gemäldesammlung des Malers Leonhardi), Schillerhäuschen, Schillerstr. 19 (Don Carlos 1785—87). Über Drahtseilbahn und Schwebebahn siehe Weißer Hirsch.

Blasewitz, mit Loschwitz durch eine stattliche Hängebrücke verbunden („Blaues Wunder"), schöner, vornehmer Villenort. Aus Schillers Wallenstein bekannt die „Gustel von Blasewitz". Schillergarten an der Elbe, Dampfschiffrestauration und Hotel Bellevue ebenfalls an der Elbe; Goethegarten am Schillerplatz.

Es folgt an der Elbe: **Wachwitz,** im Frühjahr wohnt der König hier auf seinem Weinbergsgrundstück. Größerer Abstecher: durch den Wachwitzgrund (im Anfang ländliche Häuschen abwechselnd mit villenartig gebauten, dann die

beiden Seiten bewaldet) nach Oberrochwitz und über Gönnsdorf nach dem Friedrich-August-Turm, rückwärts über Papp-
ritz, Helfenberger. Grund, Staffelstein (schöne Aussicht).

Setzen wir von Wachwitz die Fahrt auf der Elbe fort, so
kommen wir zur nächsten Station Niederpoyritz, dann nach
L a u b e g a s t (Denkmal der Neubern); an der Elbe reizend
gelegen E n g a u s C a f é und Weinstube, hübscher Rosen-
garten, Erinnerungen an Bismarck; H o s t e r w i t z (Kepp-
schloß der Großherzogin von Mecklenburg-Strelitz, Villa der
Prinzessin Mathilde, Karl Maria v. Weber-Haus [Freischütz,
Oberon]), Ausflug durch den kleinen romantischen Keppgrund
zur Keppmühle, ¾ Stunde (Restauration); K l e i n - Z s c h a c h-
w i t z (Kurhaus mit Konzertpark); Pillnitz (Elbsalon, Schloß-
restauration, Gasthof zum Löwen), Kgl. Schloß, Sommer-
wohnung des Königs, 1720—23 erbaut im chinesischen Stil
von Longuelune, *Schloßgarten bei Abwesenheit des Königs
ohne weiteres zugänglich (prächtige Koniferen, Palmenhaus,
Orangerie; größter Kamelienbaum Europas im Freien [6½ m
hoch, hier seit 1801, mit Heizanlage]); Schloß zugänglich in
Abwesenheit des Königs durch den Schloßverwalter. — Ausflug zum Borsberg (1 Stunde: von der Landungsstelle geradeaus,
beim Löwen links, dann aufwärts durch den *F r i e d r i c h s -
g r u n d , von der Meixmühle (Restauration) in 20 Minuten
zum Borsberg (355 m), Restauration, Plateau über dem Felsen-
zimmer mit *Aussicht auf die Sächsisch-Böhmische Schweiz.
Rückwärts über Dorf Borsberg zur künstlichen Pillnitzer Ruine.
Bei Pillnitz in G r o ß g r a u p a , das durch eine schöne Kasta-
nien-Allee bequem zu erreichen ist, das Haus, wo R i c h a r d
W a g n e r den L o h e n g r i n schrieb, mit Bildern und Andenken an R. Wagner.

Weißer Hirsch und Dresdner Heide

2. **Weißer Hirsch.** Mit der Linie Nr. 9 der gelben Straßenbahn vom Schloßplatz nach dem Waldschlößchen und von hier
auf der Linie Waldschlößchen—Bühlau nach dem Weißen
Hirsch oder auch vom W a l d s c h l ö ß c h e n (Terrasse mit
schöner Aussicht auf Dresden) durch den König-Albert-Park
über den W o l f s h ü g e l zu Fuß in 1 Stunde zum W e i ß e n
H i r s c h. Reizender Ort in schöner und gesunder Lage (228 m
über dem Meeresspiegel), am Südrande der drei Forstbezirke
umfassenden Dresdner Heide angenehm gelegen, mit prächtigen Ausblicken auf das Elbtal und die den Dresdner Talkessel umschließenden Höhen. Bei seiner bequemen Verbindung mit Dresden ist er für Fremde einer der hübschesten Be-
suchs- und Aufenthaltsorte. Auch zu erreichen mit dem Schiff
oder mit der Straßenbahn, die uns bis zum Körnerplatz in
Loschwitz bringt, von da mit der D r a h t s e i l b a h n zum
Luisenhof, herrliche Aussicht, oder mit der S c h w e b e b a h n
zum Gasthaus Schwebebahn, prachtvolle Aussicht über die
Sächsische Schweiz, das Erzgebirge und das Elbtal.

Drahtseilbahn Loschwitz—Weißer Hirsch. Von ½8 Uhr vorm.
bis abends ½11 Uhr nach Bedarf alle 10 Min. Bei großem Andrang verkehren die
Züge jederzeit ununterbrochen zu Berg und zu Tal und halten nur so lange auf
den Stationen, als zur Aufnahme der Fahrgäste nötig ist. Bergan 20, bergab 10 Pf.,
Rückfahrkarte 25 Pf.

Schwebebahn Loschwitz—Schöne Aussicht. Von ¹/₂7 Uhr vorm. bis ¹/₂12 Uhr abends alle 10 Min., im Bedarfsfall öfter. Bergan 20, bergab 10 Pf., Rückfahrkarte 25 Pf.

3. Mit der Straßenbahn Nr. 9 vom Schloßplatz aus nach dem Waldschlößchen, weiter beständig im Walde nach der Heidemühle, Hofewiese, dann entweder nach Langebrück oder ins Prießnitztal, in diesem an den Wasserfällen vorbei nach der Eisenbahnstation Klotzsche, in beiden Fällen mit der Eisenbahn zurück.

4. Mit der Bahn nach Langebrück, durch den Nordostrand der Dresdner Heide, Liegau, Augustusbad, Radeberg

Schandau an der Elbe

(bedeutende Glasfabrikation) und zurück mit der Staatsbahn. (½ Tag.)

Lößnitz und Moritzburg

5. Mit der Eisenbahn nach Radebeul oder mit der Straßenbahn Postplatz—Mickten—Kötzschenbroda bis zum Weißen Roß in der **Lößnitz,** der sächsischen Riviera: Wilhelmshöhe, Lößnitzgrund, Meierei, Kurhaus Friedewald, Paradies, *Friedensburg (prachtvoller Blick auf den belebten Elbstrom), desgleichen der *Himmelsbusch, Kötzschenbroda und zurück nach Dresden. (½ Tag). Schön gelegene, hochragende Bismarcksäule. Herrlich am Fuße der Friedensburg liegt eine der ältesten deutschen Schaumwein-Fabriken, die 1836 gegründete Niederlößnitzer Champagner-Fabrik, jetzt Sektkellerei Bussard mit feinem Weinrestaurant und schönem Garten.

6. Eisenbahnfahrt nach Radebeul, 10 Minuten, von hier mit der Schmalspurbahn nach *Moritzburg. Kgl. Jagdschloß, vom Kurfürsten Moritz mitten in einem großen Teiche von 1542 an erbaut (großartige Geweihsammlung, viel interessante Gegenstände); Schloßgarten; um 4 Uhr am Futterplatze,

½ Stunde vom Schloß, Wildfütterung (Schwarz- und Rotwild, darunter starke Hauptschweine und prächtige Kapitalhirsche, Eintrittskarte 10 Pf.); weiter zum Tiergarten, zu dem kleinen Neuen Palais und zum Großteich mit Leuchtturm. Führungen im Schlosse wochentags von 10—12 und 1—6 Uhr, an Sonn- und Feiertagen 1—6 Uhr, die Person 25 Pf., Kinder 10 Pf. (Tagespartie.)

7. Mit derselben Eisenbahnlinie nach Coswig, durch den Spitzgrund, nach dem Auer, Moritzburg. (Prächt. Waldpartie.) Zurück nach Dresden. (½ Tag.)

Plauenscher Grund

8. Eisenbahn bis a) Hainsberg und mit der Sekundärbahn oder zu Fuß durch den reizvollen Rabenauer Grund bis zur *Rabenauer Mühle, Spechtritzmühle (beständig am Wasser) oder noch weiter nach Dippoldiswalde, Schmiedeberg und *Kipsdorf (Sommerfrische), von wo aus man über das Gebirge bis nach Altenberg—Lauenstein wandern kann; oder bis b) Tharandt, hübsch gelegen im Waldtal, mit Mineralbad, Forstakademie, Wanderungen

Die Schrammsteine, Sächsische Schweiz

auf reizenden Waldwegen und in Anlagen: Forstgarten, Eiserner Turm, Cottas Grab, Heilige Hallen, Heinrichseck, Fußpartie (1 Stunde) nach Edle Krone (Waldrestauration, Eisenbahnstation). Beständig im Walde; oder c) vom Hauptbahnhof mit der Windbergbahn (interessante Bahnanlage) auf den bewaldeten Windberg (König-Albert-Denkmal).

Linkes Elbufer oberhalb von Dresden

9. **Niedersedlitz.** Eisenbahn ¼ Stunde), dann über Lockwitz durch den prächtigen Lockwitzgrund (unten — mit der elektrischen Lokalbahn von Niedersedlitz aus — oder links auf halber Höhe) nach Kreischa (Kaltwasser-Heilanstalt), von hier über den Finkenfang und Maxen nach Mügeln. (5 Stunden.)

10. **Großsedlitz** (Eisenbahn ½ Stunde). Von der Station unten hinauf nach dem wohlerhaltenen und wohlgepflegten großen Rokoko-Garten mit zahlreichen Bildwerken.

11. **Müglitztal — Lauenstein — Mückentürmchen —** Teplitz.
Eisenbahn bis Mügeln, dann *Schmalspurbahn über Dohna
(Gasthof zum Müglitztal, Schloßberg mit Ruine; **Weesenstein**
(interessantes Kgl. Schloß, Gasthof zum Weesenstein); Burk-
hardswalde—Maxen, von hier aus nach dem Aussichtspunkte
F i n k e n f a n g , 1 Stunde (gutes Restaurant mit Garten);
G l a s h ü t t e (berühmte Uhrenindustrie [F. A. Lange & S.
u. a.]); L a u e n s t e i n (schönes altes Schloß, sehenswerte
Kirche mit altem Altar und Wandgemälden, Stadt Teplitz,
Goldener Löwe am Markt); von hier aus in 2—2½ Stunde zu
Fuß über Löwenhain, Fürstenau und Voitsdorf nach dem
***Mückentürmchen,** mit prachtvoller Aussicht nach Böhmen;
rückwärts über Kratzhammer an der Müglitz entlang oder
hinab über Eichwald nach Teplitz und über Bodenbach nach
Dresden. Von Lauenstein geht die Schmalspurbahn noch bis
G e i s i n g - A l t e n b e r g . Von hier Besteigung des Geising (823 m).

Linkes Elbufer unterhalb von Dresden
12. **Liebenecke—Osterberg.** Eisenbahnfahrt nach Cossebaude (Sommerfrische), von da nach Liebenecke, 212 m, Restauration, hübsche Aussicht, und nach dem Osterberg, 244 m,
Restauration, durch den Amselgrund nach Cossebaude.
13. Mit Dampfschiff nach **Gauernitz,** Schloß des Prinzen
Schönburg-Waldenburg, Constappel, Saubachtal (schöner Wiesen-
und Waldweg), Neudeckmühle, Weißtropp (Schloß), Niederwartha (Elbbrücke), zurück mit Dampfer oder Eisenbahn nach
Dresden. (½ Tag.)
14. ***Meißen,** herrlich gelegene Stadt, Eisenbahn dahin täglich bis 21, zurück bis 23 Mal, 34—55 Minuten, schöner mit
dem Dampfschiff vom Schloßplatz, 1 Stunde 45 Minuten. Man
fährt bis Eisenbahnstation Triebischtal, wenn man die *Kgl.
P o r z e l l a n - M a n u f a k t u r zuerst besuchen will (Führung 1 M., einzelne Person 2 Mk.), sonst bis zur ersten Station
rechts der Elbe, Meißen-Cölln. Die besuchenswerten Gebäude
Meißens liegen auf dem Schloßberg (Weg: Bahnhof, rechts
nach der Brücke, Untere Elbgasse, Heinrichsplatz, Obere Elbgasse, Obermarkt, Burggasse zum Schloßberge). Mit dem
Schloßberge durch Brücke verbunden der St. Afraberg mit der
Fürstenschule und St. Afrakirche. Auf dem Schloßberge der
Domplatz (rechts Burgkeller mit Garten, schöne Aussicht),
gotischer *D o m (Kirchner: Domplatz 7, 50 Pf., 2—4 Personen
1 Mk., jede weitere Person 20 Pf.), *A l b r e c h t s b u r g ,
1471—83 von Arnold von Westfalen gebaut, das *Innere vollständig erneuert und mit Wandgemälden versehen (Führung
2 Mk. bis 5 Personen, jede weitere Person 40 Pf.). Unten in
Meißen: Winkelkrug; Ratskeller; Landwein bei Horn. —
Herrlicher Spaziergang nach Siebeneichen und Scharfenberg
und zurück mit Dampfschiff nach Dresden. (Tagesausflug.)

Ausflug in die Sächsische Schweiz
Über die Dampferfahrt bis Pillnitz siehe S. 141. Einige
Stationen hinter Pillnitz folgt **Pirna** mit dem überragenden
Schloß Sonnenstein (jetzt Irrenheilanstalt) und alter, innen
farbiger Stadtkirche. Abstecher von Pirna a) B e r g g i e ß -
h ü b e l (Poetengang, Panoramahöhe mit Bismarckturm) und

10

Gottleuba, beide mit eisenhaltigen Mineralquellen (von hier aus kann man die T y s s a e r W ä n d e und den H o h e n S c h n e e b e r g besuchen; Rückweg nach Bodenbach); b) L o h m e n — S t o l p e n (sehenswerte *Schloßruine, Gräfin Cosel); c) N e u s t a d t (Ausflüge auf den *Unger, nach dem Valtenberg), Krumhermsdorf, Sebnitz, Schandau. Es folgen hinter Pirna die Dampfschiffstationen:

Wehlen (Eisenbahnstation Pötzscha: Ausflüge nach dem Rauenstein und dem kleinen Bärenstein, ³/₄ Stunde). Von Wehlen aus besteigt man die ***Bastei** (2 Stunden), Wehlen (Burgruine), jenseits in den Wehlener Grund, Talgabelung, links Uttewalder Grund bis zum Felsentor, dann zurück, durch

Der Falkenstein, Sächsische Schweiz

den Zscherregrund zum *Basteihotel, herrliche Aussicht vom Basteivorsprung und vom Aussichtsturm, Abstieg über die Basteibrücke am N e u r a t h e n oder durch die großartigen Schwedenlöcher nach Rathen.

Rathen. Von hier kürzerer Aufstieg auf die Bastei und Partie durch den A m s e l g r u n d zum Amselfall (Vorbild der Wolfsschlucht in Webers Freischütz), Rathewalde, Hockstein, Wolfsschlucht, dann entweder Polenztal, Waltersdorfer Mühle. Schulzengrund, *B r a n d (schöne Aussicht, gute Restauration). oder über das Städtchen H o h n s t e i n nach dem Brand, auf dem Frinzsteig in den Tiefen Grund nach Porschdorf, von hier Eisenbahn bis Schandau.

Königstein, Festung, seit 1905 für Besucher wieder allgemein zugänglich (Führung 9—5, Sonntags 11—5 Uhr, 50 Pf., Kinder 25 Pf.); Aufstieg auf den *L i l i e n s t e i n (419 m). Gasthaus, Aussichtsturm; auf den Papstein, über den hübschen Kurort *G o r i s c h (Gasthof zur Sennerhütte), zu erreichen in ³/₄ Stunde, und den P f a f f e n s t e i n. Abstecher: Von Königstein durch das Bielatal über Hermsdorf (Sommerfrische) nach *S c h w e i z e r m ü h l e (Bad, Wasserheilanstalt), seltsame Felsbildungen.

*Schandau, großer Kurort, Mittelpunkt der Sächs. Schweiz, wo man längeren Aufenthalt zu nehmen pflegt, um von hier aus Partien zu unternehmen. Bad (Eisenquelle). Sendigs Hotels: Quisisana, Königsvilla, Villa Königin Carola, Villa Lucia und Russische Villa, schön an der Elbe gelegen und von großem Park umgeben, auch für Touristen empfehlenswert; ebenso Forsthaus, Deutsches Haus, Elbhotel, Lindenhof, Elysium, Anker, Dampfschiffshotel, Kurhaus und Parkhotel, Schweizerhof. Außer den Sendigschen Hotels hat Rudolf Sendig in Schandau am Südhange der Ostrauer Scheibe eine V i l l e n k o l o n i e angelegt, zu der man mittelst elektrischen Aufzugs und durch herrliche Waldungen gelangen kann.

H a u p t p a r t i e n : 1. Kirnitzschtal aufwärts 2 Stunden bis zum Lichtenhainer Wasserfall (elektrische Bahn), dann rechts empor zum *K u h s t a l l (interessante Felshöhle, Gasthaus); durch den Habichtsgund zum Kleinen, dann zum *G r o - ß e n W i n t e r b e r g (553 m, Gasthaus, umfassende Aussicht), dann zum *P r e b i s c h t o r, einem großartigen Felsentor auf böhmischem Gebiete (Gasthaus, Aussicht), hinab durch den Bielgrund nach Herrnskretschen, links im Kamnitztal aufwärts zu der großartigen *E d m u n d s k l a m m, der durch ein 4 m hohes Wehr angespannten, zwischen ganz steilen Felsenwänden eingeschlossenen Kamnitz; Kahnfahrt bis zum Gasthaus Edmundsklamm, dann zurück nach H e r r n s k r e t - s c h e n (Hotel und Restauration Herrenhaus); Schiffsstation; auf dem andern Elbufer die Eisenbahnstation Schöna. Von der Edmundsklamm oder weiter vorn im Tal kann man übrigens den prächtigen *R o s e n b e r g besteigen (Gasthaus mit Übernachtung, Aussichtsturm).

2.a) Von Schandau aus nach den S c h r a m m s t e i n e n (Führer nehmen!) Durch Postelwitz elbaufwärts, links durch den Zahnsgrund (hier ein Gasthaus) und durch den Lattengrund zum Waldplateau an die furchtbar zerrissenen hohen Schrammsteinwände, durch das Schrammtor auf dem Steig an der Felswand empor zur *Schrammsteinaussicht und zur *Elbaussicht. (Von den Schrammsteinen nach Belieben zum Großen Winterberg.)

2 b) Von Schandau aus zum *G r o ß e n D o m und zum C a r o l a f e l s e n. Weg (grün bezeichnet) über die *O s t r a u e r S c h e i b e (herrliche Aussicht), unterhalb der hohen Liebe vorbei (rot bezeichneter Weg führt empor), auf die Felswände zwischen Schrammsteinen und Winterberg los, in das Sandloch (Felszirkus) und den Großen Dom (baumbestandener Felsenkessel) hinaus, um den Grund, der in den Dom mündet, herum zum Carolafelsen (½ Stunde), dann zum Großen Winterberg (1 Stunde).

3. Von Schandau zur *Oberen Schleuse bei Hinterhermsdorf, einem aufgestauten Talsee von wunderbarer Schönheit mit Kahnfahrt, einsamer und üppiger bewachsen als die Edmundsklamm. Weg: a) von Schandau zu Wagen oder mit der elektrischen Bahn durch das Kirnitzschtal, dann im Tale des Saupsdorfer Dorfbachs nach Hinterhermsdorf, oder b) mit der *Schandau—Sebnitzer Bahn nach S e b n i t z, von da über die Grenadierburg, den *Tanzplan (Gasthaus, Aussichtsturm) und

10*

den Wachberg (3¼—4 Stunden nach H i n t e r h e r m s d o r f ;
von hier auf grün bezeichnetem Wege direkt zur Bootsstation
oder auf rot bezeichnetem Wege über den Königsplatz mit ent-
zückender Aussicht), durch den Tunnel und das Holl (¾ Stunde
länger) zur Bootsstation; dann Bootsfahrt und zu Fuß nach
H i n t e r d i t t e r s b a c h (2 Gasthäuser); mit dem Wagen
nach Schan-
dau zurück
oder zu Fuß
auf reizvollem
Waldwege
zum Hotel
R a i n w i e s e,
von da über
Stimmersdorf
und die Ed-
mundsklamm
nach Herrns-
kretschen.
Das Dampf-
schiff fährt
von Schandau
weiter über
Schmilka
und Herrns-
kretschen (s.
oben), Nieder-
und Mittel-
grund nach
**Tetschen-
Bodenbach.**
Von hier aus
(elbabwärts
bis Obergrund
[Hotel zum
Bad], dann
links empor
über Kalms-
wiese) oder
von Eulau,
Station der
Dux - Boden-
bacher Bahn,
aus zum

Herrnskretschen, Sächsische Schweiz

*H o h e n S c h n e e b e r g (Gasthaus, Turm mit prachtvoller
Aussicht), weiter über Dorf Schneeberg mit Führer in die
T y s s a e r W ä n d e, wunderliche Felsgebilde, oder vom
Dorfe Schneeberg durch die dürre Biela ebendahin, im Biela-
grunde (herrliche Felsenszenerie) abwärts zur Kaltwasser-Heilanstalt *S c h w e i z e r m ü h l e (Gasthof zur Schweizermühle)
und von hier aus zu Wagen nach Königstein.

Schließlich empfehlen wir als ganz besonders lohnend
einen mehrtägigen Ausflug zu Schiff oder mit der Eisenbahn
in die B ö h m i s c h e S c h w e i z, deren Schönheit die des
Rheintals vielfach übertrifft.

Register.

Verzeichnis

der Hotels, der Pensionen und der Firmen,
welche im Führer inseriert haben.

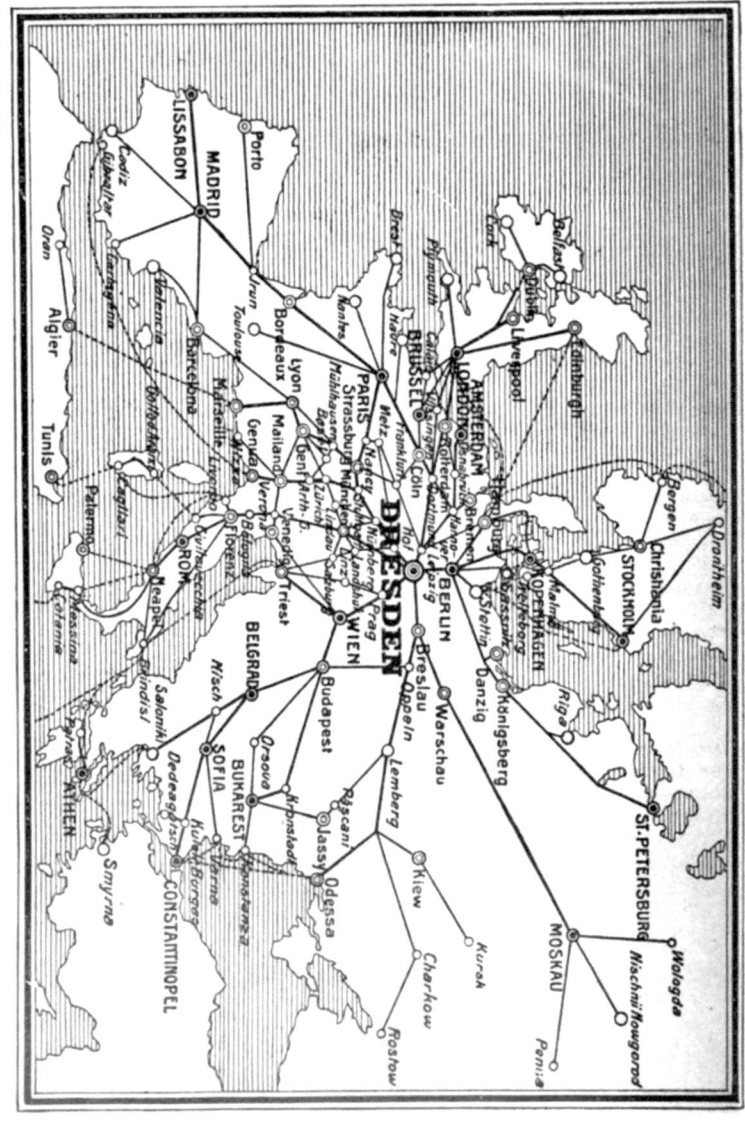

Compagnie Laferme

Tabak- & Cigaretten-Fabriken.

U nter den in Dresden heimischen Industrien steht mit an allererster Stelle die Cigarettenfabrikation, deren älteste Vertreterin die Compagnie Laferme, Tabak- & Cigaretten-Fabriken, ist.

Gegründet im Jahre 1862 als Zweigfabrik der seit 1852 in St. Petersburg bestehenden, gegenwärtig größten Cigaretten-Fabrik Rußlands, der Gesellschaft Laferme, ist die Dresdner Firma schon seit dem Jahre 1874 eine selbständige deutsche Aktien-Gesellschaft mit zurzeit 1 Million Mark Aktienkapital.

Die neuzeitlich eingerichteten Fabrikgebäude nebst dem 36 m hohen Dampfschornstein befinden sich auf den vereinigten Grundstücken Große Plauensche Straße 8 u. 10 und Kleine Plauensche Gasse 5 u. 7 und bilden dort eine durch ihre Größe und die Mustergültigkeit ihrer technischen und hygienischen Einrichtungen hervorragende Fabrikanlage.

Die an den beiden Straßen liegenden Häuser enthalten die Kontorräume und Beamtenwohnungen, alle übrigen Gebäude dienen der eigentlichen Fabrikation.

Hier befinden sich in den Kellergeschossen die Kraft- und Lichtmaschinen, Räume zur Lagerung von Kartonnagen und vor allem das reichhaltige Lager verzollter Rohtabake, das aber doch nur einen kleinen Teil des Tausende von Ballen zählenden Vorrats dieses duftigen dem Oriente entstammenden Rohstoffes enthält, dessen weitaus größten Teil die Compagnie Laferme in den Lagerhäusern der Dresdner Zollämter aufgestapelt hat.

Vom Tabakkeller aus werden die Ballen mittels Aufzugs nach den Sortier- und Mischräumen im Erdgeschoß befördert, wo sich eine Reihe Tabakschneidemaschinen von großer Leistungsfähigkeit, die Kistentischlerei, die Abfertigungsstelle für Bahn- und Postgüter, die Rauchtabak-Packerei, sowie einer der Säle für Cigaretten-Handarbeit befinden. Das nächste Stockwerk enthält die Papierschneiderei, die Packräume, darunter einen großen, lediglich für die Anbringung der Steuerbänder an den Cigaretten- und Tabakpäckchen bestimmten Saal und das geräumige Lager fertiger Erzeugnisse. Das zweite Obergeschoß endlich birgt den Hauptsaal für die Fabrikation handgearbeiteter Cigaretten, in dem Hunderte fleißiger Frauen- und Mädchenhände Cigaretten verschiedenster Gattung und Größe formen. Hier oben finden wir auch weite Säle, angefüllt mit Maschinen mannigfacher Art und Bestimmung. Wir sehen da Maschinen, welche aus den feinsten Cigarettenpapieren Cigarettenhülsen teils mit, teils ohne Kartonmundstück, sauber mit Druck versehen, herstellen. Ferner Maschinen, welche die von jenen gelieferten Hülsen mit Tabak füllen; an anderer Stelle wieder Maschinen, deren sinnreicher Mechanismus große Mengen — 150000 und mehr pro Tag und Maschine — von Cigaretten ohne Mundstück liefert. Eine große Anzahl Hilfsmaschinen dient zur Schachtelfabrikation, zum Kleben, Packen und Banderolieren von Schachteln usw., und in einer reichhaltig ausgestatteten Maschinenbau- und Reparaturwerkstatt wird für die Instandhaltung der gesamten maschinellen Anlage gesorgt und an Neuerungen und Verbesserungen gearbeitet.

Für gute und billige Beköstigung des zahlreichen Personals während der Arbeitspausen ist durch entsprechende Einrichtung (Kantine) gesorgt, und zur Unterbringung im Betriebe Erkrankter oder von Unfällen Betroffener ist ein mit allen Mitteln für die erste Hilfe ausgestattetes Krankenzimmer und geschultes Pflegepersonal vorhanden.

Der größte Teil der Fabrikate der Compagnie Laferme wird in Deutschland verbraucht, aber auch auf fast sämtliche europäische und außereuropäische Länder erstreckt sich das Absatzgebiet der Firma, deren von Jahr zu Jahr größer werdender Verkauf Zeugnis ablegt für die Güte und Beliebtheit der Laferme-Fabrikate.